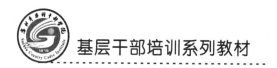

基层干部培训系列教材

苏州城乡社区治理模式创新探索

主　编　张　伟
副主编　郭彩琴

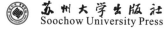

苏州大学出版社
Soochow University Press

图书在版编目(CIP)数据

苏州城乡社区治理模式创新探索/张伟主编. —苏州：苏州大学出版社，2015.12
基层干部培训系列教材
ISBN 978-7-5672-1592-4

Ⅰ.①苏… Ⅱ.①张… Ⅲ.①社区管理-苏州市-干部培训-教材 Ⅳ.①D669.3

中国版本图书馆CIP数据核字(2015)第294756号

苏州城乡社区治理模式创新探索
张　伟　主编
责任编辑　方　圆

苏州大学出版社出版发行
(地址：苏州市十梓街1号　邮编：215006)
苏州恒久印务有限公司印装
(地址：苏州市友新路28号东侧　邮编：215128)

开本 700×1000　1/16　印张13.75　字数233千
2015年12月第1版　2015年12月第1次印刷
ISBN 978-7-5672-1592-4　定价：42.00元

苏州大学版图书若有印装错误，本社负责调换
苏州大学出版社营销部　电话：0512-65225020
苏州大学出版社网址 http://www.sudapress.com

基层干部培训系列教材
编写委员会

主　任　张　伟
副主任　孙坚烽　费春元　薛　臻　汤艳红
委　员　金伟栋　蔡俊伦　叶　剑　何　兵
本书编写人员（按姓氏笔画排序）
　　　　　　于　帅　米杨军　杨若飞　吴常歌
　　　　　　陈　爽　周　琳　郭彩琴　郭子涵
　　　　　　浦　香

序

《苏州城乡社区治理模式创新探索》是贯彻党的十八届三中全会提出的"推进国家治理体系和治理能力现代化"的战略任务,实现社区治理"自我管理、自我服务、自我教育、自我监督"战略目标的最新成果之一。社区治理模式创新是社会治理创新的具体化,是落实"国家治理体系和治理能力现代化"战略任务的重要措施。社区治理属于地域性基层社会治理范畴,是对某一地域范围内的公共事务和公共行为实施综合治理的总称。它既是社会治理的基础环节,也是社会治理的前沿阵地。因此,没有科学有效的社区治理,就不可能实现公平有效的社会治理。

虽然社区治理具有自治性,但它也属于公共管理范畴,是行政管理与群众性自治的有机结合,具有明显的共治属性。社区治理过程既体现了基层政权组织参与社区公共事务处理的应有责任,又凸显了基层群众性自治的积极参与空间。多元主体的协商共治,是社区治理的重要特点。因此,如何最大限度地调动社区内各相关组织以及普通成员积极参与治理实践,成为社区治理创新的重要内容与关键环节。

随着改革开放的不断深化与城镇化的不断加速,社会构成越来越复杂,社区治理面临越来越多的挑战。一是加剧的社会矛盾挑战社区治理。社会结构性矛盾呈现多发态势,社会群体之间利益的失衡性、不同利益群体之间协调机制的滞后性、政府社会领域服务的薄弱性等诸多问题不断出现,社区治理难度呈现不断增大的态势。二是民众权利意识与义务意识之间的落差挑战社区治理。社会成员在社区治理领域一方面表现为权利意识、民主意识的不断提高,另一方面又存在义务意识弱化、积极主动参与不足、参与权利滥用等现象,这种落差导致社区治理徘徊在私人领域权利的扩张与公共空间利益关注不足之间难以把控的"十字路口"。三是互联网的普及挑战社区治理。社区治理环境随着互联网的普及从静态封闭变为动态开放,社区治理领域从现实生活延伸至网络虚拟世界,社区治理遭遇风险成本不断增大的压力。

　　社会矛盾的关联性、敏感性乃至对抗性不断增强,严重威胁着社会的和谐稳定。"政府主导,群众观望"式的社区治理体制难以适应现实发展的需要,静态被动式的社区治理机制难以快速有效地应对各类风险。面对上述错综复杂的社会结构问题以及诸多治理挑战,社区治理创新势在必行。因此,各地根据实际情况,因地制宜地开展了形式多样的社区治理实践探索。苏州市是我国经济社会发展水平最为发达、城镇化水平最高的地区之一,是全国重要而典型的移民城市之一,也是社会发展过程中诸多社会矛盾的首发、多发地区之一,更是最先探索社区治理创新之路、有效解决社会复杂问题的前沿阵地。从时间上看,苏州城乡社区治理经历了从城乡分而治之到城乡一体化治理的阶段;从空间上看,苏州社区治理呈现多元治理模式精彩纷呈的格局。总结苏州城乡社区治理创新经验,不仅对提高苏州本地社区治理水平有积极意义,而且对全国其他地区社区治理创新具有启发与借鉴价值。

　　苏州城乡社区治理实践为新形势下加强社区治理,实现社会公平和谐发展提供了一条创新路径,也为理论研究者与实践工作者带来了全新的思考。

　　第一,建立健全社区治理的法律体系势在必行。苏州社区治理成效不错,但是如何从法律法规入手,提高法律法规对社区建设的依据作用是社区治理科学化必须考虑的重要内容。我国法律对于如何在制度上保证社区实行自治等问题缺乏具体条文规定,各类社区治理主体尤其是社区居民委员会在遇到突发公共事件时经常不知如何依法依规处置。因此,在理论层面研究相关法律课题,为社区治理提供法律依据十分必要。诸如在法律上明确居委会的自治、协管和监督职责,确保居委会工作机制和运行机制畅通;通过法律条文确认居委会可以从政府财政、社区募集等渠道获得社区治理的资金,并保障资金运用合理规范;培育非营利性的社区服务中介组织,依法规范其运行管理,为其发展创造良好环境;等等。不仅如此,还要将研究成果及时落实到实践层面,化为具有操作性的法律条文。唯有这样,才能提高社区治理的水平,实现社区治理法制化。

第二,坚持强化基层政府组织在社区治理中的主导功能不动摇。基层政府组织特别是街道办事处和乡镇政府在社区治理中发挥主导作用,这不仅是基层政府组织义不容辞的法定职责,也是保证社区治理方向不走样的重要举措。为此,必须进一步深化基层行政体制机制改革,加快转变基层政府职能,增强面向社区的社会管理和公共服务能力,增强基层政府组织的公信力和执行力,创新行政管理服务方式,指导和帮助社区群众性自治组织依法开展工作。加快街道办事处与乡镇府法制建设步伐,规范街道与乡镇府设置,优化其管辖规模,整合内设机构,增强街道、乡镇府对其职能部门的协调监督职能,解决街道、乡政府责权失衡问题,探索构建以街道、乡镇府为主导的属地化社区治理体系。

第三,加强服务意识,提高治理水平。社区治理的目标是满足社区居民的实际需求,提高社区居民的生活品质,保证社会和谐发展。因此,服务意识的确立、服务质量的提高是社区治理实践中的关键环节。社区服务是多元治理主体相互服务的过程,具有群众性、自主性、互助性特征,各治理主体既是服务提供者,也是各类服务的享受者。政府必须树立让人民评判、让人民满意的理念。建立以诉求随时表达、诉求快速反应、诉求及时解决为核心的诉求表达和处理机制。从建立利益协调机制、公平的权利保护机制等角度为社区提供服务,从建立地方性法规视角提高服务的档次与水平。各类市场组织、社会组织以及普通社区居民树立主动积极参与的理念。城乡公共事务需要公共协商共治,这就需要多元主体之间建立平等协商的关系,而平等协商关系的建立以积极主动的参与意识的提高为前提。只有政府推动没有民众积极参与的社区治理,只能算是形式上的治理、表面的治理。只有政府提供服务,没有其他主体自愿提供服务的治理,也只能说是被动的社区治理、低层次的社区治理。服务意识是一个体系,不仅需要政府服务意识的提高,更需要民间服务意识的觉醒。唯有这样,社区治理水平的提高才不遥远。

总之,社区治理任重而道远。追述苏州城乡社区治理创新经验是手段,满足城乡居民多种需要、提高城乡居民生活满意度、促进社会和谐发展是目的。我们有理由相信,在各类主体积极参与、协同创新下,苏州城乡社区治理之花常开,社区治理之果常在。

2015 年 11 月 16 日

(金太军,苏州大学政治与公共管理学院院长、教育部长江学者)

目 录

第一章　绪　论 ·· 1
第二章　苏州城乡社区"政社互动"治理模式 ····························· 17
　　概述 ··· 17
　　案例一　城厢镇中区社区"政社互动"试点情况 ······················ 24
　　案例二　双凤镇凤中村"政社互动"试点情况 ························· 31
　　案例三　沙溪镇"政社互动"应用案例:居家养老服务体系 ········ 37
第三章　苏州城乡社区"网格化"治理模式 ································ 42
　　概述 ··· 42
　　案例一　相城区玉盘家园社区"网格化"治理试点 ··················· 49
　　案例二　相城区元和街道"网格化"治理试点 ························· 55
　　案例三　高新区狮山街道"网格化"治理试点 ························· 62
第四章　苏州城乡"社区教育"治理模式 ··································· 68
　　概述 ··· 68
　　案例一　千灯镇"社区教育"治理模式情况 ···························· 75
　　案例二　胜浦街道"三园""社区教育"治理模式情况 ················ 81
　　案例三　金阊区白杨湾街道"社区教育"治理应用案例 ············· 87
第五章　苏州城乡社区"三社联动"治理模式 ····························· 93
　　概述 ··· 93
　　案例一　张家港南丰镇永合社区"三社联动"治理模式 ············ 102
　　案例二　姑苏区双塔街道二郎巷社区"三社联动"治理模式 ······· 111
　　案例三　工业园区湖西社区"三社联动"治理模式 ··················· 122

第六章　苏州城乡社区"一站多居"治理模式……………………131
概述………………………………………………………131
案例一　新康社区"一站三居"社区治理模式……………137
案例二　双塔街道"一站四居"社区管理模式……………144

第七章　苏州城市社区邻里中心治理模式……………………151
概述………………………………………………………151
案例一　湖西社区"触爱行动"——用爱开启幸福新生活……158
案例二　湖东社区"新邻里主义"——畅享幸福新格局……166
案例三　东沙湖社区"私人订制"——升级幸福社区生活……174

第八章　苏州城市社区居家服务治理模式………………………181
概述………………………………………………………181
案例一　姑苏区胥江街道胥虹社区居家服务试点情况………188
案例二　姑苏区葑门街道杨枝社区居家服务试点情况………195
案例三　吴中区长桥街道龙桥社区居家服务试点情况………204

后记………………………………………………………………210

第一章　绪　论

党的十八大、十八届三中全会等重要会议都明确提出"推行新型城镇化建设要积极推进社区建设,加强社区治理创新"的要求。2014年国家发改委颁布了《国家新型城镇化综合试点方案》,民政部也确认了31个全国社区治理和服务创新实验区。2015年6月,中共中央办公厅、国务院办公厅联合发布了《关于深入推进农村社区建设试点工作的指导意见》,把新型城镇化与社区治理创新列为我国经济社会重大发展战略。可见,社区治理创新已经成为中国社会发展进程中的重要环节与关键步骤。苏州市是全国社区治理创新试验区,也是全国新型城镇化试点区。几年来,在地方各级政府的主导下,苏州城乡社区开始了治理创新实践。苏州城乡社区如何进行治理创新探索?在实践探索中积累了哪些经验?还面临哪些问题?这些就是本书研究的主要问题。

一、社区治理简介

早在1887年,德国社会学家滕尼斯就提出了"社区"这一概念,并对其内涵进行了系统阐述。此后,不少研究者进行了补充论证。至今为止,国内外学者普遍认为,社区是若干社会群体或社会组织聚集在某一个地域所形成的一个生活上相互关联的大集体,是社会有机整体最基本的内容,是宏观社会的缩影。社会学家给社区下的定义有140多种。尽管定义各不相同,但在构成社区的基本要素上认识还是基本一致的,即普遍认为一个社区应该包括一定数量的人口、一定范围的地域、一定规模的设施、一定特征的文化、一定类型的组织等多个要素,具有地域性、互动性、共同性等特征。因此,社区就是这样一个"聚居在一定地域范围内的人们所组成的社会生活共同体"。明确社区概念是理解社区治理含义、社区治理功能、社区治理模式的前提。

(一)社区治理的含义

对于社区治理的含义,人们有不同的理解。普遍认为,社区治理是指政府、社区组织、居民及辖区单位、营利组织、非营利组织等基于市场原则、公共利益和社区认同,协调合作,有效供给社区公共物品,满足社区需求,优化社区秩序的过程与机制。

还有一种观点认为,社区治理是治理理论在社区领域的实际运用,它是指对社区范围内的公共事务所进行的治理。具体而言,社区治理是社区范围内的政府、非政府多个组织机构,依据正式的法律、法规以及非正式的社区规范、公约、约定等,通过协商谈判、协调互动、协同行动等对涉及社区共同利益的公共事务进行有效管理,从而增强社区凝聚力,增进社区成员社会福利,推进社区发展进步的过程。从上述对社区治理的界定来看,社区治理主要包括以下含义。

1. 社区治理的主体多元化

尽管政府在社区治理过程中依然会发挥决定性的影响作用,但是社区治理的主体不再是单一的政府。在政府之外,还有其他治理主体,例如企业、非政府组织、私人机构甚至个体居民,它们通过与政府机构,以及彼此之间建立起多种多样的协作关系,通过相互之间的协商与合作,共同决定和处理社区公共事务,使得过去政府的社区管理趋向于社区治理。

2. 社区治理的目标过程化

社区治理除了明确的任务目标之外,过程目标更是其所注重的因素。社区治理要解决社区存在的问题,完成特定的、具体的经济社会发展任务。此外,社区治理还要培育社区治理的基本要素,包括调动社区居民参与公共事务,培育、改善社区组织体系,建立正式、非正式的社区制度规范,建构社区不同行为主体互动机制等。这些社区治理的过程目标只有在社区治理的长期过程中才能逐渐培育起来。

3. 社区治理的内容扩大化

社区治理的内容涉及社区成员社会生活的多个方面,事关社区成员的切身利益。它包括社区服务与社区照顾、社区安全与综合治理、社区公共卫生与疾病预防、社区环境及物业管理、社区文化和精神文明建设、社区社会保障与社区福利等。要做好社区公共事务的治理就必须最大限度地整合社区内外各种社会资源,构建社区治理机制,调动社区居民参与的积极性,达成社区事务的良好治理。

4. 社区治理是多维度、上下互动的过程

社区治理区别于政府行政管理,其权力运行方式并不总是单一的、自上而下的。社区治理并不是通过发号施令、制定并执行政策等来达到管理目标,它通过协商合作、协同互动、协作共建等来建立对共同目标的认同,进而依靠人们内心的接纳和认同来采取共同行动,联合起来对社区公共事务进行良好的治理。多维度、上下互动的过程使得社区治理源于人们的同意和认可,而不是外界的强制和压力。

(二)社区治理的功能

社区治理是多元主体联合对社区公共事务进行治理的过程,它不仅有利于社区公共秩序的维护,而且对社会整体发展、对社区居民生活需求的满足等领域发挥着多方面的功能。从基层社区的角度来看,社区治理的功能主要有如下几种。

1. 社区治理有助于社区经济的发展

社区所需经费的主要来源是政府拨款,但由于政府财力有限,注入社区的经费往往不足开支,超支的部分要依靠社区经济的发展和社区单位的支持来解决。社区经济的发展可以创造就业机会,拓展就业渠道,减少不安定因素。而要发展社区经济,就离不开社区管理机构的领导、支持、协调和服务,离不开社区治理所创造的良好社区环境,离不开社区资源的充分利用,否则社区经济的发展将寸步难行。

2. 社区治理有助于社区文化的繁荣

社区治理有利于调动政府、民间组织和社区民众参与社区文化建设的积极性,从而推动对社区的认同感和归属感。由此可见,社区治理在繁荣社区文化方面发挥着重要作用。

3. 社区治理有助于社区治安状况的改善

社区治理有助于消除不稳定的因素,预防违法犯罪现象。譬如,社区管理机构可以通过社区内部组织来动员群众成立治安联防组织,实行群防群治,努力做到街道里弄、农贸市场都有治安巡逻队员和联防队员,各居民委员会都有义务巡逻队,各居民楼都有义务安全员,驻街各单位都有保安人员和安全联络员,从而有效地开展治安防范工作。

(三)社区治理模式

社区治理模式的分类是研究社区治理模式的重要环节,而目前关于社区治理模式的分类主要是从社区治理主体的视角进行划分的,形成几种典型的模式。学术界对我国目前的社区治理模式进行分类研究,总体概括为自治模式、共治模式、共治与自治互动模式三种模式。

1. 自治模式

社区自治又称社区居民自治,是指社区居民通过一定的组织形式依法享有的自主管理社区事务的权利与义务及其实际运作过程。它以提高社区居民的生活质量和提高整个社会文明程度为目的,以社区成员的自我教育、自我约束为手段,是居民的自主管理和自我服务形式。

社区自治的过程也是居民重新被组织化的过程,即居民重新进入社区自治组织的过程。要实现真正意义上的居民自治,必须具备一定的条件:第一,社区居民具有较强的自治意识和自治能力;第二,有成熟完善的非政府、非营利组织;第三,有足够的社会空间。当前,我国还不完全具备实行居民自治的条件,这就意味着我国的居民自治还很不成熟,居民自治模式目前还难以成为现实。

2. 共治模式

社区共治是指政府、社区组织、其他非营利组织、社区单位、居民,合作供给社区公共产品,优化社区秩序,推进社区持续发展的过程。社区共治的目的是通过"党委领导、政府负责、社会协同、公众参与",调动各方面的积极性,形成合力,解决社区民生问题,维护社区秩序。

社区共治模式具有明显的特点。首先,社区共治下的社区不再完全依附于政府,治理主体由单一向多元转变;其次,社区共治是互惠基础上的合作,即借助科层制、市场机制、组织间网络、自组织制等混合机制,达到了各方利益的平衡和效果的最优化;再次,社区共治下的治理过程由行政控制转向共商、共议、共决的民主协商;最后,社区共治下的治理组织体系由垂直科层结构转变为扁平网络结构,以公民权利的民主化和公共权力的分散化为基础,实现了权利与权力的结合。

3. 共治与自治互动模式

所谓共治与自治互动模式,是指社区居民自治与社区多元主体共同治理的有机结合模式。这一模式是由我国城乡社区建设实际情况、单纯自治模式与共治模式的特点所决定的。

前文所讲的自治模式,并非完全抛开政府,而是合理界定政府与社会的边界,扩大社区自治组织的权限。如成立社区事务工作站、承接政府的行政事务,从而分担居委会的行政职能。但是,社区自治在实践中也遇到了新的问题:在强政府的格局之下,作为社区自治主体的居委会仍然带有较浓的行政色彩;由于我国对社区自治没有一个明确定位,无法理清它与政府管理的关系,社区自治难以形成一个成熟完善的实践模式;政社不分使得社区承担了大量的社会管理和服务事务,处于一种超负荷运转的状态。因此,单纯自治模式难以完成我国社区治理的所有任务。

社区共治模式已经成为学术界与实践层面认同的模式,但是社区治理运行系统是一个权利与权力交接的多元交叉网络,是一个由居民、政府组织、社区组织、企事业单位等构成的纵横交错的互动网络,存在于社区的各主体都有明确的利益诉求,且利益呈现多元化,很难调和而导致矛盾尖锐化。因此,如果没有建立严格的政社协商治理机制,单纯共同治理模式也难以成为现实。

因此,依托现实基础,即中国历史传统(强政府、弱社会的管理格局)和新型城镇化这一特殊要求,借助于西方合作主义的理论,探索多元主体共同参与的社区共治,形成社区共治与居民自治交融互动的格局就成为我国社区治理的新方向,也是一种新模式。

二、苏州人口发展现状推动城乡社区治理创新[①]

近年来,苏州户籍人口平稳增长,规模持续扩大,结构也发生明显变化。这些变化一方面反映了苏州经济社会发展的特色,另一方面也对社区治理创新提出了全面的挑战。

(一)户籍人口现状促进社区治理创新

苏州户籍人口是指具有苏州户籍的总人数,他们是苏州人的主体,他们的数量与结构的变化直接影响着社区治理现状,也直接推动社区治理创新。

1. 总量增长速度快,地区发展差异大

2014年末,苏州户籍人口总量达661.08万人,与上年末相比,增加7.24万人,增长1.1%,比上年末提高0.2个百分点,五年来增速持续上升。其中男性324.76万人,女性336.32万人,男女性别比(以女性为100)为96.6(见表1)。

[①] 下文中的数据参考2015年3月10日苏州市统计局发布的《2014年苏州户籍人口发展现状简析》。

表1 2010—2014年苏州户籍人口变化趋势

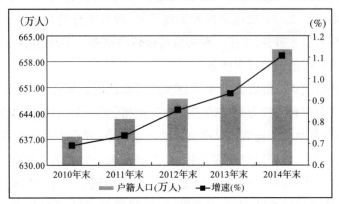

分地区看,户籍人口发展差异较为明显。2014年末,苏州市区户籍人口为337.50万人,占全市的51.1%,比上年末增加4.60万人,增长1.4%;四市为323.58万人,占48.9%,与上年末相比,增加2.64万人,增长0.8%。其中,园区、昆山市、高新区、相城区、吴中区增长较快,分别增长5.4%、2.2%、1.9%、1.9%和1.4%;常熟市增长最慢,增幅仅为0.1%,比上年末增加0.15万人;姑苏区比上年末减少0.6%(见表2)。

表2 2014年末苏州各地户籍人口变动情况

	2014年末		2013年末		增减百分比
	万人	占比	万人	占比	
全市	661.08	100.0	653.84	100.0	1.1
市区	337.50	51.1	332.90	50.9	1.4
姑苏区	74.20	11.2	74.67	11.4	-0.6
吴中区	62.45	9.5	61.59	9.4	1.4
相城区	40.02	6.1	39.28	6.0	1.9
高新区	35.85	5.4	35.19	5.4	1.9
园区	43.54	6.6	41.31	6.3	5.4
吴江区	81.44	12.3	80.86	12.4	0.7
常熟	106.88	16.2	106.73	16.3	0.1
张家港	91.98	13.9	91.47	14.0	0.6
昆山	76.98	11.6	75.29	11.5	2.2
太仓	47.74	7.2	47.45	7.3	0.6

2. 自然增长明显加快,死亡人口连年减少

2014年,苏州户籍出生7.68万人,出生率为11.7‰;死亡4.42万人,死亡率为6.7‰;自然增长3.26万人,自然增长率为5.0‰。出生人口比上年增加0.94万人,增长14.0%,出生率上升1.3个千分点;死亡人口从2013年起连续两年减少,死亡率也随之连续下降,2014年死亡人口比上年减少0.03万人,死亡率下降0.1个千分点。受此双重影响,2014年自然增长率比上年上升1.4个千分点,户籍人口自然增长明显加快。

分地区看,2014年苏州各地户籍自然变动人口均呈增长趋势。其中,园区、新区、相城自然增长率较高,分别为14.3‰、9.3‰、8.1‰;常熟和太仓则不再延续上年自然变动减少之势,自然增长率分别为0.9‰、0.2‰,太仓自然增长率为全市最低(见表3)。

表3　2014年苏州地区户籍人口自然变动情况

	2014年			2013年自然增长率(‰)
	出生率(‰)	死亡率(‰)	自然增长率(‰)	
全市	11.7	6.7	5.0	3.5
市区	12.9	6.4	6.5	4.9
姑苏区	9.0	7.3	1.7	0.9
吴中区	13.7	6.0	7.7	6.0
相城区	14.6	6.5	8.1	5.9
高新区	14.5	5.2	9.3	7.6
园区	18.5	4.2	14.3	12.5
吴江区	11.2	7.3	3.9	2.4
常熟	8.7	7.9	0.9	-0.9
张家港	11.4	6.8	4.6	2.8
昆山	13.1	5.7	7.4	6.9
太仓	8.3	8.1	0.2	-0.9

3. 机械增长率略有提高,迁入迁出人口均有减少

2014年,苏州户籍迁入6.42万人,比上年减少0.15万人,迁入率为9.8‰,比上年下降0.3个千分点;户籍迁出2.42万人,比上年减少0.39万人,迁出率为3.7‰,比上年下降0.6个千分点。2014年户籍净迁入人口为4.0万人,比上年增加0.24万人,机械增长率为6.1‰,比上年上升0.3个千分点。

从来源地看,省内净迁入人口大幅增加,省外净迁入人口略有减少。2014年,省内迁入2.66万人,迁往省内城市1.17万人,省内净迁入人口1.49万人,比上年增加0.28万人,增长22.8%；省外迁入3.76万人,迁往省外1.25万人,省外净迁入人口2.51万人,比上年减少0.04万人,下降1.5%。净迁入人口中仍以省外迁入为主。

4. 劳动年龄人口比重下降,总人口抚养比有所上升

2014年末,苏州户籍0~14岁少儿人口为78.99万人,15~64岁劳动年龄人口为473.52万人,65岁及以上老年人口为108.57万人,占全市户籍人口的比重分别为12.0%、71.6%、16.4%。与2013年末相比,少儿人口、老年人口分别增加4.42万人、5.37万人,比重均上升0.6个百分点,劳动年龄人口减少2.55万人,比重下降1.2个百分点。

人口年龄结构变化使得人口抚养比也随之变化。2014年苏州户籍少儿人口抚养比为16.7%,比上年上升1.0个百分点。老年人口的增加使得老年人口抚养比由2013年末的21.7%上升至22.9%,上升1.2个百分点。在少儿人口抚养比和老年人口抚养比双增长的基础上,苏州户籍总人口抚养比由2013年末的37.4%升至39.6%,上升2.2个百分点。

劳动力总量的绝对减少、少儿人口和老年人口的绝对增加,造成少儿扶养比、老年人口抚养比持续上升,苏州户籍人口老龄化程度进一步加快,抚养负担有所加重,人口红利优势逐渐减弱(见表4)。

表4　2014年末苏州户籍人口"老龄化"特征指标

	2014年	2013年
0~14岁人口占比(%)	11.9	11.4
15~64岁人口占比(%)	71.6	72.8
65岁及以上人口占比(%)	16.4	15.8
总人口抚养比(%)	39.6	37.4
少儿人口抚养比(%)	16.7	15.7
老年人口抚养比(%)	22.9	21.7

注:总人口抚养比=[(0~14岁少儿人口数+65岁及以上老年人口数)/15~64岁劳动年龄人口数]×100%,少儿人口抚养比=(0~14岁少儿人口数/15~64岁劳动年龄人口数)×100%,老年人口抚养比=(65岁及以上老年人口数/15~64岁劳动年龄人口数)×100%。

5. 户籍人口变化多,关注点突出

当前,苏州户籍人口发展态势较为平稳,但要实现人口与经济、社会、资源、环境协调可持续发展,仍有一些方面需引起关注。

首先,出生人口增加明显,一孩率有所下降。近年来,随着第一批独生子女逐渐成人,夫妻双方均为独生子女的家庭越来越多,加之两孩政策逐步放开,出生人口一孩率有所下降。2014年苏州户籍一孩率、二孩及以上率分别为64.5%、35.5%,一孩率比上年下降6.4个百分点。2014年3月单独两孩政策正式实施,一孩率将会出现继续下降。因此,要加强对政策执行效果的跟踪分析,避免出生人口出现大幅波动,促进人口持续协调发展。

其次,人口老龄化持续加快,老龄化特征愈加明显。根据联合国统计标准,65岁及以上人口比重达到7%以上为"老年型社会",达到15%以上则为"超老年型"社会。目前,苏州户籍65岁及以上老年人口的比重已连续三年超15%,老龄化特征愈加明显。因此,要充分重视老龄化对社会经济生活的影响,加强对老龄社会前瞻性与战略性研究,健全完善社会养老保障体系,大力发展养老服务产业,促进经济社会协调发展。

最后,人口抚养负担持续加重,人口红利逐渐减弱。2010~2014年末,苏州户籍人口抚养比持续上升,总人口抚养比由2010年末的32.3%上升到2014年末的39.6%。其中,少儿人口抚养比由2010年末的13.7%上升到2014年末的16.7%,老年人口抚养比由2010年末的18.6%上升到2014年末的22.9%。苏州户籍人口抚养负担有所加重,人口红利优势逐渐减弱。因此,要加快调整产业结构,促进经济转型升级,提高劳动生产率和核心竞争力,积极应对人口红利逐步减弱对苏州经济发展产生的影响。

(二)流动人口构成推动社区治理创新

2014年末,全市流动人口登记数6538536人。其区域分布、文化程度、居住时间、从业结构等方面的特色不仅具有经济意义,对城乡社区治理创新也带来全面的挑战。

1. 流动人口数量大,区域分布不平衡

流动人口区域分布不平衡,不仅市辖区与县市区分布数量不一,在各区域之间数量分布也不同。市辖区3091350人,其中,姑苏区284703人,吴江区711088人,吴中区678230人,相城区441170人,虎丘区344804人,工业园区575623人,太湖旅游度假区16828人,独墅湖38904人,县市区3447186人,其中,张家港市 570097 人,常熟市 801945 人,昆山市 1637260 人,太仓市 437884 人。

2. 文化程度偏低,构成多元化

数据显示,流动人口文化程度普遍较低,高中以下的人口占绝大多数,其中,小学及以下 470260 人,占流动人口总数的 7.19%;初中及高中 5624598 人,占流动人口总数的 86%;大专以上 443678 人,占流动人口总数的 6.79%。

3. 暂住时间不一,总体时间较长

流动人口居住时间不同,但是大部分居住时间比较长。2014 年连续在苏居住时间:半年以下 1655161 人,占 25.31%;半年到一年 2077546 人,占 31.77%;一年以上 2805829 人,占 42.91%。累计在苏居住时间:半年以下 707038 人,占 10.81%,半年以上 5831498 人,占 89.19%。

4. 从业构成复杂,第二产业居多

流动人口在苏州从事职业不同,除了正规一、二、三产业以外,相当一部分人从事非正规流动性职业。第一产业 61078 人,占 0.93%;第二产业 4691411 人,占 71.75%;第三产业 495447 人,占 7.58%;其他 960839 人,占 14.70%。

5. 流动人口结构复杂,关注点明显

首先,流动人口数量多。苏州总人口中约占半数的人口是流动人口,其居住时间长,长期在苏州工作生活,有的是全家迁移。这些人口居住在苏州城市各区域,他们如何融入苏州?如何享有苏州市民同等待遇?如何发挥他们在社区治理过程中的作用?这些问题考验着苏州城乡社区治理理念与实践。

其次,流动人口结构复杂。流动人口文化程度差距比较大,大部分处于高中学历以下,这一特点制约了他们在苏州的生存与发展能力。所以,他们中有些人只能在城市从事低端工作,大多从事流动性极强的小商小贩工作。他们既是城市社区治理可以动员的积极力量,也是城市社区治理过程中遭遇的关键难题之一。

最后,流动人口居住地比较集中。流动人口数量大,从事职业比较多样化,且以第二职业为主。他们的收入也决定了他们中的大部分靠租房生活。为了生活方便,他们主要集中居住在离上班比较近、房租价格相对比较便宜的小区。因此,流动人口比较多的出租房社区成为城市社区治理的重要区域。

三、城乡一体化促进苏州城乡社区治理模式创新

社区治理概念的提出以及社区治理实践的探索,不是随心所欲之举。理

论研究与实践探索总与社会发展本身紧密相连。进入21世纪以来,中国经济社会发展进入新阶段。工业化的进一步加速,有力地推动了城镇化的进程。城镇人口不断攀升,城乡人口结构发生根本性变化。2011年全国城镇人口比重达到51.27%,首次超过了农村。城乡人口结构的变化给城乡社会治理带来了新的挑战,以社区化治理为核心的社会治理创新势在必行。苏州成为全国社区治理创新的先行区与苏州经济社会发展的特点直接关联。城乡一体化以及新型城镇化发展是促进苏州社区治理创新的物质条件和原动力。

（一）城乡一体化实践历程

苏州是经济社会改革的前沿,也是工业化、城镇化的典型。人口流动与本地农民市民化的现实,推动了城镇化的进程。城镇化不仅要求打破城乡地理空间的障碍,而且要求消除城乡二元结构的制度安排。2009年,苏州市正式成为全国城乡一体化试点城市,也是江苏省唯一的试点城市。试点城市的确定,不仅意味着苏州将领先破解城乡"二元结构"困局,更意味着苏州将率先进入城乡一体化语境下经济社会全新发展"攻坚阶段和总体模式"。城乡一体化实践是苏州城乡社区治理创新的时代背景。

2008年9月,苏州市被江苏省确定为省唯一的城乡发展一体化试点。2009年苏州开始启动城乡一体化实践。苏州城乡一体化走在全省乃至全国前列,至2013年底,全市92%的农村工业企业进入工业园,91%的承包耕地实现规模经营,52.2%的农户实现集中居住,累计140多万农民实现了居住地转移和身份转变;农村集体总资产突破1350亿元,村均稳定收入650万元;农村股份合作经济组织累计达4168家,持股农户比例超过96%;农民人均纯收入21578元,城乡居民收入比为1.91∶1。

2014年3月,国家发改委正式批复,同意将苏州市列为"国家发展改革委城乡发展一体化综合改革试点",这意味着从2014年起,苏州城乡一体化升格为国家级试点。按照国家发改委批复的《江苏省苏州市城乡发展一体化综合改革试点总体方案》(以下简称《方案》),苏州城乡一体化总的建设目标是,始终保持城乡一体化改革发展的领先优势,率先开辟试点探索新境界,力争成为苏南现代化示范区建设的样本、全国城乡发展一体化的示范区。在总体目标下,苏州城乡一体化分为两个具体目标,即近期目标与远期目标。

所谓近期目标,是指到2015年,重点领域和关键环节改革取得重大进展,包括实现城镇化率超过75%,农村新型集体经济总资产达到1800亿元,农民人均纯收入力争达到2.8万元,现代农业发展水平达到90%等。

所谓远期目标,就是指到2020年,苏州城乡发展一体化体制机制更加完善,各项改革全面深化,实现城镇化率超过85%,农民人均纯收入达到4万元,现代农业发展水平达到95%,城乡发展一体化基本实现。

《方案》显示,苏州要按照1个中心城市、4个副中心城市、50个镇,以及1500个左右规划保留村庄的要求,进一步优化镇村布局规划,形成布局合理、层级分明、职能明确、特色鲜明的镇村体系和城乡空间布局。同时,苏州还要求推动全市国家级开发区、省级开发区等与城镇实现功能、空间、景观、文化的融合。试点总体方案主要任务包括8个方面、34个子项,提出要着力打造新型城镇化发展、共同富裕、"四化"同步发展、公共服务均等化、生态文明、和谐社会、土地资源节约集约利用、城乡金融制度改革等八个示范区。

总之,苏州市城乡一体化从发展战略设想的提出到具体实践,已经走过了近8个年头。作为国家城乡一体化发展的先行者,苏州一方面已经积累了一定的探索经验,另一方面也面临发展过程中的各种挑战。

(二) 城乡一体化实践特点

苏州城乡一体化发展具有明显的地方特色,主要包括政府主导、制度创新、农民利益优先等。

1. 政府主导

所谓政府主导,是指政府在城乡一体化发展过程中积极扮演政策引导角色。政府主导城乡规划是政府主导的关键环节。苏州市政府按照城乡规划全覆盖的要求,优化城乡空间布局,完善村镇规划,充分发挥了规划对城乡空间资源配置的引领作用。

2. 制度创新

除了凸显规划的重要作用,苏州市政府还从制度创新视角加强对城乡一体化发展的引领作用。苏州市创造性地提出并实施了"三置换"制度,即农户将集体资产所有权、土地承包经营权、宅基地及住房置换成股份合作社权、社会保障和城镇住房。这些制度的建立保障了农民权益,解决了农民进城进镇的后顾之忧,顺利实现了农民变市民的身份转换。

3. 切实保障农民利益

从制度创新看,苏州市城乡一体化发展战略是基于保障农民利益基础上的发展探索。如果农民利益得不到最大限度的保障,那么城乡一体化就会遇到阻力,一体化进程难以推进。因此,苏州市在全面推进城乡一体化战略过程中,始终把农民的利益放在首位,并用制度来保障农民利益的不受侵犯性。

(三)城乡一体化推动社区治理创新

城乡一体化实践的显著成效就是新农村建设的步伐加快,分散居住的农村居民逐渐向集中居住变迁。伴随城镇化的加速,大量农民搬进动迁小区。动迁小区成为城镇化与城乡一体化实践的必然要求与必然结果。而加强新型社区建设已成为苏州社会治理的重要内容。

城乡一体化与新型城镇化的推进,导致苏州形成诸多新型社区。此外,城镇化与工业化同步进行,苏州城市化水平不断提高。工业化导致流动人口不断进入苏州,苏州成为全国流动人口聚集地之一。2014年底,苏州常住总人口达到1046.6万人,成为全国第9大城市。人口聚集导致城市社会成员差距加大,社会结构更加复杂。如何加强流动人口管理?如何维护流动人口的合法权益?如何满足流动人口的城市生活需要?如何关心流动人口及其子女在城市的生存与发展?这些问题考验着城市社区治理的水平。

城乡一体化与新型城镇化的推进,促进了包括养老在内的社会保障制度改革。苏州城市化水平居于全国前列,同时城市老龄化程度也不断上升。2014年苏州老龄人口继续增加,老龄化程度不断提高。

而城乡一体化与新型城镇化的推进,促进了苏州城乡社会保障制度的城乡一体化进程。养老与医疗的城乡一体化是社会保障城乡一体化的核心内容。苏州城乡人口老龄化成为考验城乡社区治理的又一个重大问题。如何关心老年人的生活?如何满足老年人的基本生活需要?这些问题不仅是每一个家庭关注的重要难题,也是社区治理面临的重要现实课题。因此,如何以关爱老人作为切入点来加强社区治理,成为苏州城乡社区治理模式创新的原动力与逻辑起点。

城乡一体化与新型城镇化的推进,促进城乡社会组织的进一步发展。地区经济社会的发展是社会组织发展的条件与前提,而社会组织的发展是进一步保障地区经济社会发展的重要力量。苏州城乡一体化与新型城镇化发展促进了各类社会组织的形成,而各类社会组织的形成壮大又为苏州经济繁荣、社会进步做出巨大贡献。如何维护社会组织的权利?如何充分发挥社会组织在社区建设中的功能?如何正确处理社会组织与其他社区治理主体之间的关系?这些问题既对苏州社区治理提出挑战,也为社区治理创新提供了机会。

综上所述,与苏州城乡一体化发展相一致,城乡社区发生了根本性的变化,社区建设与社区治理面临着新的问题与新的挑战,同时也迎来了新的机遇。这些新变化、新挑战、新机遇促进城乡社区治理创新,推动形成适合苏州发展的社区治理之路。

四、苏州城乡社区治理模式创新的基本类型

前文对我国学术界关于社区治理模式的分类进行了阐述,然而社区治理没有固定的模式,即使在同一地区,不同的社区也有具体的表现形式。下面主要阐述苏州市社区治理总体模式与具体模式。

(一) 苏州社区治理总体模式

苏州社区治理模式基本属于第三种模式,即社区居民自治与社区多元主体共治互动模式。苏州在社区治理的新探索中提出社区共治与居民自治互动模式,是基于苏州对社区的定位及原有的体制架构,即社区是定位在街道层面,街道实行社区综合治理,政府在社区建设中发挥主导作用。

共治主要是指街道层面,自治主要是指居民社区层面,既要保留原有的框架特点,又要摒除弊端。苏州市与其他地区一样,实践中探索的社区共治和居民自治互动模式的主要特点表现在以下几个方面。

首先,政府主导的居民自治。这也可以说是苏州发展现实的一个反映。苏州市居民自治意识和自治能力与全国其他地方相似,一方面,长期习惯于依赖政府,政府没有政策,居民不敢也不会治理。另一方面,苏州社区种类较多,居民构成复杂,各种利益诉求差异性较强,单纯依靠居民群体之间进行调节难以化解矛盾,所以从社会和谐视角看,需要政府进行引导。

其次,政党对社区发展的引领,实行基层党建全覆盖。我国是中国共产党领导下的社会主义国家,党组织是基层社区的领导中心。因此,社区治理过程中,基层党组织扮演引领角色,既要把握社区治理的总体方向,又要发挥社区治理中的服务功能。

最后,政府力量与社会力量的合作治理。一方面,成立公益社会组织孵化园,帮助培育和扶持发展社区治理的重要主体——社会组织,形成社会协同的格局;另一方面,加快构建自治和共治的平台和机制,在居民社区层面开展"自治家园"建设,在街道和居民社区中间成立社区代表会议及社区委员会来构筑共治的平台等,营造公众参与的氛围。社区共治与居民自治交融互动、共同发

展,实现最大范围内的资源共享。

以太仓市为例,太仓市通过制定《基层群众自治组织依法履行职责事项》和《基层群众自治组织协助政府工作事项》"两份清单",实现了"政社分开",减轻了自治组织的行政负担;同时,推行了"一揽子契约服务",委托自治组织协助政府完成项目,通过建立"双方契约",促进"政社合作",并通过实施"双向评估",强化"政社互动",从而形成共治的格局。

(二)苏州社区治理具体模式

在社区治理实践中,苏州总体而言是自治与共同治理相结合模式,但是从治理载体与手段来划分,治理模式又具有多样化特点。我们按照苏州市社区治理实践中所创建的治理载体与治理主体相结合的方法,对苏州社区治理模式进行了归纳,大致有政社互动模式、居家服务模式、三社联动模式、社区教育模式、"网格化"治理模式、一站多居模式、邻里中心模式等七种模式。

政社互动模式。所谓政社互动模式,就是指政府与居民自治组织通过建立合作协议,形成良性互动的治理格局。其治理主体包括政府、居民自治组织、居民个体等。

居家服务治理模式。所谓居家服务治理模式,主要是从社区服务角度来界定的,指针对社区老年人的特殊需求,根据社区具体情况而实施的居家养老模式。通过居家养老来解决老年人老有所养问题,最终实现社区居民幸福,社区整体和谐发展的目的。

三社联动模式。所谓三社联动,就是指社会组织、社区、社工三位一体治理模式,即社区通过辖区内的社会组织、社区居民委员会、社区工作站三个主体共同合作,开展社区各项活动,共同治理社区。

社区教育模式。所谓社区教育模式,主要是指通过社区教育这一平台,提高社区居民的内在素养,促进社区居民相互交流,实现社区和谐发展目的的治理模式。

网格化治理模式。所谓网格化治理模式,主要是指通过建立社区网络,满足社区居民的多种需求,实现社区和谐发展的治理模式。

一站多居模式。所谓一站多居模式,就是一个社区工作站为周边多个社区提供工作指导和公共服务的一种新的社区治理模式,是在居站分离的基础上,把公共服务下沉、整合公共服务资源、提升公共服务能力与充分开展居民自治有机结合起来的一种新的社区治理创新举措。

邻里中心模式。所谓邻里中心模式,是指通过建立方便居民生活的邻里中心,促进居民之间充分交流,建立互动关系,实现社区居民关系和谐,提高社区归属感与认同度,实现社区和谐发展之目的的治理模式。

【思考题】

1. 什么是社区治理?它具有哪些功能?
2. 苏州人口具有什么特点?它们对社区治理创新提出了什么挑战?
3. 为什么苏州城乡一体化发展会推动城乡社区治理创新?

第二章 苏州城乡社区"政社互动"治理模式

概 述

2008年5月12日,国务院发出《国务院关于加强市县政府依法行政的决定》,要求建立"政府行政管理与基层群众自治有效衔接和良性互动"(以下简称"政社互动")的机制。对于该机制的探索实践,苏州市下辖的太仓市迈出了第一步。太仓市于2008年11月4日开始对"政社互动"机制进行理论和实践探讨,并形成独具特色的"政社互动"太仓模式。该模式的运行为太仓市社区治理工作理清了思路,并为苏州市、江苏省,乃至全国的社区治理工作积累了宝贵的经验。

一、"政社互动"治理模式简介

太仓市通过实施"政社互动"治理模式,在社区治理方面取得了不错的成绩,这得益于太仓市在经济、政治、文化等方面建立的雄厚基础。太仓市是江苏省苏州市下辖的县级市,位于江苏省东南部,长江口南岸,苏州市东部,其东濒长江,南临上海市宝山、嘉定两区,西连昆山市,北接常熟市,总面积823平方公里。2013年年末户籍人口47.45万人,其中非农业人口26.55万人,同期常住人口70.70万人,城市化率为64.48%。[①] 市人民政府驻地城厢镇。2013年年末,太仓下辖城厢镇、浏河镇、浮桥镇、沙溪镇、璜泾镇、双凤镇、港口开发区、经济开发区、科教新城,有娄东街道办和88个建制村(行政村)、3205个村民小组、67个居民委员会。太仓市经济发达,素有"锦绣江南金太仓"的美誉。

---

① 2013年太仓市国民经济和社会发展统计公报,http://www.taicang.gov.cn/art/2014/2/18/art_6161_222323.html。

2013年全年实现地区生产总值1002.28亿元,全年完成公共财政预算收入100.13亿元。人均地区生产总值141785元,全年城镇居民人均可支配收入43010元,农村居民人均纯收入21605元。其在2014年县域经济百强县市排名中列全国前十强,并荣获首届长三角最具投资价值开发区的综合实力奖,同时也是江苏省首批6个率先全面实现高水平小康县市之一。在教育和文化领域,太仓市有小学29所,普通初中15所,普通高中3所,特殊教育学校1所,中等职业学校1所,高等职业技术学院1所,外来民工子弟学校8所,社区教育中心7个,老年大学1所。各类艺术表演团体210个,文化馆、公共图书馆、博物馆各1个,档案馆3个。太仓市在城乡一体化方面的成绩也走在全省前列,并出台专门意见,围绕构建现代农业发展体系、优化城乡资源配置、深化农村各项改革、提升农村环境建设质量、创新城乡社会管理等五大方面提出18条工作措施,确保至2015年,农业综合机械化水平超92%,农业科技进步贡献率超七成,农民集中居住率超七成,土地适度规模经营比重超92%。此外,太仓市还先后荣获国家卫生城市、全国社会治安综合治理先进集体、国家生态市等荣誉称号。

"政社互动"模式是在厘清政府管理权限与基层自治空间的基础上,对政府与基层群众自治组织、社会团体、行业协会等多元社会主体共同参与社会治理,形成政府与社会协同配合、良性互动治理模式的概括。"政社互动"强调政府和社会自治主体在"分离中合作,合作中共赢"。其基本制度运行框架是出台两份"清单",即《基层群众自治组织协助政府工作事项》与《基层群众自治组织依法履行职责事项》。根据这两份"清单",梳理出政府和群众自治组织的职责分工,通过签订《委托管理协议书》来"购买"基层群众自治组织和其他辅助性社会组织、行业协会等基层自治参与主体提供的服务,协议期结束后根据履职评估效果来支付费用。目前,太仓市社区治理工作就是在"政社互动"这一思路下展开的。

二、"政社互动"治理模式的探索历程

党的十八届三中全会将"社会管理"发展为"社会治理","治理"代替"管理"的新提法推动了社会各界、各领域的治理模式创新。基层群众自治制度是我国的基本政治制度,其制度架构的本质要求即是发挥基层群众的自我管理积极性,其制度精神与十八届三中全会"社会治理"新提法是一致的。因此,作

为社会治理"一线"工作的重要方面,社区治理在传统的政府管理主义之下所产生的"路径依赖"问题的解决在"社会治理"新理论框架下也显得越来越急迫。这不仅是新政的要求,更是向"基层群众自治制度"的本质回归。太仓市"政社互动"治理模式早在十八大之前就开始进行改革试点,十八届三中全会的"社会治理"的提法更为其夯实了理论基石。该治理模式虽然在太仓市已经过几年的试点与推广,也取得了良好的社区治理效果,但对于整个苏州市、江苏省甚至全国的推广工作来说,仍没有达到制度冻结阶段,故太仓市的"政社互动"治理模式仍处于制度探索阶段。太仓市"政社互动"治理模式的探索历程大致经历了以下几个阶段:

(一) 主题研讨与调研阶段

太仓市"政社互动"治理模式探索历程的第一阶段是主题研讨与调研阶段,完成太仓市的"顶层设计"与"制度安排"工作。该阶段的基本任务有以下几个方面:一是厘清法律与政策依据。太仓市的"政社互动"模式不仅是一次制度创新,更是一次政府行政管理方式的改革,在一定程度上突破了现有的制度框架,因而在改革之初急需厘清改革的法律与政策依据。其中包括《村民委员会组织法》、《城市居民委员会组织法》、《国务院关于加强市县政府依法行政的决定》以及其他一些法律、法规,以及江苏省和苏州市的规范性文件。二是论证"政社互动"治理模式的可行性。根据太仓市的经济、政治、文化、社会、教育等发展状况,太仓市委市政府专门组织高层研讨会,成立"太仓市政府行政管理与基层群众自治有效衔接和良性互动课题研究领导小组",并依托苏州大学金太军教授研究团队的调研课题《夯实和谐(共治)太仓,创新城乡治理模式——基于政府行政管理与基层群众自治有效衔接和良性互动视角的调查报告》,总结太仓过去的社会管理经验,进而为太仓市社区治理工作提出优化措施。三是出台两份"清单"。在厘清法律、政策等依据的基础之上,通过高层研讨与专家调研,太仓市出台了《基层群众自治组织协助政府工作事项》与《基层群众自治组织依法履行职责事项》两份"清单",这两份"清单"构成了太仓"政社互动"治理模式的制度核心。前一份"清单"共梳理出 27 个"大项"和 38 个"小项";后一份"清单"归纳出了 10 个"大项"和 21 个"小项"。此外,在该阶段还出台了相关评估标准等相关办法,明确了改革步骤和时间表,提出在城厢镇和双凤镇先行试点等。

（二）制度梳理与优化阶段

"政社互动"治理模式探索历程的第二阶段是制度梳理与优化阶段,完成试点镇各单位的动员部署与制度安排。该阶段的具体工作有:通过专题培训、专题研讨会、工作动员会等形式对各个层面进行动员部署,建立试点工作班子,确定试点工作方案;根据太仓市政府出台的两份"清单",试点镇进行基本的制度梳理,并根据梳理结果,结合试点镇的特殊情况和市政府领导及单位意见,试点镇对市政府的"清单"样本进行制度重置、优化与升级;对镇政府各单位部门的权力进行定位与边界管辖;出台的升级版"清单"严格按照基层自治原则,在"民主决策日"上将其提交试点两镇的村民和社区居民代表审议并通过;上报市政府存档备案和进行一系列的制度准备工作。

（三）基层试点与评估阶段

"政社互动"治理模式探索历程的第三阶段是基层试点与评估阶段,在试点镇开展具体的服务购买与评估工作。该阶段主要包括以下几个步骤:一是签订委托协议。确定需要委托给基层群众自治组织管理的具体项目,明确委托管理项目目标要求,明确年度履约评估方法,明确政府提供的必要条件、委托管理经费和支付方式,拟订委托协议书文本,对协议内容进行协商后,进行委托管理协议书集中签约。二是落实责任阶段,包括政府的责任落实和基层群众自治组织的责任落实两个方面。三是履职评估。试行以试点镇党委、政府以及各有关部门人员、村（居）干部、群众代表等组成多元化评估主体,对政府和基层群众自治组织的履职情况进行全方位的评估,评估过程透明,结果公示。四是兑现协议承诺。根据科学评估得到的履职得分情况,兑现政府委托管理费用,并对成绩突出的项目进行奖励。

（四）经验总结与推广阶段

"政社互动"治理模式探索历程的第四阶段是经验总结与推广阶段。通过履职评估结果和各参与主体的反馈来总结"政社互动"治理经验,进行相关制度调试,并在太仓全市推而广之。在该阶段,太仓市的主要做法有:城厢、双凤两试点镇及其下属各村民委员会、居民委员会完成"政社互动"试点工作总结材料,召开"政社互动"试点工作总结与经验交流会。在太仓市全面推行"政社互动"工作动员会上,两试点镇介绍试点工作情况,并选取城厢镇中区居委会和双凤镇凤中村村委会作为典型介绍试点工作情况。根据制度试点运行情况进行制度调试,提出政社互动"四日"制度,即信息反馈日制度、情况通报日制度、政务公开日制度和信访接待日制度。提出"2010工作法":"2"代表两份"清单";第一个"0"表示"清单"未列入的事项实行"零准入",各部门不得以服务进社区为名,未经基层群众自治组织同意擅自将其他工作项目带进社区;"1"代表委托管理协议书,政府部门对需要由自治组织协助政府的工作事项,由政府和自治组织在平等协商的基础上签订委托协议书,明确工作目标要求、经费保障及各自所应承担的责任;第二个"0"表示行政责任书"零签订",在基层群众自治组织协助政府工作项目实行委托管理模式后,政府将不再与基层群众自治组织签订任何行政责任书。此外,在2010年年底的经验总结与推广中还格外强调基层群众自治组织协商能力、执行能力、服务能力、代言能力、承接能力等五大能力的培养。①

在全面推进"政社互动"的基础上,太仓市还提出建立"三社联动"机制,即党委领导、政府主导下的以社区为基础,以社会组织为载体,以社会工作专业人才为骨干的工作运行机制。这一机制的建立,为社区治理提供了主体动力方面的保证,将进一步深化"政社互动"改革。

值得一提的是,自2008年以来,苏州市委、市政府一直高度重视太仓市的"政社互动"改革试点,根据太仓市所取得的改革经验,苏州市也于2012年6月开始着手在苏州市各下辖市、区内进行"政社互动"推广,并提出在一到两年时间里,将"政社互动"打造成苏州社会建设与管理的创新品牌。

三、"政社互动"治理模式的特点

"政社互动"治理模式通过"政府主导,社会协同"的机制运行,实现了政府与社会的"松绑",并在松绑后实现了"共赢"。因此,该模式的最大特点即在多元主体的参与下形成了政府与社会共治的局面。与其他社区治理模式不同之处在于以下几点:

(一)管理履职"清单"化

"政社互动"治理模式最显著的特点就是将政府管理基层转变为基层协助政府管理,进而实现群众自治与对政府行政管理权力进行边界管辖。该特点

---

① 见《中国和谐社区:太仓模式——太仓市"政社互动"调研报告》,社会科学文献出版社,2012年版,第11页。

的外在表征是太仓市出台的两份"清单",这两份"清单"从基层群众自治角度出发,厘清和梳理出政府与群众自治组织的权责关系。社区治理工作的"清单"化,主要体现在《社区居民委员会协助政府工作事项》和《社区居民委员会依法履行职责事项》两份"清单"中。

(二)参与主体多元化

参与主体多元化是"政社互动"治理模式的最本质的特征,也是"政社互动"治理模式最能体现国家"治理"新提法的一点。在传统政府管理主义之下,社区管理呈现"上面千条线,下面一根针"的局面,社区管理工作没有活力。"政社互动"治理模式的外在表征是"三社联动"机制,即社区、社会组织、社工人才的社区服务运行机制。通过多元主体的协同,以达到社区自治的效果。目前,太仓市建立了完善的"社会组织服务中心"来孵化尚在创业期但发展前景好的社会组织与社工人才,调动各方面主体参与社区治理工作。

(三)管理模式契约化

管理模式契约化,即政府对基层群众自治组织实行"委托制"。这是太仓市改革的最大亮点,也是最大的制度突破。在传统的社区管理模式之下,基层群众组织管理工作实行"责任制",而"政社互动"治理模式则采取市场化的原则,通过"招标、授权、委托和项目外包"等方式来购买相关单位和组织的服务,这就实现了管理模式由"交代任务"到"定制服务"的转变。该特点的外在表征是《协助政府管理协议书》。"协议书"的签订双方是法律地位平等的法定代表人,而不是过去地位不平等的"领导"与"被领导"的关系。

四、"政社互动"治理模式的创新意义

太仓市的"政社互动"治理模式的改革无疑是对实现深化行政管理体制改革与发展基层群众自治有机结合的一次重要探索,同时也是对政府行政管理体制进行市场化思维嫁接的大胆尝试。该模式的正常运行离不开三种机制创新:"减政放权机制"、"协议委托机制"和"三社联动机制",这三大机制创新也保证了"政社互动"治理模式在太仓市的基层民主建设、法治社会建设、制度变革等方面具有很重要的意义。

(一)有利于提高基层民主建设水平

"政社互动"治理模式最为重要的意义体现在基层民主建设方面。发展基

层民主有两种方式:一种是直接扩大基层民主。通过"协议委托机制",充分尊重基层群众的意见,这是"协商民主"的重要表现;另一种是通过对政府行政权的限制,间接扩大基层的自治权,这是基层民主建设的重要内容。通过双向的履职评估,实现对政府权力的监督,也是基层民主建设的重要方式。"政社互动"治理模式在这两个方面均有所体现,进而提高了社区治理的民主化建设水平。

(二) 有利于夯实法治社会建设基础

一方面通过"减政放权机制",即形成两份"清单",对政府行政权进行限制,避免权力滥用,同时也规范政府权力执行行为,另一方面也规范了基层群众自治组织、社会团体等非政府主体的自治行为。通过"协议委托机制",更是在形式上实现了真正法律意义上的权责对等。

此外,三大机制在法治社会建设方面的意义还表现出一种"有序的活力"。三大机制,特别是"三社联动机制"的运行,使得社会治理参与主体更加多元化,并表现出不同的集群特征;与此同时,市场化的操作模式也让各自治主体的活力得以释放。社会活力只有在法治的框架下才能趋于规范和有序。

(三) 有利于增强制度变革意识

"政社互动"治理模式在制度变革方面也具有重要的意义,这不仅是对于政府机构改革本身的意义,更在于它给社会治理提供了更为重要的启示。"政社互动"治理模式企图实现对政府行政管理权力的边界管辖,势必会使得政府权力从"无孔不入"转变为"权力整合",这对于政府机构改革具有重要意义。但"政社互动"治理模式所呈现的制度变革意义并不局限于机构变革,而是注重机制创新。① 只有实现机制创新,才能促使社区治理参与主体之间的关系从"机械状态"转变为"有机状态",才能构建较为健康的治理生态。

---

① 见《中国和谐社区:太仓模式——太仓市"政社互动"调研报告》,社会科学文献出版社,2012年版,第34页。

案例一　城厢镇中区社区"政社互动"试点情况

城厢镇是太仓市"政社互动"治理模式两个试点镇之一，又是太仓市府所在地。"政社互动"治理模式改革在太仓市没有先例，故城厢镇的试点工作倍受上级和社会的广泛关注。中区社区是城厢镇的典范社区，社区居委会历史悠久，其在社区治理工作方面也有较为突出的表现。自实行"政社互动"以来，中区社区在社区治理方面积累了很多宝贵的经验。

一、基本情况

太仓市城厢镇中区社区位于太仓城区中心，社区居委会成立于1958年，现坐落于郑和西路5-8号。东起向阳路20号，南临县府街，西至盐铁塘，北至郑和西路为其管辖范围，辖区面积0.49平方公里。社区内有177幢居民住宅楼，常住居民3129户、7057人，外来流动人口3000余人，分成36个居民小组进行管理。辖区内有行政、事业、企业单位18家，民营个体工商户420多家。中区社区党组织为党委建制，现有党员208人，下设兴业弄、人民二村、阳光花苑、阳光爱心服务站、人民新村9幢楼宇等5个党支部、12个党小组及1户党员中心户。社区现有7名工作人员，其中居委会工作人员5人，条线工作人员2人。[①] 有3个各具特色的党员志愿者队伍，登记在册团体兴趣小组11个。近年来，中区社区先后获得全国和谐社区建设示范社区、江苏省和谐示范社区、民主法治示范社区、绿色社区、苏州市党建工作示范点、利用社区资源离退休干部服务工作示范点、未成年人思想道德建设工作先进社区、关心下一代工作先进集体、充分就业社区、巾帼文明岗等各级别荣誉称号57个。这些社区荣誉是中区社区治理工作取得优异成绩的集中表现。

二、基本步骤

作为城厢镇若干试点社区之一的中区社区，其每一个工作步骤及其所取

---

① 中区社区基本情况引自城厢镇社区网，http://www.szlife360.com/ShowCommIntr-44-7.html。

得的最直接的运行效果自然也成为评估和论证"政社互动"治理模式有效性的焦点。中区社区"政社互动"治理工作开展的基本步骤主要包括：

（一）接受委托管理

在 2010 年 6 月 3 日城厢镇下发《城厢镇"政社互动"工作实施方案》后,中区社区就委托管理事项与镇政府进行了反复细致的协商,对工作目标不断进行可行性论证。由于涉及具体的实践管理工作,中区社区对于委托管理事项的工作计划始终坚持科学性、简明性和可操作性原则,希望日后在管理过程中占据主动性。

在接受委托管理期间,除了对委托管理事项进行具体细致的研讨外,中区社区还就委托费用加以明确,区分协议内的委托事项和协议外的购买服务,确保政府按照"权随责走、费随事转"的原则来实行委托支付和购买服务。此外,中区社区还就最后履职评估制定了相关的具体细则。

（二）处理委托协议

中区社区在签订委托协议之前,首先做的是实现协议本身的"合法化"。中区社区的具体做法是将政府委托管理事项、权利义务关系、经费保障机制和双向评估方法等具体内容通过社区事务公示栏一一进行公示,这种透明化的操作既有利于社区居民对居委会接受委托管理情况有较为清楚的了解,又为实现委托协议合法化打下坚实基础。正是因为中区社区的透明化操作,协议草案文本在 2010 年 7 月 10 日召开的"民主决策日"居民代表审议会议上得以顺利通过。2010 年 8 月 13 日,中区社区居委会主任作为中区社区法定代表人,与城厢镇镇长签署了《基层群众自治组织协助政府管理协议书》,正式启动委托管理工作。

（三）明确成员分工

由于社区工作人员有限,社区必须集中和整合人力资源来开展工作。委托协议签订后,中区社区并不是急于开展工作,而是先就镇政府委托管理事项进行分门别类,针对每位社区工作人员的工作重点和各自优势来分配工作,明确成员分工,做到权责明确;同时,中区社区居委会还每月召开一次评估会,实现对委托管理本身的"动态管理"。通过及时的反馈与评价,厘清工作重点,调动工作人员积极性,并就委托管理中出现的困难,及时寻求镇政府的建议与支持。此外,中区社区还十分重视"三社联动"机制,通过挖掘和孵化相关社会组织和团体，整合社区志愿者资源，以弥补工作人员分工上的不足。

（四）双向履职评估

实行"政社互动"治理模式后，对社区管理工作的评价不再是镇政府单方面的评价，而且也一改政府在评估活动中的权力地位。对社区管理工作的评估转变为服务购买方（主体不仅仅是政府及其部门）评估和居民群众评价。前者的评估方式是通过制定统一的城厢镇城市社区履职履约情况评分表，城厢镇政府每年年终对中区社区履职情况进行打分。评估分值由百分制和工作成绩突出加分两部分构成，城厢镇18个考核部门（2011年"综治"与"司法"合并为"综治"一项）对中区社区进行百分制打分，最后由镇民政办公室负责汇总；后者的测评方式是制定社区居民满意度测评表。中区社区将社区服务效果分为社区为民服务、关心弱势群体、社区文体教育、社区稳定工作、社区环境卫生、社区民主自治、社工工作绩效、社区综合评价等八个方面，通过"民主决策日"活动，让居民代表进行满意度测评。

三、特色做法

在太仓市政府和城厢镇政府的统一领导与部署下，中区社区"政社互动"工作完成了基本步骤的推行。但由于"政社互动"无先例可循，仅依靠基本步骤的推行是不足以取得良好的治理效果的。为保证政府委托管理事项的顺利完成，提高"政社互动"治理模式的适应性和自我调适能力，中区社区从"资源开发"角度入手，根据本社区的实际情况，整合、挖掘社区内的特色、专业化资源，经过一段时间的摸索，充分发挥了驻区单位、社会组织、居民代表等方面的资源优势，并形成了具有中区社区特色的"政社互动"治理模式。

（一）驻区单位公益资源的整合与共享

在中区社区辖区内，有行政机关、企事业单位等18家，民营个体工商户420多家，这些单位是社区自治的参与主体，同时也是潜在的公益性资源。为利用这些公益性资源，中区社区成立了"阳关爱心服务站"，其目的在于进一步提高社区服务工作能力。服务站的建立与运行需要两大支柱：资金和志愿者队伍。为了解决资金问题，中区社区发动18家驻区单位向阳光爱心服务站捐资4.3万元，作为启动资金，并实行专款专用，公开透明；为解决志愿者队伍问题，社区发动各驻区单位组成志愿者队伍，其中包括党员、社区干部、社区民警、党员骨干、个体经营户等，至2012年，阳光爱心服务站已发展98名志愿者,建立扶贫帮困、医疗保健、精神慰藉等7个服务小组。中区社区还特别重视志愿者队伍建设,通过制度化、组织化、功能化方式,使"阳光爱心服务站"获得了不错的社会口碑。此外,中区社区还与共建单位联手开展结对助学活动,开展极具特色的"红色1+3"①活动。

(二) 社会组织专业资源的挖掘与孵化

为丰富社区居民的文化娱乐生活,中区社区通过对本社区居民特长优势的调查与挖掘,在2010年3月份成立了以本社区居民为骨干的阳光艺术团。艺术团内设舞蹈队、腰鼓队、合唱队、健身队、拳操队等多支文体团队。艺术团定期开展活动,进行公开文体表演,通过较为专业的艺术文体表演,丰富了自己和社区居民的文化生活,并在此过程中融洽了居民之间的关系。除了艺术团外,中区社区还组织原政法系统退休老同志建立法律咨询平台,每周一下午为社区居民提供专业的法律咨询服务,取得了不错的社会效果;此外,中区社区还为孵化业务较为复杂、组织化程度更高的、尚处于创业期的社会组织创建支持性环境,并积极推广"服务购买"理念,为那些有偿但价格优惠的服务寻找市场。

(三) 业主委员会影响力资源的集成与润化

在城市社区中,业主委员会并不是一个新鲜的组织,但由于政府行政权力的统摄力过大,以至于业主委员会具有半官方性质,其自身并不独立。业主委员会本身的功能性缺失,使得业主委员会的地位总是得不到业主的广泛认可。为解决这一问题,中区社区通过广泛耐心的宣传和积极动员,以"海选"方式产生了具有广泛群众基础的业主委员会,业主委员会委员中有机关工作人员、退休教师、社区志愿者、社会组织与团体核心人物等,在小区中有较高的威望和较好的人际关系。这种"影响力资源"是隐性的,但影响却更为直接。中区社区充分集成这种"影响力资源",进而构建较为健康的社区治理生态,润化居委会、第三方服务单位和居民业主之间的关系。这种工作思路也取得了较好的社会治理效果。

---

① "红色1+3"是指在机关(事业)、农村、企业和社区等四种类型党组织中,每种类型党组织分别联系其他三种党组织开展联建活动,以期形成"组织联合建设、活动联合开展、队伍联合培育、资源联合利用"格局。

四、积极作用

从太仓市在城厢镇的"政社互动"试点开始到现在,中区社区的试点工作已满五年。在这五年里,中区社区的治理情况发生了较为显著的变化。通过调查发现,中区社区"政社互动"有着以下几个方面的积极作用。

(一)理顺了政府与基层自治组织的权责关系

基层群众自治组织在自我管理方面拥有充分的自治权,但在实际操作过程中却成了政府的权力"末梢",长期处于政府的行政隶属之下。基层群众自治组织自治权之所以难以实施,其原因在于政府权力边界的模糊,政府权力延伸到基层,特别是基层群众自治组织的工作绩效评价权也牢牢被政府权力所左右。这其实也是政府"懒政"的表现,企图通过行政强制命令的方式让基层简单服从而不反对,从不去考虑基层积极性问题。"政社互动"使基层自治权得以松绑,并倒逼政府收敛权力,促使其思考如何与基层自治达到生态平衡。"现在,通过签署委托协议,社区的工作任务十分明确,相关的事项从过去的七十多项变为了现在的二十多项,政府部门不能随意下派额外的任务,有时候还能主动为社区挡住了一些部门的干涉。这在一定程度上减轻了社区干部的工作负担,使他们有更多的时间和精力为普通社区居民服务。此外,通过'政社互动',各个政府部门的工作作风也有所改变。"①

(二)保证了委托管理所产生的费用

以往社区工作千头万绪,而政府对于基层自治经费管控过于严格,资金短缺成了基层工作的难题。基层自治组织一方面需要完成政府交代的指标任务,另一方面又要很好完成服务居民的目标,这没有足够的资金支持是很难做到的。实行"政社互动"后,经费管理按照"权随责走,费随事转"的原则,按照签订的协议支付委托管理费用。委托协议使社区治理经费有了法律保障,履职评价标准和具体化的委托管理事项使得社区治理经费支付有了确定性且更为规范。社区治理经费有了保障也使得社区工作人员提高了工作积极性,较大程度上避免了"白干活,不给钱"的尴尬处境。如2011年开展人口普查期间,由于太仓市人口流动面较大、组成结构复杂等原因,普查工作量较大,需要较大的经费支持。社区根据普查工作量的大小,在"政社互动"工作框架下,与

---

① 参见城厢镇中区社区居民委员会《2011年中区社区政社互动工作总结》。

政府明确了普查经费。由于有经费保障,社区聘用了45名普查员,在规定时间内较好地完成了10600名居民的人口普查工作。①

(三) 为社区整合多方资源提供了新思路

以往社区为应付政府的各种指标任务和检查,总是做足表面文章而忽视深入研究如何为社区服务的问题。实行"政社互动"以来,社区真正回归其自治本位。由于有足够的经费保障,社区便更多地通过开发社会自治资源,外包服务项目,挖掘和孵化社会组织等方式来调动各方积极性,进而整合多方资源参与社区自治。基于理性"经济人"假设,基层群众自治组织作为联络政府行政管理与社区居民自治的纽带,其在有确定经费支持的情况下会主动寻找承载社会服务功能的服务第三方以缓解自身工作压力,以期回归其组织者、联络者、传达者的角色,这样便会促使基层群众自治组织努力整合多方资源以拓宽服务渠道,在自治层面实现投入最小而收益最大化目标。

五、存在问题

"政社互动"治理模式实现了中区社区自治工作的制度解放,产生了较好的社会治理效果。但不可否认的是,由于新模式的无例可循和制度依赖等方面的原因,中区社区的"政社互动"工作也存在着一些问题。对这些问题如不加重视,恐有碍于"政社互动"治理模式的进一步深化。

(一) "政社互动"中的制度依赖问题

尽管政府与社区自治组织签订了委托管理协议书,也列出了两份"清单",明确了政府与社区的权责关系,但政府在实际行政管理过程中仍存在较为明显的路径依赖性。政府表现出对传统管理主义模式的制度依恋,并按照传统的行政命令方式向社区增派协议框架以外的工作;而社区工作人员也表现出一定的路径依赖性,即对传统政府管理主义的适应性导致其对政府的增派任务行为一般不敢拒绝,遇到事情先请示等现象也有所显现,这反映出社区在自治能力方面的缺陷。这方面的制度依赖表现很多,比如太仓市档案局要求社区对档案资料按统一规定的标准进行归类、整理、装订等,并限时进行验收检查,而这种任务并不在协议规定的事项之内,并且未给予相应的经费支持和报

---

① 参见城厢镇中区社区居民委员会《参与政社互动实践,享受管理创新成果》(2011年4月9日)。

酬,实际上增加了社区干部的工作量和社区的负担。①

(二) 社会组织发展缺位问题

一个运行良好的社会需要一定的社会组织的支持,社会组织的独立性也是衡量社会自治程度的标尺之一。当获得更多的自治权时,社区往往会寻求社会组织以承接相应的服务。中区社区的社会组织多是由驻区单位工作人员、党员、社区工作人员、志愿者等组成,因而这些社会组织必然存在先天的不足。从独立性意义上来说,这些社会组织专业性不强,在特殊服务项目承接上更显业余,因而其所提供的服务范围也较为狭窄。随着人们的服务需求多样化,必然要培育更多真正意义上具有较高独立性的社会组织,才能保证"政社互动"治理模式行之有效,才能保证"三社联动"机制落到实处。

(三) 基层自治权力寻租问题

政府虽然就委托管理费用进行了总额限定,也就委托管理费用使用范围进行了明确化和规范化,但由于基层事务的细致性,社区基层自治组织在"充权"的过程中可能会导致社区自治权力在场的不作为,并进而产生"权力寻租"问题,其外在表征是社区治理费用的上升。费用的上升除了支付理当支付的委托管理和购买服务费用外,基层权力寻租也可能是一个不能忽视的隐患。这需要政府不在场权力的适当作为和基层权力监督机制的建立。

【思考题】

1. 中区社区"政社互动"工作推进的基本步骤有哪些？该社区在履职评估时采取了哪些做法？

2. 中区社区"政社互动"工作有哪些有特色的做法？在提高社区服务水平的过程中这些特色做法与"政社互动"本身有无必然联系？为什么？

3. 你对中区社区在解决制度的"路径依赖"问题上有何建议？

---

① 见《中国和谐社区:太仓模式——太仓市"政社互动"调研报告》,社会科学文献出版社,2012年版,第127页。

案例二 双凤镇凤中村"政社互动"试点情况

双凤镇是太仓市另一个"政社互动"试点镇,与城厢镇一样,双凤镇在"政社互动"方面也是无例可循。双凤镇及其所辖各村、社区都围绕"政社互动"治理工作展开积极探索与实践。这其中,作为双凤镇政府所在地的凤中村,在"政社互动"方面的实践迅速成为各方关注的焦点。凤中村虽不是非农意义上的社区,但其几年的"政社互动"工作经验积累却可为城乡社区治理提供有益的思路,如其"政社互动联络员"的创新做法值得城乡社区"政社互动"治理工作学习借鉴。

一、基本情况

双凤镇凤中村由原来的凤东村、凤北村、凤中村、缪泾村四村合并而成,取凤中为合并后的村名,村总面积7.8平方公里,流转土地4616亩,现有耕地面积2048亩,设有48个村民小组,1152户农户,常住人口3822人,外来人口4450多人。凤中村具有得天独厚的地理位置,位于204国道双凤镇周边,东临太仓黄金水道盐铁塘,西靠无塘河,南临双凤镇黄桥村,北接沙溪镇直塘村。水陆交通便捷。投资优势明显的凤中村在近些年的发展中取得了不错的成绩,村三产事业均得到了快速发展。农业方面,以发展温氏养鸡、水产养殖和蔬菜种植为特色,依托双凤镇集镇,形成城郊型农业经济形态。工业方面,凤中村响应双凤镇"以工兴镇"的号召,形成了以针织、彩印、食品、五金、化工为主的工业门类。近些年,凤中村建立了凤中工业园、富豪工业园和温州工业城,通过产业集群进一步促进了凤中村的工业发展。服务业方面也获得了长足的发展。近几年,凤中村欲挖掘村原有名胜古迹三塔、玉皇阁、城隍庙、双凤寺等旅游资源,进一步拉动服务业和村文化建设。全村三产事业协调发展,村级经济日益壮大,2011年净资产达到1162万元。凤中村2010年村级可支配收入达600万元,2011年更达800万元,农村收入不断提高,人均收入达到19120元。此外,党建、文教卫生、社会保障、环保绿化、扶贫救助等各项事业蓬勃发展。凤中村先后获得了"太仓市文明单位"、"太仓市十佳推进农村十项实事工程先进村"、"江苏省卫生村"、"江苏省生态村"、"民主法治示范村"、"苏州市文明村"、"'实践科学发展,推进两个率先'先锋村"等荣誉称号。①

二、具体过程

同城厢镇中区社区一样,双凤镇凤中村的"政社互动"也是首批基层试点对象。凤中村通过集中组织学习与培训,按照太仓市和双凤镇的统一安排部署,分阶段推进"政社互动"过程。"政社互动"在凤中村的实施过程,主要经历了以下三个阶段。

(一)学习与研讨阶段

2010年4月,太仓市决定在城厢、双凤两镇试点"政社互动"。经过一段时间的酝酿,双凤镇试点先行进入落实阶段,于当年5月27日举办了"政社互动工作"专题培训。② 此次培训活动对于双凤镇政府来说是传达太仓市政府的精神,而对于参加培训的基层自治组织相关负责人来说,则是一次集中学习的机会。时任凤中村村委会主任的潘雪荣参加了此次学习。在结束镇级学习会议后,潘主任还组织凤中村村级学习会议,集中学习市、镇政府的文件精神。此外,凤中村还根据双凤镇"政社互动"工作条线部门研讨会精神,根据凤中村工作和发展实际,组织村委会对镇委托管理协议书(初稿)研讨结果再进行深入研讨,并积极与镇各职能部门进行广泛的交流。

(二)确权与签约阶段

双凤镇在与各基层自治组织进行广泛交流与磋商之后,形成了委托管理协议书(讨论稿),协议书对镇政府及各职能部门和基层自治组织的权利义务进行了明确的规定。凤中村在2010年7月10日"民主决策日"活动上完成了对协议双方的确权工作,并于8月13日在"太仓市城厢镇、双凤镇《基层群众自治组织协助政府管理协议书》签约仪式"上由凤中村法定代表人、村委会潘主任与双凤镇政府法定代表人、王莉萍副镇长签署生效。

值得一提的是,双凤镇的协助管理费用特意保留了一定的弹性,以调动基

---

① 见《中国和谐社区:太仓模式——太仓市"政社互动"调研报告》,社会科学文献出版社,2012年版,第130页。

② 见"太仓民政网"2010年6月10日载文《双凤镇积极推动"政社互动"工作》。

层自治组织的积极性。其协助管理费用按照100分计算,达到80分的即由镇政府拨付全年协助管理费,80分以上(不含80分)得分则为奖励分,并对奖励分实行村委会、居委会差别管理,村为2400元/分,社区为800元/分。

(三)履约与评估阶段

2010年8月—12月是凤中村履约阶段,在协议期内,凤中村严格按照协议书开展本村的"政社互动"相关社区治理工作,并取得了较好的工作绩效。2011年1月,根据凤中村的履约情况,双凤镇通过双向评估,最终凤中村村委会履职综合得分表现良好,为94.47分。行政委托事项评估结果也较为不错,综合得分为93.57分。在10类履职事项中,综合得分中排名靠前的事项有解决民间纠纷、开展社区服务、组织召开会议报告工作等,而在宣传法律法规和国家政策、保护和改善生态环境等方面的履职情况稍逊一筹;而在完成12类政府委托事项评估得分中,综治、计生、文卫工作入前三甲,水利、动物防疫等方面表现欠佳。

三、实践创新

为进一步保障基层群众的参与权、监督权,拓宽村民自我管理渠道,凤中村特别制定"四日制度",即信息反馈日制度、情况通报日制度、政务公开日制度、信访接待日制度,"四日制度"激活了政府、基层群众自治组织和群众之间的沟通交流。在"四日制度"中起活络作用的就是政社互动联络员。经过几年的运行,政社互动联络员在"政社互动"中发挥了非常重要的作用。

(一)政社互动联络员的产生办法

凤中村共有48个居民小组,每个居民小组由24户组成,每一小组都设有小组长。这些小组长一般由老干部、老党员和村民代表构成,[1]他们的特点是群众基础好,个人威望高,对村务和小组成员比较熟悉,为村民服务积极性也较高。凤中村委会充分利用这种"影响力资源",聘请了48名居民小组长为政社互动联络员。由居民小组长兼任政社互动联络员,将人力资本的效应发挥到最大,并且使旧有的组织设置在新的制度设计下焕发出新的活力。[2] 此外,

---

[1] 见《凤中村2012年工作报告》。
[2] 见《中国和谐社区:太仓模式——太仓市"政社互动"调研报告》,社会科学文献出版社,2012年版,第136页。

作为购买服务,双凤镇每月给政社互动联络员发放200元补贴,村集体还为他们配备了手机,以方便他们对外联系。

(二)联络员的工作内容

联络员的工作内容主要有三项:一是了解群众需求。联络员要深入群众,了解群众的需求动态。如问题涉及面不大,联络员根据自身情况,及时解决;若联络员不能解决,则提交联络员会议集中解决。二是信息汇总讨论。凤中村每月20日定期召开政社互动联络员会议,汇总讨论需要解决的问题。如问题属于村民自治范畴,提交村委会会议;若问题超出村民自治范畴,由村委会上报双凤镇"政社互动"办公室。三是接待来访群众。若村民在联络员主动定期探访之外仍有问题,可去村委会内设机构反映问题,内设机构再联系相关联络员不定期接待来访群众,这是对联络员常规工作的有效补充。

(三)"政社互动联络员"实践创新的作用

"政社互动联络员"实践创新搭建起了政府、基层群众自治组织和群众之间的沟通桥梁,保障了村民的自治权利,产生了非常广泛的积极效果。主要有三个方面的意义:

其一,在客观上扮演了政府的信访压力疏导机制。以前村民遇到村里不能解决的问题,总是到镇政府、县政府上访,这给政府信访工作带来很大压力,而且还不利于问题的解决。联络员机制的运行不仅给政府信访减压,还将信访工作秩序化,有利于群众问题的解决。

其二,发挥了基层矛盾化解机制作用。基层矛盾主要分为纵向矛盾和横向矛盾,前者主要指群众、村委会和镇政府三者之间的矛盾,后者主要指群众与群众之间的矛盾。在农村"熟人社会"中,社会资本优势较为明显,联络员多是威望较高、群众基础较好的人,"信任"资源较为突出。借助于这些社会资本,基层矛盾可有效得到化解。

其三,起到了智慧积蓄作用。联络员除了广泛深入地了解群众的需求外,还就某些问题的解决咨询群众的看法,这有利于集中基层群众的智慧优势,调动基层群众自治的积极性,也有利于村委会决策的推行。

此外,设置政社互动联络员的做法一改以前被动式解决问题的局面,变成主动发现问题,并有利于集中同类问题统一解决,提高了村务效率。

四、发展思路

凤中村"四日制度"及其聘任政社互动联络员的做法是"政社互动"治理模式的制度表现,经过几年的运行,也取得了较为不错的成绩。但凤中村同样面临着制度上的"路径依赖"问题,在政社互动联络员的制度建设方面仍很欠缺,农村社会组织的培育仍相当落后等。针对这些问题,凤中村"政社互动"治理模式需要进一步理清未来的发展思路。

(一) 进一步处理好入村企业的生产"外部性"问题

入村企业在凤中村经济发展中起到了巨大的推动作用,但这些入村企业在生产中也产生了"外部性"问题。村委会在原则上又无法合法地介入这些"外部性"问题,这就导致基层群众与入村企业之间的矛盾时有出现。如2012年凤中村有个塑料加工厂在生产过程中产生了较大的噪声污染、空气污染等外部性问题,虽然在镇政府委托管理事项中,村委会有协助农村环境治理事项,但村委会无权处理入村企业的环境污染问题,只能反映到镇里,镇政府组建联合执法小组,花了两个多月时间才解决问题。这虽然较"政社互动"之前解决问题的效率提高了不少,但还是效率不高。村委会应就这些跨村事务建立及时反应机制,并寻求镇政府的支持,进而处理好与入村企业的关系;此外,村委会应积极利用好入村企业的"正外部性",利用入村企业资源,使其参与基层自治。

(二) 进一步加强政社互动联络员制度建设

这几年政社互动联络员工作在"政社互动"中卓有成效,但也存在着制度性缺陷。目前,对联络员这一做法没有形成制度性安排,只有联络员开会的时间是固定的。而对于联络员深入村民的方式、信息收集的途径方法、联络员会议记录、联络员工作评估、联络员工作道德要求、权责关系等均没有做出制度性安排,联络员工作全凭个人经验与热情,这样联络员工作没有持续性保障,也不利于事后案底查询与研究。政社互动联络员的做法是凤中村"政社互动"落到实处的有力举措,因此,它的制度建设问题急需解决。

(三) 进一步重视农村社会组织发展问题

农村社会,家族性特点较为突出,血缘关系是农村社会成员联系的最重要纽带。而随着社会的发展,利益主体日趋多元化,血缘关系不足以承载越来越复杂化的村务,需要各种社会组织、团体等的出现来实现各种利益的集群。但中国农村社会组织普遍发展程度不高,凤中村也不例外。在"政社互动"治理模式下,若要进一步改善治理效果,提升服务水平,离开社会组织的参与是很难实现的。为此,凤中村在未来的发展中应该更加重视社会组织的培育工作。

【思考题】

1. 凤中村"政社互动"治理工作的实施有哪些阶段?
2. 政社互动联络员的做法产生了哪些方面的积极作用?
3. 从"政社互动"视角谈谈你对凤中村在未来做好农村社会组织发展工作的看法。

案例三 沙溪镇"政社互动"应用案例：居家养老服务体系

2014年元旦前夕，中共中央总书记习近平在深入北京市敬老院慰问老年群众时强调："让所有老年人都能老有所养、老有所依、老有所乐、老有所安。"同时还指出："我国老年人口增加很快，老年服务产业发展还比较滞后，要推动养老事业多元化、多样化发展。"随着人口老龄化时代的到来，养老问题成为越来越急迫的问题。我国社会的养老模式仍以居家养老为主，但对社会保障和养老观念相对落后、青壮年劳动力外流的农村地区来说，居家养老困难更加凸显。因此，如何在既有的居家养老模式中有效满足基层群众的养老需求，是政府和基层群众自治组织需要思考的问题。从2011年4月开始，太仓市在全市全面推广"政社互动"治理模式，太仓市沙溪镇就借"政社互动"之机，从政府"购买服务"的角度打造了独具沙溪特色的居家养老服务体系，形成了"以家庭为主，以村（社区）为依托，以专业化服务为依靠，以志愿者服务为补充"的居家养老新格局，这也成为太仓市"政社互动"应用的典型案例之一。

一、基本架构

沙溪镇居家养老服务体系基本架构包括镇级居家养老服务中心和日间照料服务中心、村（居）级居家养老服务站和相应的配套机制。

（一）镇居家养老服务中心

沙溪镇居家养老服务体系的运转核心是镇居家养老服务中心，属于居家养老服务提供方。中心成立于2011年，并就近招聘服务人员，负责辖区内居家养老服务工作的日常管理，服务网点规划建设，服务对象评估、复核，专项资金调配发放、审核结算，服务质量监督等。该中心受镇党委、政府以及太仓市居家养老办公室指导，所需资金纳入镇财政预算。

（二）村（居）居家养老服务站

除在镇一级建立居家养老服务中心外，居家养老服务体系的真正运作主体是在村（居）一级建立的居家养老服务站。2011年实施居家养老服务之时，沙溪镇共建立了28个村(居)一级居家养老服务站,其基本功能是协助镇居家养老服务中心的工作。服务站站长由村委会、居委会副主任担任,接受镇政府委托管理服务站,受理老年人的服务申请,安排具体服务事项,监督服务过程,组织评估服务质量等;养老服务经费由镇政府社会化养老事业专项经费拨付;在"政社互动"工作思路下,村(居)委会还积极组织各方组成志愿者队伍,通过发放爱心服务联系卡来为老年人提供优质服务。基层群众自治组织协助镇政府从事基层养老服务工作,并根据工作内容获得经费支持,这显然符合"政社互动"的基本原则。

(三) 日间照料服务中心

沙溪镇在镇里和香塘村分别建立了日间照料服务中心,给镇里的老人提供文化娱乐活动,丰富老年人的生活。其中,镇日间照料服务中心在2011年建成,由镇里直接投资80万元,在原沙溪镇社会福利院的基础上改建而成,其基本功能包括提供膳食供应、日常照料、保健康复、文体娱乐等日间托养服务。香塘村日间照料中心也于2011年投入使用,其基本功能与镇日间照料服务中心功能相似。

二、运转模式

沙溪镇居家养老服务体系的运转模式是在"政社互动"的思路下展开的,该体系的运转核心是镇居家养老服务中心,其基本模式是:政府主导、村级报送、镇居家养老服务中心上门评估、上报市级审批资料、三方(镇服务中心、服务对象、服务人员)签订协议、提供服务、加强管理。① 根据"政社互动"的"委托管理"和"购买服务"的基本做法,出资方是政府,基层群众自治组织协助管理与服务,通过基本构架展开具体工作。

三、具体过程

(一) 明确服务对象

由于养老服务总体情况是供不应求,因此,为提高服务质量,尽量提供有效的服务,政府提供的养老服务必须有适当的覆盖面,主要是明确服务对象。

---

① 见《中国和谐社区:太仓模式——太仓市"政社互动"调研报告》,社会科学文献出版社,2012年版,第99页。另见沙溪镇服务中心提供的《沙溪镇2011年居家养老服务中心工作总结》。

沙溪镇在确定服务对象方面的基本做法有三个方面：一是建立全镇范围内的老年人数据库。2011年开展居家养老之时，镇服务中心对全镇28个村（居）委会进行摸底调查，掌握全镇老年人基本数据。根据调查结果，当年全镇23182名60周岁以上的老人中有服务需求的对象为3250人，约占14%。二是确定标准资格，筛选服务对象。沙溪镇根据太仓市居家养老工作的相关规定，确定"三无""五保"对象、市级劳模、烈士遗属等共八大类老年人符合其服务对象的基本资格，根据这一资格条件，2011年底，全镇130位老人成为养老服务中心的服务对象。三是为每位服务对象建立档案资料。其基本内容包括六大项：《居家养老服务政府援助申请表》、身份证复印件、《太仓市居家养老服务需求评估表》、《准予服务援助告知书》、《太仓市居家养老服务协议》、《居家养老服务援助记录卡》，这六大项是服务内容评估和过程监督的基本依据。

从档案内容反映的动态过程来看，服务对象生成的具体流程主要包括以下几个阶段：(1) 老人提出援助申请阶段。老人填写提交一份援助申请表，主要是老人的一些基本信息和服务需求等。(2) 三级评估与审查阶段。形成《居家养老服务需求评估表》，内容主要包括村（居）级居家养老服务站意见、镇级居家养老服务中心意见和市级居家养老中心审批结果，具体评估工作由镇服务中心负责，针对老人的生活自理能力、认知能力、情绪行为和视觉能力等四个方面进行评估，根据评估结果确定照顾程度（包括轻度、中度和重度）和照料等级（包括介助、介护）。(3) 公示和告知准予服务援助阶段。镇居家养老服务中心将确定为服务对象的名单予以公示，并将通过结果告知服务对象。(4) 签订协议阶段。镇居家养老服务中心和服务对象作为协议甲乙双方签订《居家养老服务协议》，明确甲乙双方的权利义务关系，并说明特别状况处理办法，以维持居家养老服务工作的顺利开展。(5) 实施服务阶段。根据养老需求，提供服务，并形成援助记录卡，记载服务人员每次的服务内容、服务时间以及服务反馈等。

（二）聘选服务人员

服务人员是居家养老服务的具体执行者，他们是服务是否有效的关键。镇服务中心对服务人员进行了相对比较完善的管理。根据2011年确定的服务对象总数，沙溪镇全镇共聘用53名服务人员，并为每位服务人员建立管理档案，主要包括三项内容：一是《太仓市居家养老护理员聘用合同》，该合同按照正规的劳务合同格式制定，确定服务人员合同期限与试用期限、工作内容与工作时间、劳动报酬、合同的解除与违约等，从中可以看出沙溪镇非常重视服务人员的管理。二是服务人员的身份证复印件。三是《居家养老服务援助记录卡》。此外，还有每月工资发放记录表。

除了实施严格的服务人员管理外，沙溪镇还特别注重新上岗服务人员的护理知识与技能培训，重视对服务人员的服务过程与服务质量的管理，重视服务效果的评估、反馈。总之，对服务人员的聘任、培训、过程、效果、评估等各个方面均进行有效的管理，这归根结底是为了给服务对象提供最为周到的服务。

（三）提供"六助"服务

聘选服务人员之后，服务中心根据服务人员特点和服务对象特点，进行最佳配对，为老人提供居家养老服务。其服务内容主要有六大项，总结为"六助"服务。①

（1）助餐。为老人提供上门助餐、送餐、喂饭等服务。

（2）助洁。为老人提供上门打扫、收衣服、洗衣服、理发、剪指甲、扦脚、晨间护理等服务。

（3）助急。为老人提供家电维修、下水道疏通等服务。

（4）助行。为老人提供代购商品、代缴公共事业费、陪同散步、陪同购物等服务。

（5）助浴。为老人提供上门助浴、擦浴、洗头等服务。

（6）助医。陪同老人就诊、代购药、按摩及康复指导、测量血压、家庭诊治、上门治疗服务、心理慰藉服务等。

由以上内容可以看出，沙溪镇居家养老服务中心提供的服务基本覆盖了老人生活的各个细节，这种服务清单极大地方便了老人的生活。

（四）兑现委托费用

居家养老服务体系运转涉及多个参与主体，其覆盖面较广，工作内容较为细致，若离开充足的物质保障，它是不能顺利运转的。在"政社互动"实施之前，基层养老工作只是作为政府的一项社会义务来做，在很多时候因为要应对上级检查、宣传等工作而将过多时间精力浪费在形式工作上。"政社互动"实施之后，政府将养老服务委托给基层自治组织，由村（居）委来协助政府完成居

---

① 见《中国和谐社区：太仓模式——太仓市"政社互动"调研报告》，社会科学文献出版社，2012年版，第99页。另见，沙溪镇服务中心提供的《沙溪镇居家养老服务中心服务内容》。

家养老工作,时间和精力真正被用在了研究养老服务之上,政府根据各方对养老服务的反馈意见评估结果,兑现委托费用。2011年上半年,沙溪镇民政办共获得上级社会化养老事业专项经费36.17万元。其中,15万元用于建设日间照料中心,镇居家养老服务中心工作费用1.5万元,村(居)级居家养老服务站获得经费3万元。另外的16.67万元用于支付购买服务费用,主要是服务人员工资。从2011年全年看,居家养老服务中心获得30万元的经费,购买服务经费达60.86万元;到2012年,市镇财政支出预算更是达100万元,政府用于居家养老的资金投入正逐年增加,居家养老服务质量也在逐年提高。

四、基本逻辑

沙溪镇的居家养老服务凸显了"政社互动"的基本逻辑在于政府从养老服务提供者转变为养老服务购买者,即政府购买公共服务。这种模式不是为了推卸政府公共服务的责任,其意义也不在于为政府减压,而在于激活社会力量共同参与社会养老问题的解决。在政府购买服务过程中,同时也积极发挥了群众自治组织的作用,激发了群众参与养老服务工作的积极性。在整个居家养老服务事业推进过程中,政府、基层自治组织、基层群众和志愿者队伍等都起到了巨大的独特作用。只有各方协同互动,才能有效推进居家养老事业,这正是"政社互动"的本质所在。

【思考题】

1. 太仓市沙溪镇居家养老服务体系的基本架构主要包括哪些方面?
2. 沙溪镇居家养老服务的服务对象生成流程经历哪几个阶段?
3. 沙溪镇居家养老服务事业体现了"政社互动"什么样的基本逻辑?

第三章 苏州城乡社区"网格化"治理模式

概 述

城市基层政权组织和社区是联系群众的最前沿,在社会治理创新的所有环节中,城市基层政权组织和社区最贴近普通群众,其对社会事务的管理最能涉及普通群众的切身利益,另外,城市基层政权组织和社区也是维护社会稳定的最重要的环节。因此,在社会转型的大背景下,城市基层政权组织和社区加强社会管理创新就变得尤为重要。城市基层政权组织,尤其是地方政府的街道办事处和非政权组织的城市社区居民委员会在社会管理创新的大环境下,面对传统的社会管理模式显现出来的弊端,结合新的社会治理的理念以及新的科学技术的发展,城市网格化模式将日益取代"各自为政"的传统基层治理模式,逐渐成为一套适应新时期的具有新特征的新型基层社会管理模式。

一、"网格化"治理模式简介

苏州市委、市政府《关于进一步创新完善社会建设管理体制的若干意见》(苏发〔2010〕60号)提出按照管理有序、服务完善、文明祥和的总要求,做到"四个有":有一套规范有序的管理体系,有一支热心服务的工作队伍,有一笔稳定持续的保障资金,有一个功能完善的服务中心。健全完善社区组织体系,完善基层党组织领导的充满活力的基层群众自治机制,健全民主管理制度,形成以党组织为领导核心,社区居委会、社区工作站(管理服务中心)及其他各类社会组织和社区居民广泛参与的社区服务管理体系。据此,苏州市姑苏区、高新区、相城区、张家港市、太仓市等地纷纷开展社区管理模式创新,推行网格化社区管理新举措。2012年7月颁布的《关于开展社区网格化管理工作的意见》要求以社区为依托,以单元网格为载体,以标准化管理为目标,进一步加强和创新社区管理,整合各种管理资源进社区、进网格,细化管理内容,规范管理行为,落实绩效考核,建立起"统一管理、分级负责、协调运转、责任落实、反应快速"的新机制,力争用1~2年时间,使全市城乡社区网格化管理覆盖率达100%,实现"社区信息底数清,服务管理零距离,群众办事方便快捷"。

所谓网格化管理模式,是指政府应用现代信息技术,建立社会管理信息系统,将管辖区域按照一定标准(如地理位置、人口环境等)划分为若干单元网格,使这些网格成为政府社会管理的载体,采用"万米单元网格管理法"、"城市部件管理法"、"城市事件管理法"等新的社会管理方法,形成全新的社会管理机制。网格化管理在每一个责任"网格"内设置基层管理服务团队,通过整合社会资源,向群众提供精细化的社会管理与人性化的服务。网格化管理使政府的管理服务职能横向到边、纵向到底,形成"党政主导、民众参与、社会协作、系统合作"的基层工作新格局。通过加强对单元网格的部件和事件巡查,建立一种监督和处置互相分离的形式。城市社区网格化管理是优化社区治理的一种新的模式,现已成为城市社区治理的新趋势。城市社区网格化管理并非要创造新的层级组织,也不是进行地域化的分割管理,而是在依托原有的组织结构的基础上,注重对城市社区基本要素和功能的重组和整合。因此,从一般的城市社区管理到城市社区网格化管理的提出,并不是要改变城市社区管理的性质和宗旨,而是对城市社区管理的一种深化和延伸。

二、"网格化"治理模式的探索历程

苏州市社区网格化治理模式的形成不是一蹴而就的,是在不断探索和实践中逐步完善的,其探索历程大致经历了以下几个阶段:

(一)"网巡"监控阶段

苏州市首个城市网格化综合管理平台在姑苏区(原沧浪区)南门街道启动。这个名为"好管家"的综合管理平台通过东大街、道前、佳安、养蚕里四个片区,构成一个"社区三分钟,街面五分钟"处警的安全保障网格。2007年,南门街道投资70多万元建立了"好管家"社区综合管理服务平台,在道前社区12条街巷安装了25只监控探头和8只音频喇叭。2008年上半年,"好管家"综合管理服务平台进行二期智能化升级,将改造后的西美、吉庆等6个社区的54条街巷纳入监控范围,共完成7个社区66条街巷111只监控探头的安装,受益居民达到3万余人,初步实现了网上巡逻。

高新区狮山街道金色社区和新狮社区组成的金色新狮综治网格化管理区,面积约为4.74平方公里,路面监控探头29只,小区监控探头184只,周界报警112对。片区自开展综治网格化工作以来,辖区违法犯罪警情、侵财类警情同比下降,先后取缔"黑中介"18家、"黑网吧"12家、非法行医2家、无证废旧收购点9处、无证经营户25户、流动无证摊点100余个、长期滞留在河道内船只35艘。直接参与调解各类纠纷45起,其中化解疑难矛盾纠纷6起。

在这一阶段,社区网格化治理变被动管理为主动管理,由群众举报等手段转变为依靠电子设备实时监控管理。但是电子设备的安装、线路的铺设有赖于良好的基础设施作为配套,这就将网格化治理局限于基础条件较好的城市,对于城乡发展差异较大的农村地区来说,网格化治理模式无异于纸上谈兵,推行的障碍重重。

(二)"人巡"联动阶段

2009年,南门街道开始了"好管家"社区综合管理服务平台的三期建设,建成后的"好管家"城市网格化综合管理平台将所辖13个社区划分为4个管理网格,整合区域内人防、技防资源,与110、119、120联动,建立城市网格化管理体系。片区网格站通过群众来电反映、巡视发现、网格监控点监控等途径发现问题,并立即上报至综合管理平台与南门派出所警务指挥室。平台与警务室迅速反应,下达任务,片区网格站与巡逻队收到指令后迅速赶赴现场处理问题。四个片区网格站平台将网格内社区民警、协警、禁毒社工、治安辅助人员、城管、保洁、综治、司法、护巷值班员、大院管家、消防志愿者等14支专业或业余管理队伍整合,组织开展巡查辖区内护巷值班及企事业单位的保安值勤,协调有关部门共同解决辖区内突出的治安问题,对治安事件及影响街巷市容、卫生保洁、违章等事件进行处置。此次该平台的建设添置了装有GPS定位器的"巡更棒",并在全辖区安装160个巡更点。巡逻队员巡视时随身携带巡更棒,到达巡更点使用巡更棒点击反应器,巡更点将信息反馈至管理平台,定位巡逻队员。

2011年,狮山街道综合治理网格化平台形成以辖区公安部门为主导,工商、司法、交警、城管、社区、物业等部门共同参与,在日常工作中相互协作、相互配合的社区治理模式。目前该街道将所辖的8个社区划分成4个网格化管理区,每个片区安排公安民警5~7名,辅警、联防、协管61~68名、城管队员

11～19 名、小区物业保安 89～609 名、整合居民楼道长等各类平安志愿者 48～129 名。片区坚持每日警情分析研判、每周难点问题研讨、每月工作例会、年终联评奖惩等工作制度，形成了基层综治工作力量的有效整合。

在这一阶段，随着城乡一体化建设的推进，苏州城镇化水平的提高，网格化治理模式在全市推广成为可能，不少动迁社区在安装电子眼的基础上将社区划分成若干网格，每个网格设立一位民情信息员，这支网格管理员队伍由专职人员及退休的老党员、老干部和村民组成，他们负责收集村情民意，化解社会矛盾。这一做法弥补了电子监控设备的管理盲区，将"人巡"与"网巡"相结合，进一步完善了社区精细化管理。但是这一阶段的探索仍停留在发现问题和初步解决问题的基础上，而且问题的处理较为碎片化。

（三）信息化综合治理平台阶段

2012 年，狮山街道网格化社会管理与服务平台——社区通启用，对社区计生、老龄、社保、户籍等信息进行有效串联，重点以"人员"要素为基础，以"事件"管理为主线，以业务流程管理为重点，实现社区网格内"人、地、事、物、组织"等全要素信息的精细化管理，以社区为基本单位，为社区居民提供政务咨询、生活服务、邻里交流、矛盾诉求的一站式虚拟社区，更好地满足了居民希望通过社区信息化带来包括通过公共服务网络、享受便民利民及政策引导服务等多项便利的要求，进一步提高了社区居民参与社区事务的积极性。

在这一阶段，类似"社区通"等一站式、一体化综合服务平台的出现，使得网格化社区治理更加体现以人为本的便民性，优化了网格化管理的流程，提高了网格化治理的效率。

三、"网格化"治理模式的特点

网格化管理是社会管理创新迈向成熟的必经阶段，网格单元不仅是政府进行社会管理的平台，同样也是为社会提供公共服务的载体，网格化管理是对社会管理机制的改造和创新，对单元网格针对性的、精细化的、系统化的管理。网格化管理相对于传统的社会管理模式具有三大特征：

（一）主动化管理

网格化管理本着以民为本的价值观，通过对话沟通与相互协商畅通群众诉求的渠道，与居民之间形成一个职责明确、流程简化、顺畅高效的问题反映和回应机制。城市社区网格化管理打破传统上下级关系，直接将职能部门管理人员融入社区,形成"发现问题、分析处置、反馈评价"的工作模式,将过去被动应对社会问题转变为主动发现问题和解决问题,尽可能将问题解决在萌芽阶段。

(二)信息化管理

城市社区网格化管理集成了多种现代信息技术,实现了数字城市技术应用领域的创新。通过对GIS(地理信息系统)、GPS(全球定位系统)、RS(遥感)等多种技术和各类信息业务平台的整合应用,实现了城市管理全过程的信息实时传递与处理,支撑了整个系统的流程再造,做到以信息流调控人流、物流,使系统的内生评价及精确、敏捷的管理方式得以实现。城市社区网格化管理整合党政机关不同部门的工作平台与信息平台,实现公共服务与管理资源的优化配置和信息共享。

(三)精细化管理

城市社区网格化管理是一种化整为零的精细化管理模式,行政区域的精细化分以及责任到人的管理理念,使得政府公务人员必须将工作精力集中到自己的职责范围之内,关注细节,实行精细化管理。通过网格团队可以使管理和服务全面覆盖,实现基层服务管理"横向到边、纵向到底",实现政府管理服务由以往的条块分割向点面结合转变。

四、"网格化"治理模式的意义与影响

网络化治理模式是苏州市社区治理模式创新之举,具有重要的现实意义与社会影响力。

(一)"网格化"治理模式的意义

网络化社区治理意义重大,有提高社区公共服务能力、提高基层政府办事效率、促进社会和谐等功效,具体表现如下几个方面。

1. 强化综合履职,提高社区公共服务能力

城市社区网格化管理通过合理划分网格、组建服务团队和经常性联系服务,努力实现行政管理向公共服务的转变,强化了政府的服务理念和回应群众意识,增强了政府的公信力和感召力,提升了政府形象。城市社区网格化管理组建相应的服务团队,点对点、面对面地为群众提供服务,创新了基层政府服务管理方式,实现了从原来的管制、被动服务到主动服务、人性化服务的转变。

为民服务由"坐等群众上门"到"主动上门服务",除由便民服务站为居民提供"一站式"全程代理的公共服务之外,还依托社区网格员每天在网格中巡查,对空巢老人等特殊群体入户探望问候、了解需求、帮助解决困难,代居民向社区、各级反映诉求,为残疾人、行动不便的老人和确有困难的居民提供代办服务,社区工作者为居民服务的内容更宽泛,方式更主动,质量更精细。

2. 通畅民众诉求渠道,促进社区和谐稳定

通过推行城市社区网格化管理,街道社会服务管理的触角得到延伸,信息渠道更加通畅,进一步明确了广大群众的所思、所求,大大提高了政府机关及其工作人员回应民众的意识,反应和处置时效得到提升。网格化管理突出强调"面对面、心对心",要求团队成员下移工作重心,充分尊重民意表达的权利。通过经常性的走访和面对面的沟通交流,向群众反馈工作情况,宣传法律法规和政策方针,及时为民排忧解难。网格化管理有效化解了基层社会矛盾,实现事件发现、事件处理的快捷和高效,进一步促进了社区和谐。依托网格管理员和志愿者经常性走访和联系群众,群众诉求渠道进一步通畅。依托对最新信息源的分析研判以达到实时预警的目的,尽量做到在事件发生之前就有效控制,实现了从事后处理走向事前防范,打破了传统"亡羊补牢"式的低效管理方式,有效增强了社区居民的归属感和幸福感,社区的氛围更加融洽。

3. 降低管理成本,提高政府办事效率

城市社区网格化管理模式节约了大量的人力、物力、财力,精细化管理水平大大提高,提升了基层政府的办事效率和工作效能。第一,网格化管理中对社区的部件管理,大大降低了管理成本。第二,网格化管理利用信息技术,建成集成管理的协同工作平台,使职能部门之间信息资源的传递共享高效快捷,大大降低了各个单项管理平台的投资开发成本,避免重复建设、信息分割的现象。第三,网格化管理实现了网格监督的动态化和全覆盖,为网格监督员进行定期巡查提供了更加高效便捷的途径。第四,网格化管理方式提高了问题定位的精准性和及时性,大大提高了社区管理的效率。

4. 建立信息系统平台,规范业务流程

城市社区网格化管理以公众需求为导向,充分利用和整合各个载体的资源优势建立信息系统平台,并进行工作流程再造和系统设计、整体推进,大大提高了职能部门的办事效率和服务质量,使为民服务更全面,惠民机制更长效。

5. 破除条块分割,有效整合社区治理资源

从体制内资源整合角度来看,传统体制下的政党组织与街居体制形成同构一体化社区管理运行模式,不同部门之间缺乏有效沟通协作,导致各自为政、政出多门。城市社区网格化管理的一个突出成效就是注重围绕目标任务构建高效、快捷的管理系统,打破现有的条块分割局面。将社区协管力量整合为网格管理员,综合履职,分担了大量原由社区居委会承担的社会管理服务事项,增强了基层的服务管理能力。

(二)"网格化"治理模式的影响

网格化管理是一种创新的社会管理模式,它有效地整合了社会管理与服务资源,同时也极大地减少了城市管理的工作流程,加快了政府处理社会问题、化解社会矛盾的反应速度,有效地降低了社会管理成本,提高了社会管理的效率。城市网格化管理新模式的推广应用有广阔的前景。

一方面,网格化管理可以在社会管理的其他领域加以拓展。网格化管理系统在城市管理的应用中取得了显著的成绩,证实了应用的价值。其实网格化管理的管理理念、管理方法和搭建的信息技术平台具有非常广泛的应用价值,有着普遍的指导意义和广阔的拓展空间,不仅可以应用于狭义的城市管理,而且适用于其他领域的管理,比如社会治安综合治理、公共安全、社会保障、环境保护和治理等领域,将网格化管理的精细化管理方式应用其中,可以将管理效率最大化,大大提高政府公共管理和公共服务水平。

另一方面,网格化管理还可以在更广泛的地域加以推广。从目前的实践总结看来,网格化管理对于城市的中心城区、近郊区、城乡接合部的社会管理都有极大的实用意义,网格化管理的应用大大降低了城市管理成本,提高了城市管理的效率,最大化地挖掘了城市管理力量,从源头上化解城市管理中危机爆发的可能性,有效维持社会运行的秩序,有效整合社会力量,将城市保持在发展社会经济的正确轨道上。网格化管理平台的建设不仅能够产生明显的社会效益,而且还带来直接和间接的经济效益。

案例一 相城区玉盘家园社区"网格化"治理试点

一、基本情况

玉盘家园社区位于相城区渭塘镇,渭塘镇是江苏省重点中心镇,地处苏州最具发展潜力的中心城区北部,是苏州市未来发展的一类中心镇,素有"中国淡水珍珠之乡"的美称。渭塘区位优势突出,交通便捷;功能设施完备,环境优美;产业特色明显,经济实力较强。作为苏州市城乡一体化综合配套改革试点先导区之一,玉盘家园社区正在不断加快城乡一体化步伐。编制完成了城乡发展规划、基础设施、产业布局、公共服务、就业保障、社会管理、生态环境、基层党建等"八个一体化"专项规划。全力推进"三集中、三置换"工作,先后建成32万平方米的玉盘家园社区和53万平方米的翡翠家园社区两大动迁安置社区,2000多户群众已进入社区居住。

玉盘家园社区成立于2004年12月,是以动迁农民为主的新建社区,辖区面积3平方公里,位于珍珠湖畔,东至澄阳路,西至玉环路,南至渭中路,北至新燕大道,目前居住人口1万余人。区域内有渭塘商业城、玉盘农贸市场、珍珠湖酒店、渭塘第二中学、工商银行和中国银行网点,以及珍珠湖公园。社区以创建和谐社区为目标,以"从居民需要的事做起,做居民满意的事"为服务宗旨,结合自身特点,积极探索农村城市化建设的管理新模式,成立了社区服务中心,内设一站式服务大厅、珍珠湖书场、社区卫生服务站、玉盘会所、健身房、市民学校、议事室、阅览室、文化共享室、心理咨询室、教育培训室、科普活动室,并配有警务消防、综治办、调解室、民政、劳动保障、联合工会、妇联、计生、科普协会、侨务侨联、人大代表工作室、妇女儿童维权站、流动党员管理站、消费者投诉站、老龄委、居家养老服务中心等综合服务机构。社区先后获得了省、市"和谐示范社区"、"文明社区"、"绿色社区",苏州市"十佳广场文化活动"等荣誉。

二、发展历程

玉盘家园社区管理的发展伴随着苏州城乡一体化发展的进程,1993年4

月1日,渭塘乡改建为渭塘镇,实行镇管村体制,2010年撤村建居,城市社区形态基本形成。按照全市"三集中、三置换"的要求,着力推进农民居住地转移和生产生活方式转变,在2012年年底农户一次拆迁基本完成,新建动迁安置社区规划设计一步到位,动迁小区在建筑形态、立面色彩、空间布局、区内环境等方面基本达到城市社区标准。动迁社区社区服务中心实现全覆盖,初步形成"15分钟便民服务圈"。

2013年,工委、管委会提出,要争取用5~8年时间,使街道与社区在各个领域中全面消除差别、实现完全融合,努力形成布局合理的一体化城市发展格局、可持续发展的一体化经济发展格局、共享区域发展成果的一体化社会发展格局、人与自然和谐共融的一体化生态发展格局,真正做到体系一样、标准一样、形态一致、内涵一致。

2014年,渭塘镇进一步增强社会管理职能,强化社会管理创新,尤其加强动迁社区管理,进一步理顺动迁社区管理机制,加快动迁社区向城市社区转型步伐,促进本地居民、外来人口、高端人才、弱势群体等多元融合。大力发展社会组织,发挥社区居民自治主体作用,让社区居民共同参与社区管理,使社区党组织、居委会从日益繁重的日常行政事务中解脱出来,让社区回归自治本位。加快推进动迁社区物业管理的市场化改革,提升动迁社区物业管理的规范化、专业化、精细化水平。

三、主要做法

近年来,玉盘家园社区以建设"服务型"社区为己任,创新性地运用"网格化"管理方式,引入"智慧化"信息平台,为居民量身提供"个性化"服务,成功打造出城乡一体化中动迁社区管理的"玉盘"样本。

(一)网格化——2816户失地农民有"家庭档案"

占地面积3平方公里的玉盘家园社区4个拆迁安置小区居住着2816户失地农民。玉盘家园社区根据实际,以本地动迁居民居住楼幢为单位,将2816失地农民划分成4个片区,并以片区内100~200户居民为一个网格单元建立片、组、户民情联系网,实现了社区服务对象"全覆盖"。

按照"分片、到组、入户"的要求,玉盘家园社区采取以社区党员干部为核心、居民小组长和志愿者为补充的服务模式,首先深入辖区居民家中走访,对每户人家的家庭构成、人口年龄、工作单位等基础信息进行摸底并登记成册,建立一户一档的"家庭档案"。此外,还通过发放联系服务卡、在居民楼前醒目位置张贴公示牌,把本片区负责人的姓名、联系电话和服务承诺展现在群众面前,方便随时联系。每周的走访不仅能及时帮助居民排忧解难,还拉近了干群之间的关系,"有困难找片区负责人"已成为社区居民的心声。

除经常性的联系外,玉盘家园社区还把5名社区工作人员、2名大学生村干部及社区民警和医护人员组成片区服务队,并吸收各片区的党员、离退休干部和热心公益的教师、医生、创新创业带头人、文艺骨干等人员组建专业服务队和志愿服务队。这三支队伍定期走进群众宣传政策法规、调研社情民意、化解矛盾纠纷,把群众的需求满足在了"网格"中。

(二)智慧化——借力"信息通"引导居民自治

2012年,玉盘家园社区引入了集公共服务、社会服务、居民互助为一体的综合信息服务平台。这个被居民们简称为"信息通"的互动平台,针对基层管理人员、物业、社区居民以及社区服务中心提供信息管理、信息发布、信息获取、信息互动等服务,把社区居民纳入"管理者"的范围。借助"信息通",居民们不仅可以通过网络和短信平台反映日常生活中的种种情况,还能为社区建设建言献策,实现当家做主的愿望。"信息通"并不是玉盘家园社区引导居民参与社区管理的首次"试水"。刚成立时社区就引入了"政府主导、居民自治"的双向服务模式,在社区建设和服务中充分听取群众意见,最大限度地调动居民自治意识。不断创新的社区管理方式也给玉盘家园带来无数荣誉,社区先后获得"江苏省和谐示范社区"、"2007—2009年度江苏省文明社区"等近百个荣誉称号。2013年,玉盘家园社区启动"社区信息网"建设,逐步放大网络服务内容。水、电、煤气费用催缴,房屋租赁,家政,团购,周边商圈的优惠信息等都能通过"网上社区"获得,虚拟社区与现实服务在玉盘家园"无缝对接",多渠道地满足居民需求。

(三)个性化——因户制宜为群众贴身排忧

在玉盘家园社区的带动和努力下,渭塘镇在2013年年初给全镇每个村和社区的工作人员都发了一本"民情日记",作为他们贴身服务居民的记录。精细化管理带来的是"个性化"服务。玉盘家园社区针对辖区内的弱势群体、失地农民、普通群众、党员干部和经营单位,分别建立福利救助、就业保障、关怀教育、便民利民以及社会安全服务体系。近几年,老龄人口数量不断攀升,玉盘家园社区在现有日间照料的基础上,依托社区卫生站和志愿者,提供家庭护理、医疗保健等服务,并适时拓展出有偿服务项目,收入用于弥补福利服务的资金缺口,不断扩大社区服务规模。

在玉盘家园社区,"一站式"就业保障体系正受到越来越多失地农民的推崇。一方面,社区与渭塘镇劳动保障事务所建立联系,第一时间把招聘信息发布到就业服务平台上;另一方面,针对不同年龄、不同文化程度和不同就业需求的群众进行分批次培训。加上社区自己开拓的公益岗位、辖区内单位自我"消化"等,多元的就业渠道让再就业农民有了更多选择。

四、经验启示

(一)科学划分网格

以村(居)委会所辖范围为基础,综合地理布局、道路走向、居民楼的实际分布状况和长远规划,进行网格划分。按农村社区200户左右、城市社区300户左右的规模设置一个网格。网格责任区的网格边界必须明确,确保不遗漏、不交叉,使管理纵向到底、横向到边。

(二)健全服务网络

网格化管理的重点是组建好管理服务团队。各镇(区)在进行网格划分后,要根据服务对象的数量、范围和特点等,依托社区事务工作站(农村社区服务中心)、农村新型社区工作站等载体,做好网格长(网格责任人)的选配工作,每个网格内设网格长一名,具体负责责任区内的相关工作。网格员若干名,协助网格长开展各项工作。既要注重整合资源,将现有社区"两委"成员和物业人员整合到网格化管理队伍中去,又要强调居民自治,积极鼓励社区驻地单位、物业管理机构、中介服务组织、村(居)民代表、村(居)民小组长和社区志愿者等参与到社区网格化管理工作中来。在社区悬挂网格示意图,标明责任区位置、道路、建筑等,同时在楼栋、单元等醒目位置设置网格化图谱,公布网格管理服务团队成员的照片、姓名、联系电话、工作内容和服务管理职责等信息,向每个住户发放网格责任人服务联系卡。要求每个网格定人、定岗、定责,做到事事有人管、人人有责任。

(三)明确工作职责

网格化管理的核心是为民服务。各管理服务团队根据居民实际需求确定服务内容,主要职责是:一是宣传党的路线、方针和政策,使政府的惠民政策第一时间传达到村(居)民,让其及时知晓和受益。二是全面掌握网格内所有情况,知道网格内每个住户家庭成员基本情况、经济状况、遵纪守法情况以及网格内就业情况、重点人员情况、困难群体状况。三是及时准确收集、反馈网格信息,做好社区党建、维稳综治、民政、残联、劳动保障、计划生育、流动人口、卫生服务、文明创建等各项工作的落实,对群众提出或反映的问题,做到一口受理、一网协同、限时办理。四是积极主动地调查处理网格内居民纠纷、举报和信访等问题,认真维护群众利益和权益,防止重复纠纷、集体上访和各类案件的发生。

(四)强化工作要求

网格管理服务团队要强化责任意识,做到"六勤":眼勤、脑勤、腿勤、手勤、嘴勤、笔勤,成为发现、受理、处置、协调和报告第一人;熟悉相关政策和工作流程,能够发现问题,善于处理问题,及时报告问题;认真填写工作日志,做到工作日清周结、动态信息及时录入;注重自身形象,挂牌上岗,严格保守管理服务对象的个人隐私和不便公开的个人信息。结合实际,每月入户走访居民原则上不少于30户,特定群体重点走访。以一册(《社区工作指导手册》)为指导,填好一表(人口信息采集表),记好一簿(《社区民情日志簿》)。对居民反映的困难、意见和需求,要加强协调,努力解决。采集的有关信息要及时更新,实行动态管理。采用"七个一"公开联系方式:一栏(人员分工公示栏)、一牌(分片包干公示牌)、一卡(居民联系卡)、一箱(居民联系箱)、一线(服务热线)、一群(社区QQ群)、一网(社区网站)。

(五)完善工作机制

全面构建网格化管理的工作机制和规程,建立健全网格责任人及服务团队成员的碰头会制度,定期召开例会,及时汇总网格内的社情民意,分析群众的思想动态和现实需求,切实解决群众实际困难。建立健全联系走访制度、服务承诺制、信息采集制度、事故处置制度等,改坐班等待、被动受理为主动贴近、登门入户服务,进一步畅通联系和服务的渠道。

五、发展思路

(一)强化组织领导

镇(区)要高度重视社区网格化管理工作,结合实际明确工作职责和要求。

村(居)委会要按照镇(区)的总体部署因地制宜、精心策划、严密组织、狠抓落实,稳步推进社区网格化管理的全面实施。要加大宣传力度,统一思想,宣传社区推行网格化管理工作情况,营造浓厚的舆论氛围。镇(区)、村(居)委会要将网格化管理工作纳入社区工作者考核范围,作为年度考核的内容之一。

(二)加强团队建设

镇(区)和相关部门要分层次、分类别持续不断地开展学习培训工作,提高网格管理服务团队成员的素质和能力,有计划地开展政策法规、业务知识、职业道德等方面的专题培训。网格管理服务团队成员要自觉加强相关政策、知识和技能的学习,努力提高自身素质,更好地完成社区网格化管理工作任务。

(三)创新管理模式

在推进社区网格化管理工作中,要坚持创新发展、因地制宜、实事求是。要学习借鉴其他地区的先进经验和做法,不流于形式、不走过场,确保取得实实在在的效果,不断创新社会管理模式,真正地造福于民。

【思考题】

1. 请结合玉盘家园社区的实际情况谈一谈网格化管理在动迁社区治理方面的优越性。

2. 网格化管理在动迁社区治理过程中会遇到哪些阻碍?应该如何应对?

案例二 相城区元和街道"网格化"治理试点

一、基本情况

元和街道,位于中国历史文化名城苏州古城区北,是名副其实的苏州北大门。元和,得名于唐元年和三年。据《苏州府志》记载:"元和三年,苏州刺史李素请于浙西观察使韩皋开常熟塘。自州齐门北抵常熟,长九十里,因名元和塘,化讹名云河。""元和",兼有万物复始,政通人和之意。2500年的文明史,让这里人文荟萃,文化底蕴丰厚,留下了范蠡、孙武、苏秦、顾恺之、陆贽、文徵明等历史文化名人的遗迹和传说故事。这里还是最早的中国缂丝工艺诞生地。2002年年初,伴随新世纪苏州社会经济的飞跃,经规划批准,将原苏州市相城区陆慕、蠡口二镇合并,设立元和镇。

元和街道总面积55.75平方公里,户籍人口约7.8万,外来人口近25万。下辖13个行政村、7个居委会共35个社区,是相城区政府所在地。元和,自古富甲一方,是典型的江南鱼米之乡。元和人繁衍生息的元和塘西通太湖,东连阳澄湖,物产丰富。元和地处长江三角洲掌心,交通和区域辐射日趋明显。京沪铁路、312国道、沪宁高速公路横贯东西,苏嘉杭高速公路、京杭大运河、205省道、苏虞张一级公路、苏州绕城高速公路纵贯南北,苏州古城主干道人民路、临顿路、广济路向北延伸贯穿元和。新建的京沪高速铁路苏州站就设在元和,规划设计中的"沪宁杭城际列车"轨道交通工程及城市地铁2号线、4号线也于元和通过,将进一步增强元和的交通优势。江苏蠡口国际家具城和中国国际服装城、中翔家电等大型专业市场已成为相城区发展第三产业优势最强、潜力最大的中心福地。

二、发展历程

2012年年前,元和街道31个社区中,主要有三种类型。一是老市镇社区;二是拆迁安置小区,居民主要是本街道拆迁村民;三是混合型社区,由商品房小区和拆迁安置小区组成。元和街道的人员结构复杂,管理手段缺乏,社区干部除一部分为近年来招聘的村干部外,主要来自于原来的村委会。大部分干部从未有过市镇社区建设和管理经验,基本沿用原有的农村管理模式,缺乏相应的管理手段,尤其是应对突发事件的方法和措施。

当时,元和街道的社区管理体制采用的是全国各地普遍使用的"2 + X"的模式,"2"即社区党组织、居民委员会两个管理主体。"X"是社区的一些其他组织,在不同的社区中"X"是不同的,一般多为兴趣组织,在商品房小区还包括有物业公司和业主委员会。随着经济和社会的快速发展,许多政府条线面向基层的事务,相关部门都下放到社区来办理,社区承担的政府部门的工作越来越多。据初步统计,元和街道一个社区居委会 5～7 人,要承约 13 条条线 110 多项工作,其中有 50 多项需要社区提供信息,20 多项要求社区制作台账,工作量占整个社区工作量的 70% 以上。社区工作者疲于应对各种条线任务,没有时间走家串户了解民情、收集民意,导致民意诉求渠道不畅,居民对社区的归属感不强。社区类型不同、人员结构复杂、管理手段缺乏、工作任务繁重等问题,严重制约了元和街道社区管理的发展,也对街道各社区的管理措施、服务方式提出了不同的要求和新的挑战。

2012 年 2 月,元和街道在各社区全面启动了社区居民入户调查工作,以家庭为单位,各社区对每户家庭的成员构成情况、兴趣爱好、个人特长、健康状况、服务需求等一一进行登记,建立一户一档的"家庭档案",到 3 月底,街道已为辖区内的 52000 多户家庭建立了家庭档案,建档率超过了 70%。家庭档案的建立,创新了社区管理模式,一方面使社区对自己辖区内的情况做到底数清、情况明,另一方面将社区的管理、服务对象转变为社区的人力资源,为社区居委会开展居民自治提供了帮助。

社区网格化管理,是近年来推出的一种创新型城市管理新模式,它依托统一的城市管理以及数字化平台,将城市管理辖区按照一定的标准划分成为单元网格。通过加强对单元网格的巡查,建立一种监督和处置互相分离的形式,以达到主动发现、及时处理的效果,实现对社区居民的全覆盖、全方位、全过程动态管理和"无缝隙"服务。2013 年,元和街道借助家庭档案在华辰嘉园社区居委会率先试点网格化管理,充分调动驻社区单位联系人、居民小组长、党小组长、社区片警、楼栋长、退休老党员、志愿者、物业管理员等热心社区工作人员的积极性,参与网络内管理,做到服务管理的全覆盖。同时,根据网格化管理要求,结合家庭档案,推出"五色服务法",即将辖区内居民居住性质分为

"绿、蓝、红、黄、白"五色,分别代表"在册户口"、"常住未在册"、"租住"、"未调查到"、"未入住"五种状态。通过这五种颜色,分轻重缓急程度,及时发现并解决社区管理中存在的问题,有针对性地主动为社区居民提供服务。如主动为外来人口提供生育服务、孩子入托信息,为社区居民提供就业、文体活动信息,为流动党员提供咨询服务等。网格化管理的实施提高了社区居委会的管理水平和管理效率,增强了服务的针对性,获得了辖区居民的一致好评。街道也将在试点的基础上进一步规范完善相关内容,在各社区进行全面推广。

2014年年初,元和街道启动社区信息化工作,借助信息化平台,充实完善家庭档案内容,为社区建设提供更大的助力。同时,结合社区文化,在社区中挖掘草根领袖和特色人员,对其进行相关辅导,让他们由被动为主动、规范、丰富各自的家庭档案,让家庭档案真正进入家庭,为创建和谐社区、幸福社区发挥更大的作用。

三、主要做法

在元和街道党工委、办事处的正确领导下,以"建民本社区,筑幸福家园"为宗旨,社区工作人员团结一致、凝心聚力、狠抓落实、转变观念、创新思路,探索网格化管理,努力实现服务居民无缝隙。社区转变服务理念,与物业共同试行社区网格化管理,旨在健全社区管理和服务体制,强化社区自治和服务功能,充分发挥社区组织的作用,实现管理与服务的有机统一,不断提升社区工作科学化水平和居民群众幸福指数。

(一)建立工作机制,合理划分网格

一是成立网格化管理领导小组。社区书记、物业经理任组长,分管领导任副组长,社区工作人员、物业客服人员、居民小组长任成员,社区党员为网格志愿者,细化分工,责任到人,具体落实网格化管理工作。二是合理划分网格。按照任务相当、方便管理、界定清晰、责任明确的原则,社区以400户左右为标准设置6个责任大片区,由一名社区工作人员和一名物业工作人员担任每个片区责任人,实行包保到位,承担网格管理职责。每个大片区下再按60~80户设置小网格,共设置36个小网格,网格长由居民组长兼任,具体负责网格内的日常管理,同时,党员志愿者协助网格长做好网格管理工作。

(二)明确人员职责,配齐工作装备

明确网格社区、物业、网格长职责,将巡查作为网格化管理的日常工作,实

现人到格中去,在网格中察民情、访民意、解民忧、促和谐。

(1) 网格长积极向本网格内居民宣传党的方针政策和国家法律法规以及社区动态,了解和掌握本网格内的人口、家庭、辖区单位基本情况,负责本网格居民与社区居委会之间的信息沟通、情况通报,及时收集社情民意,反映居民的诉求和愿望,维护居民的合法利益,及时掌握并反映影响稳定的苗头和动态,配合社区处理好矛盾纠纷和突发事件,配合做好低保、救助、老龄、就业和卫生计生等项事物,监督社区日常管理工作,参与评议社区事务,积极参与和谐社区建设,组织网格内居民开展和参加社区文化体育、志愿服务、互动服务、文明创建等活动,协助管理网格内社区公共服务设施,维护公共环境卫生。

(2) 社区责任人职责:全权负责片区内的民情收集和问题排查工作。片区内发生任何事情都要第一时间知道,第一时间上报和处理,确保责任区无死角,职责对接无缝隙,以此锻炼全能型社区工作者。熟悉掌握责任片区内的居民的人口基本信息,每周和物业责任人一起到责任区巡查一次,掌握责任区内环境卫生、公共设施、安保、绿化等情况,填写巡查反馈记录表,并监督物业对存在问题及时整改。指导、协助网格长开展相应工作。做好上级政策宣传工作。征求居民对社区的建议和意见,每周不少于三户的居民拜访,填写居民拜访记录表,及时处理问题。

(3) 物业片区责任人职责:每天一次到责任区巡查并汇总存在的问题,交客服主管处进行分解处理。征求居民对物业的建议和意见,每周进行不少于三户的居民拜访(可和社区责任人一起拜访)活动。主动和社区责任人沟通协调工作。制作网格长证,将网格长、居民组长、志愿者三种身份制作在一张工作证上,便于开展工作。每个网格长配一个工作包,工作包内放一张工作证、一本民情日记本、一只手电筒、一份管辖区域居民信息本及民情联系卡、空白入户调查表、居民居住情况五色表等。

(三) 公开网格内容,接受群众监督

社区为方便服务群众,接受群众监督,在社区一站式服务大厅制作了网格化管理组织网络图和网格责任人职责,使网格分布和管理职责一目了然。同时在每个单元楼的告示栏上制作了网格公示栏,公示内容为各单元社区片区责任人、物业管理责任人和网格长的姓名、联系方式、照片,同时还张贴了便民信息,使居民感到管理服务随时都在身边,有效拉近了居民、社区、物业之间的距离。

(四)志愿服务进网格,探索社区服务新方式

第一是建立志愿者服务体系。为探索志愿服务进社区、进网格,推动社区志愿服务工作常态化发展,社区通过积极的组织动员,开展了以下活动:一是成立了以学校师生、社区党员、民警、辅警、辖区内个体户老板、社区居民为主体的"百家亲"社区志愿者队伍,配合并参与社区开展的各项便民服务和公益活动。二是成立了"'百家亲'社区志愿者协调领导小组",指导社区志愿者开展工作,逐步建立健全社区志愿服务发展的运营模式和管理机制,做好志愿者的招募、登记和审核工作,建立社区志愿者档案,实现志愿者持证上岗、志愿服务记录、业务培训、表彰奖励等方面的规范化管理,确保志愿服务活动长期有效地开展。三是制订全年度的志愿者活动计划,并上墙。四是招募志愿者近百人,在社区组织的"粽叶飘香度端午,齐包米粽赠祝福"、"关爱生命,远离毒品"、"铭记党的恩情,树立爱国情怀"等活动中开展志愿服务达21次。

第二是推行"五色服务法",让社区服务对号入座。社区在前期制作居民家庭档案的基础上,了解到辖区内居民来自五湖四海,人员流动性较强。针对上述情况,为更好地开展管理,服务社区居民,社区推出了"五色服务法",即将辖区内居民居住性质分为"绿、蓝、红、黄、白"五色,分别代表"在册户口"、"常住未在册"、"租住"、"未调查到"、"未入住"五种状态。通过这五种颜色,分轻重缓急程度,及时发现并解决社区管理中存在的问题,有针对性地主动为社区居民提供服务。

四、经验启示

相城区元和街道作为相城区中心区域,各项建设的主战场,立足"四多、一大、一杂、一优"(社区多、小区多、单位多、人口多;面积大;居住人员杂;地理位置优)的特点,夯实基础、建立网格、注重民生、强化服务、树立品牌、谋求创新。本着数据采集准确化、人员岗位精细化、管理服务规范化、信息反馈科学化的工作准则,通过以下几个方面扎实推进"社情民意在线"网格化管理工作。

(一)划网格、组团队、建信息,夯实网格化管理服务工作基础

围绕"纵向到底、横向到边,服务居民无缝隙"的网络化管理服务工作目标,按照"地理布局、区域属性、人员相熟、便于管理"的网格划分原则,街道以社区为单位,划分一级网格35个,以楼栋、街巷、自然村落为参照,以300户、1200人左右划分二级网格190个,二级网格下以100户、400人划分三级网格

753个。同时聘任35个一级网格长、190名二级网格长和753名三级网格长，从事社区网格化管理服务工作。充分发挥网格长"党的政策宣传员、社情民意联络员、矛盾纠纷调解员、民生保障服务员、社区服务监督员、安全卫生维护员、文明新风倡导员和居民信息采集员"八大员作用。在完善社情、片情、户情、企业情"四情"档案的基础上，随时更新每个基础网格内公共服务、社会事务等信息。力求使网格长做到"一活、三清、五必访"，即"一活"：网格信息活字典；"三清"：人员情况清、区域设施清、隐患矛盾清；"五必访"：每月困难群众、独居老人、残疾人家庭、失业人员、暂住人员必访。调动网格内物业、党员、志愿者、计生信息员、居民代表等人员的积极性，认领公益性岗位，共同承担网格内的管理服务责任。

（二）定制度、明职责、优服务，打造全方位管理服务工作格局

一是街道成立了网格化管理服务工作领导小组。由街道党工委分管副书记担任组长，办事处分管副主任担任副组长，街道有关部门负责人、社区主任担任网格化管理服务工作小组成员。该小组主要负责各社区网格化管理服务工作的指导和督查。二是建立了例会制度。选定每月25日为网格长例会日，由社区召开网格长工作例会，明确事务处理流程，即日常事务填写工作流转单，定人定责，及时解决居民实际问题，重点、难点问题，通过例会集体商讨解决，社区无法解决的，逐级上报有关部门，社区进行跟踪，及时反馈问题处理情况。确保了各类事件不在网格"搁浅"，社情民意不在街道社区"滞留"。三是建立考核制度。为了使网格化管理工作落到实处，街道建立了二级考核制度，即街道按年度考核一级网格长，按季度考核二级网格长，社区按月度考核三级网格长。采用"电话、上门回访"和"民情日记量化考核"相结合的方式，从走访情况、居民反映问题处理、跟踪、反馈情况、居民满意度等多方面对网格长进行考核，实行责任倒查。

（三）联居民、记冷暖、解民忧，社区管理服务网格化见成效

"管好家庭事、关心邻里事、做好楼门事、参与社区事、关注社会事"是对每位网格长的工作要求。"身边事不出格、小事不出社区、大事不出街道、矛盾不上交"是实施社区网格化管理服务的初步成效。"心系居民、情记百姓、为民排忧、贴心服务、全员参与、构建和谐"是实施社区网格化管理服务的奋斗目标。

五、发展思路

元和街道"社情民意在线"社区网格化管理服务工作在现有基础上不断细化工作内容,提高服务水平。一是与社区信息化工作相结合。在建好社区"四情档案"的基础上,依托信息化服务平台,将网格内所有的人、地、事、物、情、组织等都转化为数据库,最终实现"人进户、户进房、房进网格、网格进图",实现管理服务工作信息化、无缝隙、全覆盖。二是推行五色管理服务法。将网格内居民居住性质分为"绿、蓝、红、黄、白"五色,通过这五种颜色,分轻重缓急程度,及时发现并解决社区管理中存在的问题,有针对性地主动为网格居民提供服务。

社区网格化管理服务是一项系统工程,为民服务"零距离"的实现需要在管理服务中不断创新载体,拓宽渠道,不断完善和提升网格功能,才能真正实现社区管理在"网"上提速,公共服务在"格"中提效。

【思考题】

1. 请结合元和街道的实际情况谈一谈应该如何考量网格化管理的有效性。
2. 无缝隙管理理论在网格化管理模式中是如何体现的?

案例三 高新区狮山街道"网格化"治理试点

一、基本情况

江苏省苏州国家高新技术产业开发区狮山街道位于苏州古城西部,是高新区的中心城区,辖区面积18.6平方公里,常住人口11多万人。2013年,街道实现地方一般预算收入22.03亿元,工业生产总值800亿元,固定资产投资完成48.6亿元,引进内资注册资金44.42亿元,服务业增加值82亿元。街道党工委下设405个党组织,其中基层党委10个、党总支8个、党支部387个,共有党员4000名。

（一）坚持科学发展,转型升级迈出新步伐

充分发挥基层党组织和广大党员在高新区核心区域经济发展中的示范引领作用,创新思路,以"退"为进,实施"优二进三"政策,抓住企业优胜劣汰、重组整合的契机,打造以先进制造业和现代服务业为主的产业新高地。目前,楼宇经济、总部经济逐渐成为街道经济发展的新亮点,街道内已建成13个办公、商业、社会事业功能的楼宇集群,在抓服务、抓招商、抓硬件措施和周边环境建设,大力发展信息、物流、金融、会计、法律等服务行业的同时,及时跟进党的工作,优化经济发展环境。实施大项目带动战略,扶持一批产业链长、带动力强、经济效益高的龙头型项目。进一步规划区域功能,大力发展现代服务业,强势打造中心区域商贸带,逐步建设科研创业带、商贸集聚带、金融产业带、餐饮娱乐带以及电子产品交易带等规划明晰、配套齐全的五条产业带。首创片区综治网格化管理模式,以"打造优美、和谐、宜居的城市市容环境"为目标,以文明城市建设为抓手,着力提升常态管理水平。由街道党工委统一领导、公安等部门负责牵头组织,整合条线综治资源,全面实施日常监管,开展联合执法,有效加强区域管理。街道管辖的所有社区、学校全部是市级以上绿色单位,实现了辖区"绿色"全覆盖,推动经济发展、城市建设与环境保护的齐头并进。

（二）立足惠民富民,和谐社会展现新面貌

针对街道原14个行政村、122个自然村已全部撤村建社,村民变市民的情况,党工委注重加强社区管理,不断完善城市化建设硬件和服务方法。街道投入近亿元资金,通过改建、扩建、置换、购买、租赁等形式,使所属8个社区的办公和活动用房平均达到1600平方米,实行"一站式"服务,设立了社区书场、书画室、健身房、舞蹈房、医疗卫生站等场所,并建有7所苏州市图书馆社区分馆,每年由政府买单组织评弹、昆曲等表演进社区为居民演出。街道出台"征地低保户大病特殊救助办法",建立"农村征地人员高龄补贴办法"、"残疾人助残金补助办法"、"贫困家庭教育扶助办法"等一系列民生保障措施,实施近20项惠民利民的重点项目和实事工程,投入资金约10亿元,涵盖扶贫帮困、促进就业、社会保障、改善教育和医疗等惠民领域。对原动迁村级经济全部实施股份制改革,建立股份合作社,原动迁农民全部入社分股,2011年失地农民人均收入达21300元。教育方面,街道所辖4所小学、4所公立幼儿园以及多所"民办公助"的幼儿园,平均每年投入8000万元教育经费,完善教学硬件,添置教学设备,加强教师队伍管理,提高教学质量。科技服务方面,创办狮山科技创业中心,被江苏省科技厅认定为苏州市首家乡镇(街道)类省级科技企业孵化器,设立"科技专项资金",专门用于支持辖区内的研发机构、民营孵化器、高新技术企业和产品等项目。

二、发展历程

2011年5月,高新区狮山街道被确定为苏州市首个网格化管理与社区服务平台的示范街道。经过近一年的建设,2012年2月该街道完成了平台的开发与测试。2012年4月中旬,开始系统试运行。在试运行期间,通过系统发布通知54条,社区活动103条。同时,该平台实现面向公众一站式登录,并且开发了社区通无线应用客户端,方便居民随时随地了解社区动态。2012年年底,该平台建立了统一的社区资源数据库,构建了以人口信息为基础的服务对象数据库,录入服务对象信息64060条;构建了以空间地图为参考的以小区、楼栋、公共服务点等为要素的社区资源库,录入楼栋1046栋、小区107个等社区服务资源信息,以及以走访、调解、通知、公告等为要素的社区事务数据库。值得一提的是,完成的一站式社区服务门户既为居民提供教育、养老、计生、就业、法律等动态资讯,也为志愿者、兴趣小组、政务问答搭建了一个交流互动的平台。该系统上线以来,社区通过该系统发起了231次社区活动,组织了1801名志愿者,成立了121个居民兴趣小组等。2013年,这个平台完成二期建设,重点将完成"零距离"地图生活服务圈建设。这个"零距离"地图生活圈以每个社区为服务圈，为服务圈里的居民提供便民、教育、就业、养老、保障、健康、文体、平安等企业与政府服务资源，并将这些资源与地图结合，提供地图定位、导航、地址、电话、交通查询、评价等功能，建立与完善了居民获取政府与企业服务资源的新通道，让居民生活更加便利。

三、主要做法

（一）社区片区网格化管理办公室

复杂的社会治安形势、日益突出的社会矛盾以及人民对于公共服务更高层次的要求，促使高新区基层不断创新社会管理机制。为了打破基层各部门各自为政、相互扯皮、相互推诿的情况，面对社会问题反反复复地集中整治、整改，从根本上预防和减少各类社会矛盾的发生，一个整合多部门为一体的社区综合治理网格化管理体系成为解决这些问题的关键所在。

2009年，在局部试点运行网格化管理平台的基础上，苏州市高新区狮山街道在每个片区成立社区片区综合治理网格化管理工作办公室。办公室主任由公安派出所的一名分管所领导担任，办公室人员由当地的公安、工商、司法、城管等有关部门负责人及所在片区的社区居委会和小区物业管理公司组成，并遵循合理的运行守则，这一管理模式有效整合了相对分散的社会治理资源。在此基础上，高新区狮山街道扩大了网格化管理办公室的应用范围，将其扩展到区级的层面，建立了区级综合治理工作平台，依照相同的运行模式，区级综合治理平台统辖各个片区的网格化管理办公室，再将各个管理平台系统地整合起来，科学合理地规划和应用，以集中全区的社会力量应对重大的社会问题的出现，比如重大群体性事件的应对。这样，一个系统科学的社会管理体系应运而生。

（二）居民自治及志愿者队伍建设

苏州市高新区狮山街道在创新社会管理过程中，构建了社区自治的平台，让民众拥有发言权和监督权，鼓励和支持群众积极参与到社区建设中去，并成为社区管理服务的主体，力求实现社区与民众的自我管理和自我服务。高新区还依托社区自治平台，提供大量的人力和物力，并给予政策和组织上的支持，积极培育社会志愿者队伍。全区建立区志愿者协会、街道志愿者指导中心、社区志愿者服务站、志愿者服务队等各种形式的社会自治组织，鼓励社会自治组织在处理社会问题时献计献策甚至直接参与其中,积极发挥自身的优势和影响力,促进社区建设与社会自治组织朝着良性循环的方向发展。在社会管理中,根据各个区域的具体情况和群众需求,政府与各个社会自治组织也主动地倾听民意,与群众沟通,了解他们当前最需要的和对于社区工作的期待,集中力量解决面临的问题。比如,群众对该地区的社会治安有强烈的安全诉求,该社区就按楼栋划分,让党员、志愿者成员成为"看门守栋员",自愿参与到维护社区治安的工作中去。从群众自身入手全方位、无缝隙地实现社会管理,"社区管理社会化"的理念更加深入人心,社会管理的效率和效果也更加令人满意。

(三)"捆绑式"网络平台服务模式

所谓"捆绑式"服务,就是整合街道所有社区的网站,捆绑后的网站不仅将街道的工作全部纳入这个平台中,服务平台也得到整合。在这个社区服务网上,专门设置一个"民意直通车"专栏,通过这个专栏,居民可以亲自参与社区建设,为社区管理出谋划策,并针对自己关心的问题提出宝贵的意见和建议,通过在专栏里面留言,负责网站维护的社区工作人员会及时给提出问题和建议的居民以反馈和答复;此外,"社区服务"专栏还可以为居民解决就业问题,专栏主动接受居民的求职信息,社区居民只要在专栏里面填写个人相关信息和求职意向,社区工作人员就会通过各种途径,为他们寻找合适的工作,从而减少社区的无业人员;"社区公告"专栏则主要用来发布政府公告、社区通知、社区新闻、招聘信息等民众需要知晓与感兴趣的信息。

网上社区服务站是高新区社区实体服务站的一个延伸。此外,高新区狮山街道许多社区为了进一步方便群众,便于管理服务,建立了短信平台、居民数据库,从而实现社区点对点的管理和服务,推进社区信息化建设。这些社区信息化平台,让社区的基层干部节省出更多时间和精力,深入居民家庭了解民情、倾听民声,着力解决群众关心的问题,极大地提高了基层干部的工作效率和积极性,居民群众也切实感受到了社区网络服务平台带来的极大便利。

四、经验启示

网格化管理这一管理模式可应用在全国各个地方,但是根据地方的具体情况,各地区各部门的网格化的内涵并不是完全一致的,而是具有自己的特点。苏州市高新区狮山街道推行的网格化管理是按照"属地管理"的原则,将现有管辖区域合理划分成若干个责任区域,集政府、公民与社会组织参与管理服务的"三位一体"网格化管理机制。

(一) 管理服务走综合化道路

条块结合,共同创建,是苏州网格化管理模式的一大特点。高新区狮山街道成立社区片区综合治理网格化管理工作领导小组,并按照管辖区域与人口将街道划分为若干片区,在每个片区成立社区片区综合治理网格化管理工作办公室,办公室人员由当地的公安、交巡警、工商、司法、城管等有关部门负责人及所在片区的社区居委会和小区物业管理公司组成,集中处理社会问题,解决群众困难,提升基层管理服务水平,并在此基础上建立区级综合治理工作平台,统一应对社会管理问题,牵头调处社会上的重大矛盾纠纷,应对重大群体性事件以及解决重大治安问题。除此之外,政府部门还在日常简单工作的基础上,将本职工作的各个方面加以综合,形成一套完整的工作流程和体系,力求工作的系统性和高效率。

(二) 工作指标遵循量化考核

苏州市高新区狮山街道为实现对网格化监管工作的量化考核,专门开发设计了"网格化监督管理信息系统"软件。该信息系统包括信息记载、数据统计和绩效考核等模块,网格化监管工作包括基层干部的上下班情况、具体工作流程、监管工作详细记录、各个监管对象的具体监管报告、工作的反馈情况、工作效果、每个阶段的工作总结等。所有涉及的工作的方方面面都可以通过详细的数据和报告进行记录和总结,详细且生动地展现出基层监管干部的工作情况,显示出工作效率的数据走向。这种量化的数据考核一方面可以有效监督基层干部的工作态度和工作质量,另一方面还可以让基层干部进行自我提醒、自我管理,并且管理信息系统的信息记载和统计是面向职能部门内部开放的,这样公职人员的工作情况都置于部门的监督之下,保证了信息的公开和良性的竞争。此外,各个网格之间的工作情况总评也同样公示在整个系统中,各个网格之间的工作情况有了明确而客观的比较,部门之间的评优争先也有了可以令人信服的依据。

(三) 社会管理鼓励社会协作

高新区狮山街道在实施网格化管理过程中始终把群众和社会组织的参与放在首位,坚持发动社会的力量,形成政府、公民与社会组织三方立体化的社会管理体系。在社区建设,包括社区选举、社区建设、环境卫生等方面,引入志愿者组织和社区自治,把居民作为社区治理的主体,引导群众管理参与的热情和积极性;在治安监管方面,鼓励和支持志愿者参与治安监管,在群众中宣传普法,让群众成为社会问题的发现者和上报者,真正做到深入群众,对社会问题和群众矛盾早发现、早应对;在市场监管方面,工商局在管区中设立信息联系点和特色行业小组,涉及市场上的各类代表性行业,通过网格化管理途径掌握市场上出现的各类问题,帮助行业小组指导居民解决问题,有计划和重点地布置相应措施,提高市场监管工作的针对性,有效地提高了各个行业的自我管理、自我服务、自我约束能力,降低了市场监管成本,提高了监管的效率;在其他社会服务方面,诸如社会保障、教育事业、医疗卫生等,基层政府将大部分的权力下放到社区,让与群众密切相关的社区来了解民众的需求,集中力量解决社区老弱病残的生活保障、失业无业人员的再教育和再就业工作等。这些政府社会管理工作的方方面面都已经吸引了民众和社会组织的热情参与,注入社会的力量。自实施网格化管理以来,高新区狮山街道社会管理的工作局面展现出可喜的变化,基层部门管理分工更加明确,管理内容更加注重实效,管理责任更加清晰,管理职能更加综合化,管理方式更加精确化,社会管理效能得到明显提高。

五、发展思路

作为苏州市首个试点项目,狮山街道网格化社会管理与服务平台——社区通启用以后,对社区计生、老龄、社保、户籍等信息进行有效串联,重点以"人员"要素为基础,以"事件"管理为主线,以业务流程管理为重点,实现了对社区网格内"人、地、事、物、组织"等全要素信息的精细化管理。以社区为基本单位,为社区居民提供政务咨询、生活服务、邻里交流、矛盾诉求的"一站式"虚拟社区,更好地满足了居民的需求,进一步提高了社区居民参与社区事务的积极性。

【思考题】

1. 请结合狮山街道的实际情况谈一谈信息化平台建设在社区网格化管理中的重要性。

2. 社区的功能有哪些?网格化管理是如何渗透到社区的各个功能当中去的,即网格化是如何助力社区各大功能发挥的?

第四章　苏州城乡"社区教育"治理模式

概　述

随着社会主义市场经济体制的建立,中国工业化、城市化进程的明显加快,城市化在带来现代化基础设施、便捷通讯、高楼大厦、跨国公司与形态布局变迁的同时,也带来许多亟待解决的问题,比如环境污染、就业、贫困、市民素质提高、老龄化日益严重等。对此仅仅依赖以协调管理为特性的社区组织形式以及学校教育来解决上述社会问题是远远不够的。另一方面,社区居民逐渐认识到社区教育的价值,产生了一定的参与要求。现实清楚地表明,只有实施面向社区成员,以促进人的发展为原则的各种各样的社区教育,才能满足和解决人们各种各样的教育需求和社会问题。对于走在改革发展前列的苏州而言,如何提高社区教育治理的软件水平,从而提高社会的认可度和支持度,提高教育与生活的融合程度,实现人与社会、人与自然的和谐发展,从而使发展成果惠及全民,一直是治理者关注的重要问题。

一、"社区教育"治理模式简介

社区是社会发展的基本单位,现代人的一生,往往从生长到发展都离不开社区,又受制于社区环境。于是以社区为载体而开展的教育活动,即社区教育就应运而生了。所谓社区教育,是指在一定地域范围内,开展的旨在提高居民素质和生活质量、促进社区全面发展的各类教育活动和过程。

根据新汉语词典的解释,模式是理论的一种简化形式,即对现实事件的内在机制和事件之间关系的直观、简洁的描述,并能够向人们表明事物结构或过程的组成部分及相互关系。十八届三中全会将"社会管理"发展为"社会治理","治理"代替"管理"的新提法调动了社会各界、各领域的治理模式创新。政府社区教育治理模式就是指通过社区教育的基本行为方式,提高社区居民内在素质,落实政府社区教育治理理念、职权划分和治理运行机制的总称。社区教育治理理念主张教育治理主体多元化和治理机制弹性化,使社区教育的发展由社区居民自主推动,社区拥有较大自主权,社区教育将成为社区居民自己选择的教育活动。政府通过社区教育,提高居民素质,提升社区治理中自主、自觉治理的特质,社区教育成为政府社区治理的重要手段之一。

二、"社区教育"治理模式的探索历程

社区教育起源于1844年丹麦人科隆威创办的世界上第一所免费成人民众学校——"民众高等学校"。它把"唤醒民众,振兴丹麦"作为宗旨,以培养学习者成熟为前提,发展成人的心灵,增进其文化素养和生活幸福。它首先影响了北欧,随后在西方不断发展,被世界各国所借鉴。

我国社区教育正式起步于20世纪80年代,国家在总结原有学校教育、家庭教育、社会教育相结合经验的基础上,借鉴国外社区教育的经验,从国内不同地域的实际出发,通过试点逐步发展起来的。它以上海出现的社区教育委员会为标志,建构了学校、家庭、社会互动融合的教育新格局,促进了教育社会化。20世纪90年代以后,我国社区教育进入到以实体化、组织化为标志的发展时期。社区教育组织进一步加强了制度建设,各级社区教育管理机构所制定的"章程"、"暂行规定"等纷纷出台,为社区教育走上规范化道路奠定了初步的基础。这一时期,上海、天津、沈阳、南京、武汉、成都、北京、杭州等大城市涌现了各种形态的社区学校,形成了社区学院、社区学校及教学点的三级网络。2000年4月以来,新中国社区教育进入实验时期,迄今为止,全国社区教育实验区已经发展到114个。

在全面推进教育现代化的基础上,1997年苏州市开始酝酿全面启动社区教育,构建苏州市的终身教育体系框架。经过三年探索,于2000年5月8日出台《苏州市终身教育实验工作方案》,经市政府批准开始实施。2000年4月苏州市被原省教委批准为终身教育实验区,被教育部确定为社区教育实验区。2001年之后,苏州市认真落实科学发展观和构建社会主义和谐社会的重大战略思想,紧扣率先实现教育现代化的主题,确立"全覆盖、强内涵、创特色、惠民生"的社区教育发展思路,坚持不断完善终身教育体系,积极推进社区教育发

展,使苏州社区教育呈现出良好的发展态势。目前,苏州市金阊区、昆山市已创建成国家级社区教育示范区,沧浪区、平江区[①]、张家港市已创建成国家级社区教育实验区。

至2009年,苏州市12个市(县)区全部成为省级以上社区教育实验区,全部建有省级社区培训学院,在省内率先实现全覆盖。一个符合苏州特点的城乡联动、全面发展、以块为主、条块结合、整体推进、各具特色的社区教育治理模式基本形成。

随着苏州市城乡一体化发展与新型城镇化的推行,社区教育在提高苏州市民内在素质、促进社会和谐发展过程中的重要性越来越突出,社区教育发展势头更好。社区教育作为城乡社区治理的重要方式在苏州各区域普遍推广。

三、"社区教育"治理模式的特点

把解决某类问题的方法归纳到理论高度,就是模式。苏州社区教育治理模式,遵循"社区为主,教育为本"的原则。社区是"块",教育部门是"条",开展社区教育,做到条块结合,"块"上主要是组织协调,"条"上主要是指导。社区内各部门根据各自的职责,在社区教育工作中担负起相应的义务和责任,将各类教育资源向社会开放,为社会提供优质服务。

苏州社区教育治理模式具有相当程度的可借鉴性和可推广性,该模式的理念、机制和运行手段的特点,充分体现在"五个力"上:

(一)统筹组织管理,体现社区教育的主导力

各级政府重视社区教育,将社区教育与整个教育现代化事业结合在一起,做到统筹安排,科学部署,统一规划,同步推进。

1. 加强组织领导

建立健全了市、县(区)、乡镇(街道)、村(社区)四级社区教育工作领导小组;四级社区教育工作领导机构工作职责明确,各级政府和相关部门密切配合、统筹规划、资源共享、责任共担,各成员单位形成工作合力,不断将社区教育工作向纵深推进。每年,苏州市政府与各县区政府签订有关社区教育年度工作目标,明确教育目标责任,推动事业发展。

---

① 2012年,金阊区、沧浪区和平江区已合并成姑苏区。

2. 强化规划引领

2000年初,苏州市政府出台了《苏州市终身教育实验工作方案》,全面启动社区教育。之后又出台了《社区教育"十一五"实验工作方案》和《社区教育"十二五"发展规划》,同时把社区教育作为重要内容写入《苏州市中长期教育改革与发展规划纲要(2010—2020)》,把苏州市的社区教育纳入城市发展科学规划之中。

3. 保障经费投入

从2003年起,苏州市教育局和苏州市财政局联合出台《关于增加社会教育事业经费的通知》,规定年社区教育经费不低于人均1元,各级财政相应配套。各地根据要求,纷纷出台相应文件,按照省级每人2元、国家级每人3元、国家示范级每人4元的目标在不断提高,以保障社区教育工作的开展。

(二)夯实阵地平台,体现社区教育的生命力

载体建设是实施社区教育的关键环节和重要基础,为此,苏州市在政府统筹协调下,采取整体联动、改革创新的方式,巩固社区教育阵地建设。

1. 做好社区培训学院建设

苏州市教育局按照"硬件一流、机构健全、服务有力"的方针,全面加强了各市、区社区培训学院硬件和软件建设。至2009年,12所市、区社区培训学院全部创建成省级社区培训学院。培训学院在社区教育的研究、指导、教学、服务等方面发挥着很好的作用。

2. 做好乡镇(街道)社区教育中心建设

在21世纪初,乡镇成人教育中心校在全面完成基本现代化达标要求的基础上,2006年根据新农村建设的新形势和社区教育的新要求,提出了"乡镇成人学校向社区教育中心转型"的工作目标,要求办学思想贴近社区居民,办学形式符合社区居民,办学内容满足社区居民,使成人学校从单一的成人教育机构向服务于全体社区居民的融教学、研究、指导和服务于一体的机构转变。目前,苏州市64个乡镇(街道)成校已创建成省级乡镇(街道)社区教育中心21所,市级中心43所。

3. 做好老年大学现代化建设

苏州是一个老龄化程度很高的城市,2009年底60周岁以上的老年人达126.8万人,占户籍人口的20.02%。为了满足老年人的学习需求,实现老有所学、老有所乐、老有所为的目标,苏州市教育局将老年教育作为社区教育的

重要内容,打造苏州市老年教育的品牌和特色,加强了老年大学的硬件和软件建设。通过制订《苏州市教育现代化老年大学办学标准》、列入市政府实事项目、签订教育目标责任书、督导评估等方式,改善老年大学的办学条件,提升老年大学的办学及管理水平。

(三)组建队伍网络,体现社区教育治理的战斗力

1. 建立苏州市老年大学协会

2007年,为了加强各老年大学之间以及与上级老年大学协会的交流和合作,加强老年大学的教学研究,促进苏州老年教育教学水平和办学质量的提升,苏州市成立了老年大学协会。在老年大学协会的组织协调下,各区、县老年大学以及部分乡镇老年学校定期开展活动,在学校管理、专业建设、学科建设、师资队伍建设、教学模式改革等方面广泛开展讨论和研究。协会下成立了多个学科中心组,如音乐舞蹈、中西医保健、书法绘画、计算机等中心组,编写了一批教材,认真研究老年人的学科教学规律,提升了老年大学的发展水平。

2. 成立社区培训学院院长协作组

依托协作组开展社区教育业务的学习培训、交流研讨、相互借鉴和工作指导,促进各社区培训学院的业务交流与工作联系,深化社区培训学院的功能拓展,打造区域社区教育的龙头,推动全市社区教育的发展与创新。

(四)加强内涵建设,体现社区教育治理的创新力

1. 从社区教育实验项目入手,普及全市社区教育实验工作

深化社区教育实验,苏州市以项目实验建设作为推进全市社区教育的内涵发展和实践创新的推手。2010年召开了"苏州市社区教育实验项目推进大会",推行"镇镇有项目,一镇一特色"的实验项目创建工作,成立了社区教育实验项目领导小组和社区教育实验项目专家组,建立专家分区市开展项目实验指导、监控和管理工作机制,并制定《苏州市社区教育实验项目评估指标》,建立一般实验项目、重点实验项目和精品实验项目三级递进制度,2010年共评选出10个精品项目、25个重点项目和45个一般项目,其中3个项目被确认为国家级社区教育实验示范项目。一大批项目的涌现,丰富了社区教育的内涵。

2. 以课程建设为载体,打造社区教育培训课程品牌体系

从2009年开始,苏州市全面推进社区教育课程建设,要求各地根据本地实际,认真开发符合市民学习需求的地方课程和特色课程,并通过苏州市社区教育优秀课程的评选,指导和激励课程的开发。目前苏州市共有市级社区教

育优秀课程44门,其中18门课程被确认为国家级社区教育优秀课程。一个符合居民实际、体现地方特色的课程体系基本形成。

3. 以开展数字化学习社区建设为引领,提升社区教育品质

为了加快社区教育信息化进程,创造"人有所学,学有优教"的良好社区教育环境,满足居民日益增长的多样化、个性化的学习需求,苏州市大力推进数字化学习社区建设。在建设学习平台、发放学习卡、加强学习交流、评选优秀学习个人和组织等方面加大工作力度,昆山市、姑苏区、吴江市、吴中区等一批优秀数字化终身学习平台,受到了市民的广泛好评,市民的学习积极性得到提升,营造了"时时、处处、人人"的终身学习氛围。

(五)丰富活动形式,体现社区教育治理的影响力

1. 召开苏州市社区教育工作现场会

2008年,以国家级社区教育示范区金阊区为社区教育工作现场,召开全市社区教育现场会。通过实地考察、交流发言和领导讲话等形式,总结交流了各地开展社区教育的经验和做法,推广了金阊区社区教育的特色做法,使更多的部门了解到社区教育的形式、内容和作用,扩大了社区教育的影响。

2. 承办第五届长三角社区教育发展论坛

2007年11月,由江苏省教育厅主办的第五届长三角社区教育发展论坛在苏州昆山成功举行。来自上海、浙江、江苏的300多名代表参加了会议。论坛以"和谐社会与社区教育"为主题,通过主题报告、实地考察、讨论交流等形式,全面展示苏州市深入推进社区教育的实验和社区教育发展的历程,受到了与会代表的普遍好评。

3. 举办南京—苏州社会教育论坛

苏州市教育局与南京市教育局从2010年起每年联合举办两地社会教育论坛。双方根据"交流学习,共同提高"的方针,围绕每次的论坛主题,认真研讨当前社区教育中的热点和难点问题,交流各自的社区教育成果和特色,从而推进两地社区教育的区域合作,实现两地社区教育双赢发展。

四、"社区教育"治理模式的意义

教育的一个基本目的是为了人的可持续发展和素质的全面提高,通过社区教育治理,实现社区全体成员整体素质和文明程度的提高,可以为社区建设与发展打下必不可少的人文基础。就狭义的社区建设与发展而言,一个社区

的建设与发展离不开必要的物质基础,但同样离不开不可或缺的人文基础。没有社区全体成员整体素质和文明程度的提高,社区的建设与发展就不可能实现。推而广之,整个苏州城市的建设与发展也就无从谈起。

在城乡一体化进程加快的今天,苏州城市化带来许多亟待解决的问题,比如环境污染、就业、市民素质较低、老龄化日益严重、窘迫的生存环境、人际关系的隔阂与淡化等。传统的学校为主的教育对于这些社会问题无法进行有效的解决,只有实施现代化的全面社区教育治理,通过对话、协商等多元途径,积极鼓励公众参与教育公共事务的管理,并建立共同解决教育问题的组织网络,共同管理教育公共事务,以提高苏州社区人口素质,增强社区民众的可持续发展意识,才能真正把苏州城乡社区建设成为文明、有序、民主、和谐的"绿色"家园。

案例一 千灯镇"社区教育"治理模式情况

千灯镇社区教育治理以千灯镇成人教育中心校为主阵地,镇政府、社区和学校成为社区教育治理网络的重要组成部分,三者共同组成社区教育治理网络,共同推动千灯镇社区教育的发展。

一、基本情况

千灯镇位于苏州市昆山市东南部,总面积84平方公里,下辖25个行政村、6个居民委员会和1个国家级农业示范区,总人口14.58万人,其中常住人口4.88万人,流动人口9.7万人。千灯物产丰富、人文荟萃、历史悠久,素有"金千灯"之美誉,这里诞生过著名爱国学者顾炎武、昆曲创始人顾坚、昆山第一位状元卫泾。千灯镇曾获"全国环境优美乡镇"、"国家卫生镇"、"中国魅力名镇"、"中国历史文化名镇"、"江苏省教育现代化先进镇"、"4A级旅游风景区"和"全国首批千强镇"等称号。

二、发展历程

千灯镇社区教育中心以千灯镇成人教育中心校为主阵地。千灯成人教育中心校1994年被评为苏州市示范乡镇成人教育中心校,2000年被评为省教育现代化学校和省重点乡镇成人教育中心校,2005年被确认为昆山市级社区教育中心,2006年被评为昆山市社区教育先进集体。近年来,千灯镇对基础设施投入巨大,社区教育迅速发展。在硬件方面,投资3000余万建成集教学楼、行政楼、报告厅、阶梯教室、多媒体教室、排练厅、图书馆、阅览室等各种公益性教学设施为一体的社区教育中心;24个行政村和4个社区的市民学校都建立了多功能教室、图书阅览室、文体活动室和宣传画廊等设施。在软件方面,充分整合资源,为社区居民提供优质社区教育服务,推出了"百姓大课堂"、"万户家庭网上学"和"先贤文化进农家"等较有影响力的社区教育品牌活动,受到群众广泛好评。2012年,千灯镇被中国成人教育协会社区教育专业委员会评为全国社区教育示范乡镇。

2014年，千灯镇下发了《千灯镇"学习之乡"三年行动工作意见》。意见要求：经过三年时间，通过营造氛围、搭建平台、主题教育、创建学习组织等行动措施，推进千灯学习型示范乡镇建设，努力实现市民学习有引导、有平台、有内容、有制度、有经费、有氛围的良好局面，进而为市民素质提高和千灯"经济一流强镇、城乡一体化示范镇、现代农业样板镇、生态文化旅游名镇"建设服务。

三、特色做法

（一）强化领导，健全管理运行体制

千灯镇历来重视社区教育工作，于2001年制定了《千灯镇社区教育实验规划》，并成立了由党委书记、镇长任正副组长，宣传、文教、科技、妇联、共青团等部门和中小学、党校、成校、医院、居委会领导为组员的社区教育工作领导小组。社区教育办公室设在镇社区教育中心内，办公室主任由镇分管领导和社区教育中心主任兼任。社区教育领导小组定期召开专门会议，制定年度工作规划，研究工作内容，及时总结、推广各类经验。各村、居委、学校及机关单位也建立了相应的社区教育领导小组。每村都有市民学校，有图书阅览室、有电视室、有文体活动场所。目前，全镇社区教育专、兼职管理人员已有43人，社区教育专职教师7人、兼职教师160人和社区教育工作志愿者1000多人。社区教育的专职管理人员、教师年均培训不少于48课时。经过多年努力，全镇已形成了社区教育的组织网络，为社区教育的有效实施提供组织保障。

（二）发挥主阵地作用，做好社区培训工作

社区培训是社区教育中心的生存支柱，是社区教育中心向社会的展示窗口，也是社区教育中心回报社会最直接的手段。千灯镇把搞好各级各类社区培训作为工作的重中之重，具体做法是：①联合党政办、宣传办、党校、组织办进行党员干部政治理论学习培训、党校系列培训、小型形势报告会等活动。②配合镇劳动就业所和镇"三有办"搞好"三有工程"系列培训。③参与镇宣传办、党校开展的"文明福万家"系列教育活动。④与镇相关单位密切配合，办好镇健康学校、农民科技培训星火学校、镇人口学校和镇司法学校，督促指导村（居）委的市民学校。⑤与镇财政所、工会、妇联、老龄委、中小学等单位联办了会计资格证培训、会计后续教育培训、工会干部培训、妇女干部培训、老年生活知识、学生就业创业等方面的培训。⑥与苏职大和中央电大联办了成人会

计大专、工商管理大专和乡镇企业管理大专学历班。据统计,仅 2007 年社区教育中心独立举办的培训班就有 30 期,培训人数达 3433 人次。

(三)整合资源,开展丰富多彩的社区教育工作

千灯镇借助文体站、中小学、村、街道等社区学习中心的载体作用和资源优势,发挥各行各业在人才、资金、设施等方面的潜能,开展丰富多彩的社区教育工作。具体情况如下:

1. 以文化艺术节为特色,开展社区文化活动

从 2005 年至 2014 年,千灯镇已连续举办了 7 届群众文化艺术节。艺术节期间,文化艺术活动形式多样,如全国越剧票友大奖赛、全国京昆票友大奖赛、全国少儿戏曲小梅花培华荟萃活动。近几年,全镇范围内的文化艺术还有每年一次的"中国昆山大唐"文化艺术节、读书活动节、文化旅游节等,每年 100 余场文化活动为千灯百姓的生活注入了新活力。

2. 以一批业余骨干为主力,组建文体业余团队

社区教育是全员、全程、全方位的教育活动,千灯镇的社区教育工作除了拥有一支素质较高、结构较稳的社区教育专兼职教师队伍和志愿者队伍外,还组建了一批门类较齐、覆盖较广的业余团队,为全镇开展社区教育活动打下坚实的群众基础。例如:老龄委着力组建了老年门球队、老年活动室,开展老年舞蹈、保健、琴棋、书画、艺术和心理健康、形势教育等系列教育;文体站组建了以亭林文艺社、秦峰书画社、丝竹队、舞蹈队、桌球队、民乐队、象棋队、摄影队、长跑队、镇文联十个业余文体团队;镇中心校组建的航模队、小昆班、小乐队等业余团队也开展得生机勃勃,2008 年,小昆班还进京参加了汇报演出。另外,镇上还分别建立了老年义务网吧监督队、乒乓、篮球、门球、桥牌、象棋等体育协会,"青少年维权岗"、"机关志愿者服务队"、"旅游志愿者服务队"、"青年学生志愿者服务队"、"巾帼志愿者服务队"、"红领巾志愿者服务队"等。家庭教育、法制教育、社会弱势群体帮扶等方面都建有群众性组织。教育性社会团体的建立,不仅尊重了群众的创造精神,而且拓展了社区教育的渠道,丰富了社区教育的内涵。

3. 以体育活动为载体,增强社区居民身体素质

社区教育的根本在于提高社区居民的综合素质,而人的身体素质是各项素质赖以存在的基础。千灯镇每四年召开一次全镇性的综合运行会,每年开展一次全民健身周活动,每个社区都有相应的体育活动场所。体育活动的内

容有跑步、跆拳道、乒乓、象棋、围棋、扑克、体操表演等。2014 年,千灯镇举办过"2014 炎武杯"门球邀请赛、环镇长跑比赛、跆拳道表演赛等活动。

4. 以社区活动为途径,促进青少年教育向社区延伸

千灯镇中小学组织师生参加镇举办的各类学习、教育宣传、文体及其他精神文明建设,通过学生向家长向社会发放市民手册及有关健康、法制、环保、科技等宣传资料,让中小学师生融入社区教育的活动中。镇中心校组织五、六年级少先队员去千灯镇敬老院慰问老人。少先队员们为老奶奶、老爷爷们带上了各种各样的水果,和老奶奶、老爷爷谈心,并为他们打扫卫生。通过活动,小学生深刻理解了敬老爱幼的含义。中小学还组织师生参加了镇团委组织的"千灯镇旅游知识竞赛",比赛题目覆盖千灯 2500 多年的历史。这些活动,使学生们对家乡有了进一步的了解,有利于他们树立爱家爱国的崇高思想。

5. 以各部门智慧和财力为基础,编写和发放社区教育读本

要使社区教育有序、正常、持久地发展,使之成为社区居民的一种自觉行为,社区教育的教材必不可少。为此,千灯镇发挥各行业各部门智慧,编写和发放社区教育读本。镇社区教育中心与镇司法所合作,每年都联合编写和发放一本《千灯镇居民法律知识读本》,另外其他单位还编写发放了《大唐村规民约》、《千灯镇农村居民应知应会三十题》、《千灯古镇》、116 期《亭林文艺》、《爱国学者顾炎武》等社区教育读本。

6. 以建设和谐社会的思想为指导,提升新千灯人的综合素质

千灯镇通过加强"善待外来建设者,造就新型千灯人"的舆论宣传,组织开展新千灯人的读书活动、演讲比赛、知识竞赛、法制培训、文艺汇演,组织参加自考成考等教育性活动,确保新千灯人子女零障碍入学。上述活动和有效措施,为提升新千灯人的综合素质提供了有力保障,更好地促进了"共保平安、共创繁荣、共树文明"社会风气的形成。

四、经验启示

1. 利用社区教育中心,强内涵硬件建设

教育的根本任务是育人,社区教育的根本任务就是为构建社会主义和谐社会造就现代新市民。社区教育中心在和谐社区建设中发挥着不可替代的积极作用,而且开展社区教育,必须有与之相适应的教育教学的设备、设施。2006 年之前,千灯镇社区教育中心占地 5 亩,建筑面积 1000 平方米,设备较为陈旧,已不适应开展形式多样、丰富多彩的社区教育活动。为发挥千灯镇社区教育中心的主阵地作用,2007年千灯镇规划投资3000余万建设集教学楼、行政楼、报告厅、阶梯教室、多媒体教室、排练厅、图书馆、阅览室等各种公益性教学设施为一体的社区教育中心。该中心已于2009年投入使用,作为社区中最大的教育资源,向社区传递更多的教育信息,向社区开放,与社区进行更多的互动与沟通,成为千灯镇社区教育的资源整合中心和社区教育重要载体。

2. 挖掘历史文化资源,树社区教育治理品牌

古镇千灯是历史文化名镇,是明末清初杰出的思想家、爱国学者顾炎武先生的故乡。千灯的魅力不仅来自古朴的水乡风貌,更来自深厚的历史文化底蕴。千灯在古镇保护和开发中始终坚持文化内涵的挖掘、文化特色的展示,建成了一批特色文化景点。如以顾炎武主要思想和经历为脉建设的顾园、以昆曲鼻祖顾坚为主题兼表现中国戏曲发展史的顾坚纪念馆等。

同样,在社区教育治理中,千灯镇努力做到在宣传中传承文化、在教育中弘扬文化。比如,打造"传承古老昆曲,唱响魅力千灯"和"先贤文化进农家"等较有影响力的社区教育品牌活动,受到群众广泛好评;开设昆曲文化讲堂;编写社区教育读本《爱国学者顾炎武》;中小学还组织师生参加了镇团委组织的"千灯镇旅游知识竞赛",比赛题目覆盖千灯2500多年的历史,使学生了解家乡,热爱家乡;论文《昆曲,千灯居民的一片精神乐园》获全国社区教育优秀成果三等奖;千灯中心校"小昆班"从2004年成立至今已有10个年头,学校为此聘请了5位辅导教师、2位艺术顾问,培养的学生已有13人在全国少儿戏曲比赛中获得"小梅花"金奖;推展系列文化节庆活动:从2005年至2014年,千灯镇已连续举办了7届群众文化艺术节,艺术节期间文化艺术活动形式多样,如全国京昆票友大奖赛、全国少儿戏曲小梅花培华荟萃活动。近几年,全镇范围内的文化艺术还有:涉及20多个国家、500多名艺术家参加的"中国民间艺术节"、文化旅游节等,弘扬了中国传统文化,扩展了社区教育的内涵,丰富了千灯人的生活。

3. 做好社区教育治理实践,进行宣传研究

为做好社区教育工作,千灯镇社区教育中心的全体教师到每村的企事业单位进行调查、宣传,听取基层单位对社区教育工作的意见,力争把更优质的社区教育奉献给社区居民。通过广播、发放宣传材料、写经验总结等手段宣传社区教育工作动态,每年共发放社区教育宣传材料200份。2014年,组织镇社

区教育的骨干力量参加昆山市第七届"终身教育学习周"宣传活动，社会反响较好。同时注重分享经验，提炼成果，参与上级有关部门组织的社区教育课题研究，2004年至2006年参与省级课题《农村劳动力转移培训和农民素质研究》的研究，2009年参与国家级课题《社区学院在建设小康社会中的理论与实践》的研究。

五、发展思路

1. 进一步理顺千灯镇政府、社区和学校三者关系，织好社区教育治理网络

教育治理理念主张教育治理主体多元化和治理机制弹性化，这在一定程度上打破了原有的政府办社区教育的单一管理模式，使社区教育的发展由被动变主动，社区将拥有更大的自主权，社区教育将成为社区居民自己选择的教育活动。随着素质教育的不断深入发展，学校与社区的关系得到了明显改善，学校是社区中最大的教育资源，应该得到利用。学校作为社区教育治理的主体，应该向社区传递更多的教育信息，向社区开放，与社区进行更多的互动与沟通。镇政府、社区和学校将成为社区教育治理网络的重要组成部分，共同推动千灯镇社区教育的发展。

2. 进一步培育社区教育骨干，建设高素质的社区教育工作者队伍，促进社区教育健康发展

如果专职的管理人员和师资队伍难以保证，往往再好的规划与设想都难以落实。应当更加重视培育社区教育骨干，把重点放在进一步打造高素质的社区教育专职管理人员与专业教师队伍上，以促进千灯镇社区教育事业健康发展。

3. 进一步统筹整理地方历史文化资源，完善文化教育协调发展的服务体系

协调各部门共同参与，共同研究，建立理论支柱。扩大地方文化课程门类，丰富课程内涵。进一步打造各类贴近群众的特色品牌，真正找到将地方文化精髓融入人们的情感中、深入社区精神文化生活的各个领域的最佳途径，促进千灯镇文化、教育共同发展。

【思考题】

1. 千灯镇社区教育治理具体做法涵盖哪些方面？
2. 如何在千灯镇社区教育治理中进一步提高社区文化艺术节的居民参与性？

案例二　胜浦街道"三园""社区教育"治理模式情况

胜浦三园是由建于胜浦街道内的健康教育促进园、诗画教育风韵园、音乐教育怡情园组成的以现代文明、现代生活教育为特色的社区教育活动组合体。胜浦街道通过打造胜浦三园工程,推进传统文化与现代文明相融合,以此创建具有本土特色的社区教育治理新模式。

一、基本情况

胜浦位于苏州的东部,是苏州工业园区所辖的6个行政单位之一,是连接苏州和上海的重要纽带。2013年12月胜浦镇转为胜浦街道,规划面积为18平方公里,目前辖有8个社区。随着工业园区的开发,胜浦基础设施建设和公共设施建设向城市化迈进,镇区内纵横交叉的河道、整齐划一的街道、现代化的商业网络以及位于镇中央的金浦公园、揽胜广场、石榴园休闲公园等,组成井然有序、环境优美、具有江南水乡特色的现代化乡镇。2004年、2005年,胜浦先后获得"国家卫生镇""全国环境优美乡镇"荣誉称号。2008年,胜浦镇又荣获"全国社区教育示范乡镇"的称号。2009年,"胜浦三宝"——山歌、宣卷、水乡服饰成功入选江苏省非物质文化遗产;2011年,胜浦镇被命名为"中国民间文化艺术之乡"。

胜浦原来是典型的江南水乡农村,自1994年划归工业园区以来,受苏州工业园区开发建设的辐射影响,全镇农民已100%"洗脚上岸",成为入住新镇区公寓房的居民。截至2011年年底,全镇总人口约7.7万人,其中户籍人口约2.8万人,60%以上是外来务工的新胜浦人。2011年,全镇实现地区生产总值93.86亿元,地方一般预算收入7.38亿元,居民人均纯收入2.2万元。一个集人居、生态、工商贸发展于一体的现代化城市副中心格局基本形成。

二、探索历程

为使社区教育有效地服务于农村城市化,较好地适应社会经济发展,原胜浦镇于2004年启动了社区教育。2005年下半年开展了现代农民教育和社区教育实验,2006年成立了胜浦镇社区教育工作领导小组,并先后制定《胜浦镇社区教育工作规划》、《胜浦镇2007年社区教育工作计划》、《胜浦镇2008年社区教育工作意见》,确立了"发挥区位优势、整合教育资源、面向各类人群、提高全民素质"的社区教育理念,综合调动镇党校、镇成人教育中心、中小学校、社区的各种资源和力量,开展了打造胜浦三园工程,推进传统文化与现代文明相融合,以此创建具有本土特色的社区教育治理新模式。

胜浦三园是由健康教育促进园、诗画教育风韵园、音乐教育怡情园组成的以现代文明、现代生活教育为特色的社区教育活动组合体,是一种富有创意的教育形式。以健康、诗画、音乐等群众普遍喜爱的教学活动为主题,组成以社区居民为主体的活动团体。这种教育形式本身就确立以人为本的社区教育理念,体现教育生活化、教育艺术化、生活教育化、生活艺术化的基本模式,以休闲文体娱乐为载体,组织广大居民人人参与,不断满足社区居民教育需求,丰富居民的精神文化生活。社区居民在形式多样的教育活动中,享受乐趣,体验情感,修身养性,提升生活品位;在潜移默化中增强体质,培养高尚情操,提升审美观念,转变生活方式;在传统文化与现代文明相融合的社区教育活动中,全面提高综合素质,推进胜浦居民由农民向市民的转型,适应社会经济转型发展和城乡一体化建设的发展。

健康教育促进园:用以人的健康为本的思想作指导,建设健康促进园,采取多种形式的健康促进教育活动,创设健康良好的社区环境,促进居民身体健康、心理健康和社会适应能力的提高。

诗画教育风韵园:在诗画教育的过程中,引导社区居民积极参与诗画、书法的培训学习及创作。以营造诗情画意的社区书香环境,推进农民向市民的转型,适应城乡一体化建设的发展。

音乐教育怡情园:开展音乐教育活动,提高社区人文素养,提升居民生活品位,引导社区居民积极参与音乐教育活动,接受道德、情感等多方面的教育,提高社区居民道德素养和现代文明程度。

三、具体做法

(一)健全管理体系,确保胜浦三园教育活动正常运行

成立由街道政府领导任正、副组长,街道教育办公室人员、社区教育中心

负责人、基层社区分管领导等为主要成员的胜浦三园教育领导小组；成立由街道社区教育中心主任任组长,街道社区教育中心、基层社区的社区教育专职管理人员、业务骨干为成员的胜浦三园教育工作小组,具体负责胜浦三园教育实施与研究活动；聘请上级业务部门的领导,高校专家、教授成立专家指导小组,对胜浦三园教育研究作理论与实践的指导。由社区教育中心负责教育教学的业务工作,如课程设置、教师聘请、教育活动的实施等,基层社区负责日常教育活动的管理工作。

（二）整合教育资源,做好胜浦三园教育培训基地建设工作

胜浦三园教育以点面结合、稳步推进的方法,着力打造一个中心、三个示范点,即在充分整合现有教育资源的基础上,在浪花苑社区建立胜浦三园教育培训中心,在金苑社区、市镇社区、吴淞社区分别建立诗画教育风韵园,并以这三个社区为示范点。

（三）开展教育培训,建立胜浦三园教育课程体系

胜浦三园教育是传统文化胜浦三宝（胜浦山歌、胜浦宣卷、胜浦水乡妇女传统服饰）教育的提升,是与现代文明相融合的延伸与拓展。胜浦三宝社区教育课程在2010年已被评为全国社区教育特色课程,有编印成册并已广泛使用的家乡篇、特色篇和居民素养篇等系列社区教育课程教材。目前,全街道各培训基地开设了面向青少年的英语、舞蹈、钢琴、书画培训课程,老年大学和社区居民学校开设了太极拳、健身舞、健身操、书法、绘画、二胡、唱歌、诗歌、宣卷共十多门课程,配合胜浦三园教育,已有1000余人次参加了教育培训。

（四）培育优秀表演团队,展示胜浦三园教育成果

1. 组建了一支核心团队

通过教育培训把街道社区教育工作人员逐步培训成为集社区教育工作、教育科研、教育管理为一体的核心团队。这支团队在政府决策主导、社教中心规划设计、高等院校科研支撑下开展工作。

2. 形成了老少学习型团队

据统计,胜浦街道60岁以上的老年人约占总人口的24%。为此,全街道组建了"三老"志愿者队伍,组织了"三老"演讲团,在各个社区巡回演讲,充分发挥老年人的余热作用,吸引老年人参加社区教育活动。面对16岁以下的青少年,胜浦三园教育中心利用节假日、双休日对青少年进行道德大课堂教育,

开设了社会权利、法律义务培训班,还根据家长和学生的需求开办了英语、语文、数学、书法、绘画、乐器、歌舞等学习班。近两年来,胜浦三园教育中心举办的各类培训班和青少年大课堂讲座共有30多个,培训人数达1500余人。

3. 组建了三种民间团体

一是传统文化学习表演团队,如山歌队、连厢队、挑花篮队。二是现代文化娱乐学习团队,如二胡、诗歌、书法、绘画等团队,每周培训一次,参与人数已有600多人次。三是体育健身学习社团。老年大学的太极拳培训班已从最初的十几个人,发展到目前的1200多人。通过多次评选和比赛,已在老年太极拳学员中选拔出"十佳太极拳能手"。他们已成为活跃在胜浦土地上的太极拳老师和领队。目前,全街道八大社区均组建了太极拳队,社区居民的广场舞也从原来的几十个人发展到今天的上千人。

(五)构筑互动平台,促进胜浦三园教育向高层次发展

胜浦街道与苏州大学、苏州科技大学、常熟理工学院等高校建立了长期合作关系,在共建中提升教育的层次。胜浦街道是苏州大学政治与公共管理学院大学生社会实践实习基地,是苏州科技大学音乐教育研究基地,是常熟理工学院传统文化教育基地。胜浦街道还先后与苏州姑苏区、枫桥街道社区、吴中区木渎镇、常熟市练塘镇等社区教育单位开展交流活动,建立互动共赢机制,一起研究、解决难题,共同分享成果。

四、经验启示

(一)丰富了社区教育的内涵,地方传统文化得到了有效的保护和传承

传统文化胜浦三宝是具有浓郁水乡特色的地方文化,随着农村城市化的进程而面临传承危机。受传统文化熏陶的胜浦,对胜浦三宝怀有深厚的感情。在教育实验中,通过挖掘、整理胜浦三宝文化,开设胜浦三宝展示室,组织民间山歌手、宣卷艺人、服饰表演队开展培训、演出、展示活动和胜浦三园教育融为一体,为居民举办文学创作培训,编写传统文化题材的居民读本等特色教育课程教材,使具有地方特色的传统文化融入现代文明,成为社区教育的重要内容。这样,具有地方特色的传统文化不仅得到了有效的保护与传承,而且在传承中得到了提升和发展。

传统文化融入现代文明教育拓展了社区教育的内涵。在开展胜浦三园的社区教育活动中,通过基地建设,为居民提供了融学习、健身、娱乐于一体的社

区教育活动场所;组建诗画、保健、音乐、舞蹈等民间团队,开展诗歌文学、民族乐器、书法、绘画、太极拳、健身舞等教育培训,大大提高了广大居民参与现代文明教育的意识,提升了社区教育发展的内涵,提高了居民的生活品位和文明素养,为推进农村城市化、农民市民化起到了良好的教育效果。

（二）激发了居民参与社区教育的热情,增强了居民对社区的认同感

胜浦三园社区教育活动,以生活教育化、教育生活化的模式回归居民生活。社区教育中心开设的太极拳班、健身舞班深受社区居民喜爱,广大老年朋友的文娱活动已从原来的以打麻将为主向其他高雅的文娱活动转移;少儿书法班、古筝、钢琴等乐器班、舞蹈班、英语班以及成人大专学历班等不断发展。胜浦三园培训点、居民休闲广场、电影院、书场等都成为居民参与文化教育活动的好场所。唱山歌、打连厢、听宣卷等传统文化艺术教育形式重新回归社区,社区居民感到十分亲切,从而增强了居民对社区的认同感和归属感。

（三）提升了居民的现代文明素养,促进了社区的和谐发展

胜浦三园项目实施过程中,开展了多种渠道的社区教育宣传工作,如把社区法制宣传教育、居民守则等作为教育课程,让居民知法、守法。通过胜浦三园教育活动,协调好学校、家庭、社会之间的关系,促进社区成员之间的相互联系、相互交流,增进彼此的感情。利用评选学习型组织、文明单元、书香家庭、文明新风户等活动,营造健康、文明、和谐的社会环境,倡导家庭成员之间的理解信任、关心呵护,邻里之间的互帮互助和人际关系的和谐发展。广大居民在胜浦三园社区教育活动中,进一步地认识社区、了解社区,积极参与社区建设,促进社区和谐。

五、未来发展思路

胜浦三园教育是富有现代生活和现代文明气息的教育生活化、教育艺术化的社区教育工程。要达到改变居民价值观念、改变居民生活方式、提高居民文化素养、提升居民生活品位的目的,必须有一个过程。因此,要在巩固成果的基础上,着力做好以下几方面的引导:

1. 引导居民摒弃陈旧价值观念,养成现代文明生活习惯

在开展胜浦三园的教育活动中要加强组织引导,进一步提高居民的思想认识,转变传统观念,积极参与胜浦三园教育活动,养成现代文明生活的好习惯。

2. 引导居民在胜浦三园的教育活动中建立新型的人际关系

胜浦的社区居民都是动迁后重新组成的群体，在这个群体中，还有很多外来务工的新胜浦人，文化差异，道德、审美观念的差异，生活习惯的不同，导致社会关系、人际关系较为复杂，居民社会关系、邻里关系都必须重新建立。因此，在胜浦三园教育活动中应引导居民相互了解，建立友谊，培养群团意识，增进社区居民的和谐相处，形成文明向上的社会新风尚。

3. 引导居民在胜浦三园教育活动中积极参与社区文化教育建设

胜浦三园教育活动要更加展现社区教育生活化、艺术化的特点，引导社区居民在家庭中、邻里间、群团中自觉开展丰富多彩的社区文化教育活动，丰富业余精神文化生活，形成社区欢乐祥和的文化教育氛围，使社区居民的幸福指数更高。

【思考题】

1. "胜浦三园"这一社区教育活动组合体是如何打造的？

2. 对于胜浦一类的文化名镇，如何在社区教育治理中传承与发扬其传统文化内涵？

案例三 金阊区[①]白杨湾街道"社区教育"治理应用案例

随着现代城市的快速发展,城郊部的开发日新月异,原农村女性主动或被动地失去全部或者大部分土地,面临着就业难的困境,她们的身份、地位、价值观、社会权利以及生产、生活方式都发生了巨大的变化。如何改善失地妇女的生活条件?如何让失地妇女转岗就业?如何使失地妇女和城市妇女一起追求共同理想、共建和谐家园?这些实际问题亟待解决。下面就以苏州市金阊区白洋湾街道开展的"农村失地妇女救助工程"实验项目为例进行探讨。

一、基本情况

金阊区,原苏州市辖区,位于苏州市古城区西北部,是苏州市行政中心、体育中心所在地。全区面积37平方公里,户籍人口20.39万人,下辖5个街道和金阊新城,共41个社区和10个行政村。白洋湾街道地处城郊接合部,是金阊新城建设所在地,随着城市化进程的快速发展,街道的失地农民众多,特别是失地妇女安置和生存状态改善已成为亟须引起重视的社会问题。

二、探索历程

俗语说"一个女人管三代"(丈夫、子女、孙辈),妇女素质的高低对人口质量的提高别具意义。金阊区白杨湾街道的失地妇女要么靠丈夫供养、政府救济、亲友资助,要么从事家庭服务、个体经营、家庭养殖,还有靠借贷以及其他一些非固定收入来维持生活。一部分40~54岁的失地妇女,因年龄偏高,文化程度低,无一技之长,造成了就业难度大、家庭生活质量不高等问题。为了尽快帮助失地妇女家庭改善生活状态,化解家庭矛盾,全面提升失地妇女整体素质,街道社教办充分利用妇联成立的"姐妹园中园"来加大对失地妇女群体的帮助力度,担负起对失地妇女的培训任务,如通过开发课程,设置培训项目

[①] 金阊区与沧浪区、平江区在2012年已合并为姑苏区,以下所指金阊区皆为合并前的金阊区。

来分类培训失地妇女。对 40~54 岁年龄偏大、文化基础差的妇女,以简单、实用的技能培训为重点;对 35~40 岁的失地妇女,以提高市场竞争力、适应区域经济发展需要的职业技能培训为重点;对有一定文化水平的年轻失地妇女,以开展技术含量高、就业前景好、市场需要量大的职业资格培训为重点,使有求职需求和培训愿望的失地妇女掌握一种以上市场需要的劳动技能。另外,采用课堂教育和实践操作相结合的岗位技术培训,达到推进地区物质文明和精神文明向更高层次协调发展的目标。

三、具体做法

以开展一系列有针对性的培训活动为主线,培养失地妇女良好的学习习惯,优化整体素质;以促进失地妇女就业为重点,以市场需要为导向,以技能培训为手段,紧扣培训环节,实施培训就业政策,实现教育平衡化、教育终身化的理想目标。

(一)制订实验方案,宣传落实各项创业政策

(1)组建了以街道党工委书记为组长,以教办为主要实施者,社保、妇联等部门共同配合的实验项目小组。在这期间,小组多次制订项目实验方案,研究适合失地妇女的教育培训体系。

(2)宣传发动,增强培训意识。通过宣传册、横幅等载体,采取各社区(村)妇女主任带头,培训人员口传身教等方式,加强培训就业的宣传,使更多失地妇女认识到参加就业培训的必要性、重要性,并充分利用报刊、广播等新闻媒体,进一步加大宣传力度,营造学习和创业就业的浓厚舆论氛围,改变妇女的守旧思想,打破妇女在就业问题上的自我局限意识。

(3)落实各项创业政策,优化失地妇女创业环境。营造创业氛围,以发公开信、发放宣传资料等形式对创业基地进行广泛宣传,详细介绍农贸市场的优势、内部设置,建立准入优惠机制,实行公开招标,对失地妇女、低保困难家庭予以优先准入,并制定一系列针对失地妇女的优惠政策。凡通过审查合核者,门面房租金由每年 8000 元降至每年 6500 元,摊点由每年 3600 元降至每年 3000 元,从而降低了失地妇女的创业成本,并从侧面鼓励了失地妇女进行自主创业。

(二)配合形势,创建妇女教育的多项平台

妇女教育需要她们自身的力量,更需要社会的支持、政府的引导。只有建

立起多元化的教育平台,才能提高失地妇女综合素质,实现妇女教育的终身化、时代化。

1. 开展多种形式和内容的教育培训活动

开展法律知识培训、健康知识培训、家庭知识培训、兴趣爱好培养、礼仪培训等多形式、多层次、多内容的教育培训活动。对参加培训的失地妇女进行登记,每次培训结束,进行调查回访,倾听她们的意见,了解培训效果和新的培训需求,以便拓宽培训领域,提高培训质量。

2. 为不同类型的失地妇女提供不同的帮助

按照资源开发型、社区融入型和社会保障型的分类思路,为失地妇女全面适应城市进程和城市生活提供帮助。

(1)资源开发型。针对半数左右的有生产、劳动或经营能力的失地妇女,从三方面着手开发人和资本,转变就业观念,提高综合素质,强化一技之长。突出针对性职业培训,充分实现就业;利用一切技术,鼓励创业创收;直接或间接增岗增收,开发房产资源,鼓励失地妇女家庭出租多余的安置房,使租金成为重要的家庭经济来源,形成"物业经济"。

(2)社区融合型。从一家一户的分散式居住到新村民公寓式的集中居住,从作息时间自主安排到准点上下班,从缺少标准、制度化的作业方式到受规章制度、技术考核、专业等级一系列制度约束……失地妇女的生活方式转变是巨大的,但通过公开信、社区咨询教育活动、家长学校和网上专栏等方式,能快速提高失地妇女的适应能力。

(3)社会保障型。对老年妇女提供物质帮助,是建设和谐社会的必要方面。近年来,90%以上的失地妇女参加了基本养老保险。

3. 把握规律,创新妇女教育的科学方法

在完善社会主义市场经济、推进和谐社会建设的新的历史条件下,妇女教育培训呈现出多层次、多形式的发展趋势。白洋湾街道加大创新力度,把握教育规律,大胆探索实践,开设各种培训辅导班,积极创新妇女教育培训工作的方法。

(1)针对年龄较大、文化程度较低、无技术基础的失地妇女,组织一些家政服务、编织、护理、餐饮服务、服装裁剪等方面的简单培训,培训时间短些;对那些开过小商店、小饭店、小服装店,有一定基础和创业愿望的,积极开展创办小企业和非正规就业组织的基础知识和基本经营管理能力培训,以便今后更好地发展。

（2）针对本街道企业用工现状及年轻失地妇女的就业意向，开办蔬菜种植、花卉养殖、渔业技术、工业技术的培训班，为企业输送各种技术人才。同时，加强街道辖区建设，多开发公益性服务岗位，发展个体经营。争取后勤服务岗位和援助性岗位，发展非正规就业组织，把服务领域做大做宽，为她们的致富提供保证服务平台，为稳定农村、建设和谐社会奠定扎实基础。

（3）采用"走出去"的培训方法。街道直接和新渔村拖鞋有限公司协商，安排年龄40～50岁的失地妇女到公司参加培训，经过一段时间的实际操作，对技术过关或技能熟练的人，公司把产品发放到家庭进行加工。这样既能保证质量，又能提升公司效益，更重要的是，解决了部分失地妇女的就业问题。

四、经验启示

通过开展失地妇女免费培训，如开展办公自动化、家政服务员及"SYB"（全称为"Start Your Business"，意为"创办你的企业"，由联合国国际劳工组织开发，为有意创办中小企业的人量身定制的培训项目）培训，当地妇女学会了使用电脑，学到了编织技术和家政服务本领，走上了新的工作岗位。她们有的成为辖区女能手，发挥了典型示范带动作用；有的成为辖区苗圃老板、养殖户，走上了致富道路；有的积极参与种植比赛，"还原"往昔劳作情景；有的在金阊新城"'幸福湾'人口文化园揭牌暨白洋湾生态文化艺术节"正式启动时，展示做草鞋技术，表演手艺绝活，唱山歌；有的积极参与社区管理并通过民主选举当上"小巷总理"；有的尊老、贤惠、助困、创业，被评为"巾帼之星"。

（一）培训提高了失地妇女的素质

法律知识培训、健康知识培训、家庭知识培训、兴趣爱好培养、礼仪培训等，为失地妇女提供了终身学习的机会和平台，满足了失地妇女在精神生活中多样化、个性化的需求，她们的兴趣得到发展，爱好得到培养。一是培训态度转变了。刚开展培训时，需每家每户地动员她们参加学习培训，现在失地妇女主动要求、积极参加各种培训活动。二是参加培训人数增加了。从刚开始时参加学习的只有几百人到现在的上千人，有时连学习场所也容纳不下。三是培训氛围浓厚了。学员们将街道培训学来的新知识、新技能等作为闲聊的新话题，既消化了新知识，又进一步激发了学习兴趣，一人带动邻居好友一起参加培训，良好的培训氛围逐步形成。失地妇女普遍反映，培训与不培训就是不一样,这种变化就体现在她们身边:楼道前闲聊的人少了,参加"老把式"比种植、唱山歌、跳健身操的人多了;打麻将、玩扑克的人少了,读书看报、学习科学、理财致富的人多了;破坏公物、乱扔垃圾的人少了,爱护环境、讲究文明的人多了;打打闹闹的现象少了,参加各种公益活动的人多了。

(二)培训造就了一批"巾帼之星"

"励志照亮人生,创业改变命运。"创业的道路是艰辛的,而成功的创业不仅能带来财富,还能改变人生。失地妇女杨小红被评为金阊区创业之星。创业成功的杨小红并没停下自己的脚步,而是以更大的热情投入带领同村妇女共同致富的道路上,她受申庄村妇代会邀请,走进了"申庄村妇女创业导航站",做起了"导航员",向有志于创业的农村青年妇女传授致富经,说失败、讲成功,帮助待业姐妹转变观念、树立信心。在她的带动下,村里的两位小姐妹也萌发了创业的激情。经历过创业艰难的杨小红毫无保留地将经验传授给她们,帮助她们在虎丘婚纱精品城开出了两家婚纱店。如今,每当杨小红走进自己的婚纱店里,便觉得一件件婚纱如同她的翅膀,自己则成了一只破茧的蝴蝶,自由地飞翔在这美丽的新世界。

吴美英是白洋湾街道民主村朱家湾人。20世纪80年代初,她从白洋湾申庄村嫁到了民主村朱家湾俞家,男方家庭人多地少,家中还有两位老人,丈夫也没有一份稳定的工作,日常生活得不到保证。当时年轻人大多是外出打工,她也去了邻村的新益村一家内衣针织厂打工。当时正在搞改革开放,大家都在投资办厂,因国家为投资者提供了很多特殊政策,仅减免税收这一项就使得大小企业都办得很红火。她看在眼里,急在心里,回家后就去街道的创业培训班学习,一星期下来就和丈夫商量办厂,夫妻俩创办了吴美英制衣厂。凭着他们吃苦耐劳的精神,制衣厂的生意越做越好,越做越红火。

路南社区谢丽琴的创业之路也充满着波折、坎坷。虽然家人反对,但她仍毅然决定自己创业,开办了木言电脑绣花厂。在经历了重重困难和挫折后,她凭着自己对创业的热情和执着,终于打造出了属于自己的一片天地。如今,她开拓创新,准备向家庭教育领域发展。

周小玲是土生土长的白洋湾街道新渔村人,初中毕业后走进织布厂,企业因经营不善倒闭了。周小玲失业后没有灰心,利用双休日参加花卉养殖培训。培训结束后,向亲戚、朋友借了5万元,加上自己家的积蓄,投入十几万,承包了12.7亩土地种花木。当在实际操作中遇到不能解决的问题时,周小玲一边看书,一边向老花农请教,向别人取经,一批批花木终于成长了起来。现在,她那小小的花园中种植了2000多盆茉莉花,一年有两万多元的收入,成了苗圃老板。

四、未来发展思路

白洋湾街道除了有引进项目开工率低、土地资源逐渐减少、招商引资形势严峻、投资结构不尽合理、生产性投资不足、发展缺乏后劲、无法给失地妇女就业提供充足的就业岗位等问题外,还有外地农民工大量涌入带来的竞争和压力。目前,街道的外来人口约6万人,大部分来自经济欠发达地区。这些外地劳动力年轻,对工资要求低,吃苦耐劳,便于管理。大部分外资企业都愿意招用外地农民工,这给失地妇女就业带来一定压力。怎样促使失地妇女在就业结构上发生根本性的变化?街道将不断深入研究和创新,发挥政府部门的主导作用,进一步完善机制,采纳失地妇女的建议,更好地实施运作。

(1)加强培训的针对性、实用性。根据产业发展布局和劳动力市场需求,及时掌握用工需求动态,切实做到培训专业与市场需求相结合,把失地妇女培训成为金阊新城开发建设急需的劳动者。

(2)加大对培训的资金投入,完善公共培训基地,增加对失地妇女和村(居)民自主创业的奖励力度。

(3)挖掘社区就业潜力。以社区为依托,以市场需求为导向,开发托幼、托老、修理维护等家政服务岗位以及小区管理、保洁、保绿等劳务型岗位,灵活就业形式,吸收失地妇女再就业。

(4)为通过培训走上新岗位的妇女建立联系卡,定期了解工作情况以及知识、技能等方面的需求,为更新继续教育内容奠定基础。

(5)动员村(居)民在新城五金机电城、苏州车市等五大市场的开发建设中,直接参与市场经营或参与市场配套服务等产业方面的投资,依托新城建设带来的创业机会和就业资源,建设提供创业帮助和职业介绍的民营人力资源公司一条街。

【思考题】

1. 金阊区是如何帮助失地妇女转岗就业的?
2. 金阊区白杨湾街道社区开展的"失地妇女救助工程"有哪些经验启示?

第五章 苏州城乡社区"三社联动"治理模式

概 述

社区治理需要多元主体共同参与,"三社联动"就是多元合作治理模式的典型代表。

一、"三社联动"治理模式简介

"三社"是社区、社会组织与社会工作者的简称。"联动"的概念借用系统理论的观点可以加以解释:系统是由两个及两个以上的元素构成的整体,各个元素之间相互配合构成了系统的结构,元素之间此消彼长的变化导致系统整体的变化①,这种元素之间相互作用而影响整体的机制我们可以称之为"联动"。

"三社联动"是指通过社区建设、社会组织培育和社会参与的方式,增强"三社"之间的有效沟通和协作,形成"三社"资源共享、优势互补、相互促进的良好局面,形成政府与社会之间互联、互动、互补的社会治理新格局。②

在"三社"中,社区是平台,社会组织是载体,社会工作者是生力军。分层次、分步骤逐步推进"三社联动"的发展,可以使社会矛盾和冲突在基层和源头得到有效预防和化解,在构建和谐社会、提升社会治理水平方面发挥重大作用。

换句话说,"三社联动"模式就是通过政府部门的领导,社区居民在社区居

---

① 罗伯特·K.默顿《社会理论和社会结构》,译林出版社,2006年版,第37页。
② 叶南客、陈金城《我国"三社联动"的模式选择与策略研究》,《南京社会科学》,2010年第12期。

委会的带领下参与社区公共事务,社会组织为社区居民提供各项社会服务,专业社会工作者主动介入社区提供专业服务,从而构建和谐社区治理的新模式。具体见图1。①

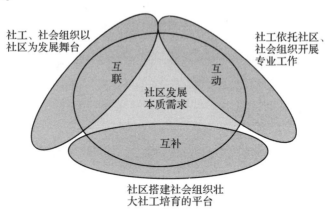

图1 "三社联动"机制模型图

二、"三社联动"治理模式的探索历程

作为一种社区治理模式,"三社联动"的形成和发展有其特定的时代背景,它是在中国社会建设和社会治理过程中依据客观情况进行的实践探索。而苏州城乡社区"三社联动"治理模式,也经历了探索和萌芽阶段、确立和实施阶段、发展和深化阶段。

(一)"三社联动"治理模式的社会背景

社会管理改革趋向社会化。改革开放以来,由单位提供个人衣食住行等资源、包办个人生老病死的模式不复存在。单位转移出来的各种职能和服务,如教育、医疗、后勤保障等,转移到社区层面,并迫切要求社会组织承接,城市管理中的社区功能不断扩大。政府通过权力下移,把大量的管理职能从市、区级政府下放给社区,这样,原属于社会的权力最终归位于社会,回落到了社区。政府、社区、社会组织之间的合作和社工作用的发挥,成为公共服务社会化的重要内容和形式。同时,社区的发展及社会组织的成长,也为专业社工服务机构承接政府职能的剥离做好了准备。社区、社会组织、社工的互动基础由此形成。

---

① 翟琳《社区治理中"三社联动"机制探析》,华中师范大学硕士论文,2013年。

群众利益需求趋向多元化。我国处在社会转型时期,社会利益结构亟须调整,利益需求分化、多元化。政府传统的公共服务着眼于维护国家安全,维持社会秩序,组织和推动经济生产,忽略了民众的多样需求。社会的转型要求公共服务更加关注民生,最大限度地实现社会利益。同时,大量外来人口涌入社区,给社区的管理和服务工作带来了压力,许多社会组织及群文团队活跃在社区,社会组织内的从业人员思想活跃、流动频繁、需求多样。这为"三社联动"发展提供了一个服务空间和目标市场。

社工专业服务趋向职业化。随着经济社会的快速发展和人民生活水平的不断提高,居民对社会公共服务的需求日益多元化、个性化,传统的公共服务方式和内容已难以满足居民特别是特殊群体的需求,迫切需要建设一支专业的社工队伍,用社会化、专业化的方式提供服务,以弥补政府社会管理和公共服务的不足。应该说,我国社会建设工作已取得初步成效,但社工职业化仍需进一步发展。应该进一步强化项目开发、岗位落实、薪酬设计、财力和政策支持,进一步提高社工的专业水平,营造社会工作职业化发展的良好氛围。

社会组织发展趋向内源化。近年来,各级社会组织主动服务行业发展,承接政府转移职能,参与社会管理和公共服务,其作用和影响正在不断扩大。但社会组织要真正发挥其驱动作用,还需要建立一个稳固、强劲的动力系统,这包括建立健全民间组织发展体系,形成政府与民间组织互动、互补的体制和机制;建立科学的运作体系,制定社区民间组织发展规划,积极探索"政府购买服务、项目专业化运作"等多种形式;建立严密的监督体系,确保民间组织良性发展;建立全面的评估体系,由社区民间组织理事会专门运作,探索建立一套行之有效的激励机制。

社区建设目标趋向人本化。在社会转型期单位制解体后,"单位办社会"所负担的多元化职能必然要回归社区,体制外的民工、流动人口等社会空间急剧膨胀,加上市民物质生活水平的提高,这些都对社区安全、服务、环境等提出更高的要求。更加值得关注的是,社区矛盾呈现出主体多样化、表现形式多样化、利益问题成为矛盾新焦点等新特点。要应对这些新特点,在实践中,社区建设必须创新"三社联动"方式,确立政府服务于社区的观念,通过有效政策引导和财政投入,更加突出以人为本的目标导向,强化社区精神培育,回归社区发展本质。

(二)苏州城乡社区"三社联动"治理模式的发展历程

根据苏州地区的实践,我们可以把苏州城乡社区"三社联动"治理模式的发展历程划分为探索和萌芽阶段、确立和实施阶段、发展和深化阶段。

1. 探索和萌芽阶段：转变政府职能，鼓励社会参与

根据《苏州市服务型政府建设纲要》(苏府〔2003〕138号)的精神,苏州实施政府机构改革,科学划分市、县级市(区)、镇(街道)的事权,实行政企分开、政事分开、政社分开及事企分开,构建"小政府、大社会"的公共管理模式；深化行政审批制度改革,放权给企业、市场、中介机构和行业协会；进一步转变政府职能,坚持有所为、有所不为,做到"不越位"、"不缺位"、"不错位",将政府不宜承担的部分职能转移给中介机构、行业协会和社会自治组织；发展行业协会和中介机构,并加强管理,促进其规范运作、健康发展。

苏州市人民政府《关于进一步加强民政工作的意见》(苏府〔2004〕146号)提出要全面推进社区建设,充分发挥居民自治功能；加快培育社区中介组织,充实社区管理力量；进一步理顺社区单位关系,整合社会资源,加快社区服务业发展,拓展社区服务功能,不断满足社区群众多层次、多样化的服务需求。意见还指出,为适应改革开放、经济发展和政府职能转变需要,积极发展民间组织,并加强民间组织管理。

根据《关于全面推进"服务型民政"建设的意见》(苏政民〔2004〕28号),苏州开始全面推进社区建设,加强群众自治。在工作的依靠力量上,实现从单一依靠政府向依靠社会各界力量的转变,坚持和完善"政府主导、部门协作、社会参与"的民政工作新机制,调动全社会一切力量,共同推进民政事业的发展。

国务院下发的《关于加强市县政府依法行政的决定》(国发〔2008〕17号)、《苏州市人民政府贯彻国务院关于加强市县政府依法行政决定的实施意见》(苏府〔2009〕5号)指出,要增强社会自治功能,积极探索建立政府行政管理与基层群众自治、社会组织自律有效衔接和良性互动的机制。同时,苏州在太仓启动了"政社互动"的探索实践。

2. 确立和实施阶段：推进社区建设，发展社会组织

在"政社互动"试验过程中,苏州就社区建设和基层群众自治、社会组织发展和发挥作用方面不断探索,着力建立社区、社会组织和社工"三社"互联、互补、互动机制。

中共苏州市委、苏州市人民政府《关于进一步加快推进城乡和谐社区建设的若干意见》(苏发〔2010〕4号)指出,进一步发挥基层组织在城乡和谐社区建设中的重要作用；进一步深化城乡社区管理体制改革,推进城市社区工作站建

设;进一步建立党组织为核心、村(居)委会为主体、工作站整合承接政府延伸服务、各类社会组织共同参与的互联、互补、互动机制,实现政府行政管理和社区自我管理的有效衔接、政府依法行政和居民依法自治的良性互动。健全利益协调机制、诉求表达机制、矛盾调处机制、权益保障机制和自然灾害、事故灾难、公共卫生事件、社会安全事件应急管理体制机制。建立社区党组织牵头,村(居)委会、工作站、业主委员会、群团组织、社会组织、中介组织、物业公司、驻区有关单位参加的社区管理协调机构或联席会议制度,沟通、研究、协调社区管理中的重要问题,及时处理好居民普遍关心的问题,形成党组织领导下的多元管理主体共同治理的格局。进一步加强城乡和谐社区工作者队伍建设,在社区工作站人员聘任、待遇、管理、考核等方面提出指导意见。

根据中共苏州市委、苏州市人民政府《关于进一步创新完善社会建设管理体制的若干意见》(苏发〔2010〕60号)的精神,苏州把创新完善社区管理服务体系、着力加强社区工作队伍建设、加大推进基层组织建设力度、充分发挥社会组织积极作用、全面构建公共服务均等机制等作为创新完善社会建设管理体制的主要任务。

中共苏州市委、苏州市人民政府《关于进一步加强社会建设创新社会管理的意见》(苏发〔2011〕30号)指出,要做优和谐社区品牌,健全完善社区组织体系,选优配强社区工作队伍,强化社区经费保障,进一步提升自治能力;加快社会组织发展,更加重视发挥社会组织在社会建设和管理中的作用,加强扶持和指导,不断增强社会组织参与社会建设的能力,不断增强社会组织提供社会服务的能力,完善社会组织监督管理机制;注重人才队伍建设,把社会工作人才纳入全市人才队伍建设总体规划,推进社会工作专业化、职业化,完善社工人才政策,建立和完善社工人才培养、评价、使用、激励、保障等相关制度,建立以岗位培训、专业提升和实务督导相结合的社工人才培养体系,加快发展专业机构,积极鼓励各类组织和个人创办社工专业机构,重点扶持一批具有示范导向作用的民办专业社会工作服务机构。

《关于加强全市社区居民委员会自治能力建设的意见》(苏办发〔2011〕55号)、《关于进一步加强全市社会组织建设的意见》(苏办〔2011〕63号)、《关于加快推进全市社会组织健康发展的若干意见》(苏办发〔2013〕81号)等文件也进一步指导了社区建设、社会组织建设和发展,为"三社联动"奠定基础。

政社互动通过政府行政权力的自我约束,实现基层自治组织的权力归位;

通过基层自治组织自治能力的提升,实现与政府行政管理的承接互动;通过管理体制的改革,最大限度激发社会创造活力,最大限度增加和谐因素,最大限度减少不和谐因素。实践证明,政社互动对规范政府行政管理、强化城乡自治功能,确保社会和谐稳定,起着基础性、源头性、根本性的保障和促进作用。

3. 发展和深化阶段:推进"政社互动",深化"三社联动"

在太仓"政社互动"取得良好效果的基础上,苏州开始在全市范围内开展"政社互动"试点。《关于在全市开展"政社互动"试点工作的指导意见》(苏办发〔2012〕45号)、《镇(街道)开展"政社互动"试点工作操作指导办法》和《村(居)民委员会、社会组织开展"政社互动"试点工作操作指导办法》(苏政民〔2012〕206号)、《关于进一步推进"政社互动"工作的实施意见》(苏办发〔2013〕82号),以及《太仓市三社联动实施计划》、《苏州高新区"三社联动"实施计划》等各区(县)关于深化政社互动、推进三社联动的政策出台和实施,苏州"三社联动"的社区治理模式在全市范围内得到进一步发展和深化。

三、"三社联动"治理模式的特点

作为社区治理的典型模式和较为成功的治理方式,"三社联动"有其特点:"三社联动"基础在"策",重点在"联",实质在"动",关键在"人"。

(一)基础在"策"——政策支持,创新治理

有效的社区治理,离不开正确的政策支持,苏州"三社联动"治理模式正是在一系列有力政策的支持下探索建立起来的。正如前文谈到的苏州"三社联动"治理模式的发展历程所述,从探索和萌芽阶段到确立和实施阶段再到发展和深化阶段,不论是政府机构改革或职能转变,还是推进社区建设和培育社会组织,抑或是培养和选聘社会工作人才,都是建立在有力的政策支撑基础之上的。

(二)重点在"联"——三联、三同、三化

三联:顶层设计联通、政策体系联接、活动信息联手。

"三社联动"将城乡和谐社区建设、社会组织培育发展、专业社工人才队伍建设纳入整体规划和顶层设计,做好配套政策、制度、机制的改革和规制;加强政策制定与衔接,使推动社区建设和基层自治、培育和管理社会组织、培养和凝聚社会工作力量三者的方针、政策和做法形成整体,相互匹配;加强社区、社会组织和社会工作者之间的联系,在创新社区治理的举措和活动当中,资源共享,信息同步,力量合一,切实发挥平台、载体和生力军作用。

三同:组织领导同重、工作部署同步、绩效考核同评。

在组织领导上,统一领导,统筹"三社",把三者摆在同等重要的位置,不顾此失彼、厚此薄彼;在工作部署上,"三社"同步,有效衔接、相互配套、相互促进;在绩效考核上,将原先政府对社区工作、社会组织和对社会工作者的单向考核变为多向评估,既评估基层群众自治组织依法履职情况,又评估政府部门依法行政情况,也评估社工工作情况,三项评估有机结合、相互促进。

三化:社区工作队伍社工化、社工力量组织化、社会组织社区化。

一是社区工作队伍社工化。不断优化队伍结构,在实现"一村一社区一大学生"目标基础上,吸收持证社工等优秀人才到社区工作,在社区明确一定比例的专业社会工作岗位。鼓励社区工作者参加全国社会工作者职业水平考试,对取得初级、中级、高级社工师资格的,给予奖励等。同时,重视推广社会工作理念和方法,加快社区工作者向专业社会工作者转变,提升社区社会工作水平。大力推进在社区的专业社会工作岗位开发力度,探索研究持证人员奖励激励措施。目前,许多持证社工被社区和事业单位录用。二是社工力量组织化。适应社区持证社工队伍迅速壮大的趋势,加大机构建设,出台扶持办法,鼓励各领域专业社工机构建设,让社工机构逐渐成为社区工作的重要力量。加强社工注册登记和服务管理,逐步构建职业共同体。三是社会组织社区化。重视社区本土服务性、公益性、互助性社会组织培育和发展,同时引导、支持其他社会组织更多参与社区管理和服务。以太仓为例,近两年孵化培育社区公益组织20多家,开展了百个公益创投活动。2013年的104个项目中,项目实施分布在全市80个社区,有150名社区工作者、2000余名志愿者和100多名社区社会组织领袖参与社区公益服务,惠及社区居民6.5万人,深受社区、居民欢迎。

(三)实质在"动"——联合推动,盘活资源

"三社联动"工作的重点在"联",实质却在"动"上。目前,苏州各市、区及部分乡镇(街道)已初步建立起了以政府购买服务、社会力量参与为重点的"三社联动"推进机制。同样,在基层社区,党组织、群众自治组织、社会组织、居民(辖区单位)代表、社工机构和社工人才联席会议制度也正发挥着重要作用。

此时,最早在太仓创新施行、如今已在苏州全市试点推广的"政社互动"机

制恰能更好地深化"三社联动"——苏州率先在省内启动了首届公益创投活动,推动上下联动联办。全市累计安排福彩公益金1835万元,创意设计并实施134个社区服务项目,惠及居民10万人次。同时,推进社区综合服务中心建设,突出"三社"功能互补。结合区(市)、乡镇(街道)两级社区服务中心建设规划,在"以奖代补"评估标准中,突出发展社区社会组织、培训社区工作者和专业社会工作者等设置。

而建设社区化社会组织培育基地,可以促进"三社"协同发展。全市累计投入资金384万元,已建成社会组织孵化器10家,还有8家在建,累计提供1.13万平方米的孵化场所,已吸引了94家社区社会组织、社工机构和公益组织进驻。

此外,苏州市注重培育和发展枢纽型社会组织,用服务助推"三社联动"。苏州市社会组织促进会、社会工作者协会集聚高校专家、社工机构、一线社工的力量,推动全市社会工作发展;通过参加"村官大讲堂"和"社区工作者才智大比拼"等活动,苏州城乡社区工作者服务百姓能力也得到相当程度的提升。

(四) 关键在"人"——专业化队伍,精细化服务

"三社联动",关键在人。在不断壮大专业社工队伍的同时,狠抓进一步培训,且不断开发专业社工岗位。

目前,苏州市活跃着3250名持证社工。其中,社区专职工作人员占持证总人数的57.6%。取得社工职业资格的社区工作者不仅能获得补贴,还能持续得到继续教育和实务锻炼。

通过整合社工机构和高校资源,苏州市对持证社工进行了分批的专题培训。比如,针对公益创投中中标的社会组织负责人和项目主管,举办了6期能力建设培训班,实施"社会组织CEO能力提升双百工程"。针对乡镇(街道)干部,专门举办了"社会建设与管理专题研修班"。而具体到岗位,苏州市新成立专业社会工作服务机构10家,累计开发专业社工岗位近400个。专业社工在戒毒禁毒、矫治帮教、居家养老、青少年服务、残疾人服务等领域逐步大展拳脚,极大地提升了全市社会工作水平和服务居民的能力。

四、"三社联动"治理模式的意义与影响

"三社联动"以和谐社区建设为目标,以群众需求为导向,经过一段时间的实施和深化,目前已取得了良好成效。

（一）社区建设更加彰显民主自治

通过三社联动，召开民情征询会、民主协商会、监督评议会，组织居民参与"政社互动面对面"，对社区事务工作进行约定、执行、监督，实现基层组织建设、民主政治建设、群众自治的有机融合。

（二）社会组织更加彰显社会活力

通过三社联动，社会组织迎来大发展。以太仓为例，两年来新成立备案社会组织800多家，新增登记社会组织近100个。社会组织已逐步成为社会治理的一个重要主体，社区居民通过参与社会组织活动，畅通社区参与社会建设渠道，拓展社区与社会共建领域，弥补政府职能的缺位，同时也通过社会组织提供的服务，满足自身的各类需求。

（三）社会工作更加彰显专业服务

三社联动发挥了社会工作的专业服务优势，推动了专业社会工作在社区服务、居家养老、救助帮困、企业矛盾、禁毒矫正、青少年服务等各领域的发展，社会矛盾在基层得到缓解，群众的多样化需求得到关注和帮助，社会工作在社会治理方面的积极作用得以发挥。

案例一 张家港南丰镇永合社区"三社联动"治理模式

一、基本情况

南丰镇位于张家港市东北部,中国"黄金水道"长江下游南岸,东靠上海,南接苏州,西邻无锡,北峙南通。南丰镇地域面积47.5平方公里,辖有10个行政村,3个社区居委会,户籍人口4.8万人,外地人口2万人,素有"苏南钢城"、"机电强镇"、"农耕水乡"之美誉。先后获得"国家卫生镇"、"全国环境优美镇"、"全国社区教育示范镇"、"江苏省园林小城镇"等荣誉称号。其中永联村是苏南地区面积最大、人口最多、综合实力最强的行政村之一,被誉为"华夏第一钢村",为"全国文明村"。2010年,全镇实现地区生产总值63.5亿元,工业开票销售收入375.1亿元,全部入库税收9.8亿元,地方一般预算收入3.8亿元,在第二届中国乡镇500强排名中列第79位。

近年来,南丰镇始终围绕"小中见强、小中见美、小中见优"的发展定位,坚持以经济建设为中心,以城乡一体为重点,以改善民生为根本,以创先争优为动力,高起点规划,高标准建设,积极提炼苏式发展特色,努力做好"水"、"绿"、"文"三篇文章,科学有序推进农民集中居住、土地规模经营、企业集群发展。如今,南丰镇基本实现了教育资源均衡化,居民、农民、外来员工子女享有同等教育待遇;社会保障全员化,医保、城保等社会保障体系巩固深化,弱势群体得到帮扶,劳力人群充分就业;人居环境生态化,基础设施配套健全,社会管理协调有序,生活风尚文明健康。全镇经济社会呈现出快速、高效、可持续发展的态势。

永合社区于2010年5月份经张家港市人民政府批准成立,位于张家港市南丰镇东部,面积10.5平方公里,下辖永联小镇、永联小区两个集中居住区,分设永泰、永顺、永兴、永和共12个园区,建筑面积79万平方米,总人口20000多人,其中常住人口10000多人,外来人口约10000人。社区先后荣获"全国综合减灾示范社区"、"江苏省绿色示范社区"、"江苏省社区教育示范社区"、"苏州市文明社区"等荣誉称号。

自成立起，社区始终坚持"以人为本、真诚服务"的工作宗旨，积极探索创建农村新型社区、构筑和谐社会的新模式。依靠永联村集体经济优势，完善城镇化基础设施建设，投资15亿元建成了现代化社区居民集中居住区——永联小镇，可容纳3800户居民，平均每户住房面积达135平方米，并建有幼儿园、小学、医院、农贸市场、商业步行街、农耕文化园和污水处理厂等城镇化配套工程设施。努力创新社会管理方式，建立"网格化管理"机制，打造组团式服务体系，实行"三社联动"的工作机制，构建全方位服务体系，警务室、工商、卫监、城管、消防、交警等执法部门进驻社区，实现了社会管理与服务的城乡均等化；建立了爱心互助街，打造社区社会组织的孵化基地；建成了服务功能完善的社区服务中心，社保、民政、计生实现一站式服务，法院、检察院定期派员进驻社区，提供专业的法律咨询服务，真正实现了便民利民。大力繁荣社区文化，培育农村新型居民，在缩小城乡物质差距的同时，努力缩小城乡文化熏陶上的差距。依靠集体经济优势，每年组织近百场大型文艺晚会和戏曲演出，免费组织居民观看。中国残疾人艺术团、国家京剧院、朝鲜国立杂技团以及姜昆、黄宏等国内外著名演出团体和明星先后都来社区演出过。为满足群众文化需求，成立了老年大学永合分校，开办了各类学历班，组建多支文体队伍，开展居民喜闻乐见的文体活动，组织社区居民万人看"世博"、百名党员游北京等，引导居民积极参与。如今，清晨散步锻炼，傍晚跳舞休闲，成为居民生活时尚。总之，今日社区已经营造出"社区以民为本，民以社区为家"的温馨氛围，基本成为环境优美、管理有序、服务完善、文明和谐的新型农村社区。

二、基本做法

永合社区在推动和实施"三社联动"过程中，通过一系列举措，优化"三社联动"环境，构筑"三社联动"平台，为"三社联动"提供支撑，增强"三社联动"效用。

（一）加强统筹指导，优化"三社联动"环境

一是完善政策保障。张家港市委、市政府先后出台《关于进一步加强城乡社区建设管理的意见》、《关于进一步加强社会建设创新社会管理若干意见》、《张家港市培育发展公益慈善类社会组织的实施意见》等多个文件，为加强"三社"建设提供政策指导。永合社区根据相关文件要求，将城乡和谐社区建设、社会组织培育发展、专业社工人才队伍建设纳入整体设计，统筹社区"三社

联动"各项工作。

二是实践机制创新。永合社区推行"一委一居一站一办"社区服务管理体制,开展"政社互动"试点,根据《张家港市"政社互动"试点工作方案》及《基层群众自治组织协助政府工作事项》和《基层群众自治组织依法履行职责事项》两份"清单",结合社区实际推进政社互动,理顺社区和政府关系,分清责任范围,为"三社"联动创造空间。

三是重视考核落实。张家港市委、市政府围绕现代化建设大局,高度重视社会建设管理,将城乡和谐社区建设达标率、万人拥有社会组织数、万人持证社工人数纳入《基本实现现代化指标体系》,作为对各级党委政府考核的重要内容。永合社区严格按照各项指标,及时安排和调整各项工作,确保完成各项任务。

(二)夯实社区基础,构筑"三社联动"平台

为增强社区服务能力,永合社区着力强化和谐社区建设,抓好硬件建设、软件提升,为"三社"联动提供基础平台。

一是完善基础设施。在完善"一委一居一站一办"基础上,充分依托社区现有硬件设施,加快"三社联动"平台建设,建立社区服务中心,拓展一站式公共服务和便民利民服务、社会组织孵化培育、社会工作者服务等功能。

二是挖掘居民需求。张家港市曾于2013年6月在杨舍镇向阳社区试点开展居民需求调研,选取100户不同类型家庭,由社区工作人员、网格长共同上门发放调查问卷,调查问卷包括社区居民调研访谈记录、社区服务需求及备选的26个服务项目三部分,通过调研罗列了居民服务需求。永合社区完善了社区服务指导目录,为"三社"开展服务提供依据。

三是深化民主自治。为了不断创新基层民主形式,永合社区建立"网上村委会",实行"三约三会"①工作制度,以契约形式对社区事务工作进行约定,根据约定实现基层组织建设、民主政治建设、群众自治的有机融合。

(三)强化组织队伍,提供"三社联动"支撑

着力加强"三社"组织队伍建设,夯实组织基础,提供人才支撑,提高"三

---

① "三约",是指村组织与党员干部之间、村组织与村民之间、村民与村民之间,以合同、协议、纪要、责任书、承诺书等形式签订的约定。在约定内容上,主要围绕落实上级政策、村(社区)发展规划和公共建设、村情民意等方面。大致分为经济建设、社会事业、社会稳定、基层组织建设四大类,每个大类分若干小项。"三会"的具体内容见下文"模式特色"。

社"服务社区居民的能力。

一是优化社区干部。鼓励社区工作者参加社工考试,加大培训力度,每年社区书记、主任培训时间不少于7天,社区工作者不少于5天,切实提升社区干部的工作能力。

二是培育社会组织。张家港成立了苏州市首个社会组织孵化器——市公益组织培育中心,并专门印发《张家港市社区社会组织备案工作指引》,鼓励引导社区社会组织进行备案。在全市社区社会组织"十佳百优"评选活动中,永合社区及其多个社会组织榜上有名。

三是培养社工人才。响应全市社会工作督导养成计划,积极组织开展社工报名、培训工作,为社会工作发展提供高层次人才保障。鼓励社会工作服务人员参加社会工作硕士(MSW)在职教育。

(四)注重服务内涵,增强"三社联动"效用

积极探索社区服务供给新模式,推动"三社"有效衔接、优势互补、发挥实效,不断提升社区服务的内涵和品质。

一是形成互联机制。发挥社区居委会枢纽功能,社区挖掘居民需求,发挥动员和宣传方面的优势,积极培育发展社区社会组织,调动群众支持"三社联动"。社区社会组织致力于满足群众需求,提供各项服务和帮助。文体类社区社会组织,如永合社区文体协会("合之韵"艺术团)、腰鼓、太极拳、柔力球、太极剑、功夫扇、合唱团、农民操、乐器队等,丰富居民精神生活,社区服务类组织通过咨询讲座、代办帮送服务为居民提供便利,公益慈善类组织动员社区居民互帮互助。扶持社工机构,设立社工服务站,联动开展社区服务。

二是开展项目运作。开展公益服务项目招投标工作,推动社会工作项目化运作,如邮政便民服务进社区等。通过"三社联动",逐步将政府直接"养机构、养人、办事"转变为向符合条件的社会组织购买服务。

三是推进专业服务。择优对青少年事务、老年人服务、社区矫正、医疗卫生、儿童与妇女等领域的社会工作项目给予支持,着力打造特色品牌,形成"新家园·新希望"、"新邻里·一家亲"、"金手杖·牵夕阳"、"金阶梯·助成长"等八个特色项目。[①]

[①] 《张家港市"三社联动"创新社会管理探索实践》,见张家港民政局网站http://www.zjgmz.gov.cn/news/show/5169.aspx。

三、主要特色

永合社区结合自身特点和优势,在推动"三社联动"社区治理过程中,在社区居民自治、社会资源整合、社区基层党建等方面表现出亮点和特色。

(一)开辟途径,鼓励参与,建设社区居民自治新平台

一是利用好"三会"。民情征询会,主要是征集信息,听取民意。通过设立民情热线、民情意见箱等,建立民情征询机制。社区定期召开民情征询会,对多渠道征询来的意见、建议进行梳理分析,提出处理意见,对适合以约定形式处理的事项,提交民主协商会研究。民主协商会主要是讨论协商,形成约定。对需要确定的约定事项,由社区研究起草约定文本;根据需要,分别召开由党员、社区代表、全体居民、约定方责任人参加的协商会,讨论约定文本;进行公告、公示,征求群众意见,直至达成一致意见;由法律顾问和审核小组审阅把关;签订约定,进行见证。监督评议会主要监督履约,公开评议。社区组织对履约情况定期进行公示,接受群众监督。出现违约产生纠纷的,由调解委员会及时进行教育说服、协调引导、督促落实,调解不成的进入司法程序。

二是利用好"两代表一委员"工作室。永合社区"两代表一委员"工作室实行轮流接待制度,每周六为坐班接待工作日,由社区安排代表委员到工作室轮流接待来访群众,听民声、解民忧、调解矛盾、解答诉求。对群众反映的问题,能够当场调解的就现场调解;应由上级部门解决的问题,代表委员向群众做出耐心解释,并通过代表委员身份反映给有关职能部门,提出建议、意见,协调解决,指导群众到有关部门依法有序表达诉求。永合社区"两代表一委员"工作室不仅整合了公众诉求反映的渠道和载体,实现一室多用、共建共享,而且强化了代表、委员们的责任感。

三是利用好信息化网络平台。为了进一步拓宽社区居民自治渠道,2013年,永合社区开通了社区微博、QQ群。永合社区建立信息化处理机制,规定所有问题必须三天之内回复,七天之内予以解决,确保居民诉求件件得到落实。通过活用信息化平台,搭建了社区与居民沟通互动的新渠道,提升了服务品质。

(二)整合资源,规范管理,打造社区治理服务新体系

一是建立"网格化管理"机制,打造组团式服务体系。从社区实际出发,以园区为单位设置一级网格12个,划分二级网格84个,按照楼幢设置三级网格

162个。每一网格配置固定服务团队,通过集中整合各层面管理服务资源,主动吸收各类社会组织的加入,科学配置、优化组合,增强网格服务团队的战斗力。依托"民情日记"这一载体,对网格内的居民进行服务管理,全年共走访网格内居民591户、603次,解决实事和问题86件,真正实现"小网格,大服务"的功能。

二是建立"三社联动"的工作机制,构建全方位服务体系。在城乡一体化过程中,围绕社会公共服务、公益服务、便民服务,推行"三中心"服务模式。南丰镇在社区成立了社会管理服务中心永联分中心,警务室、工商、卫监、城管、消防、交警等执法部门进驻社区,实现了社会管理与服务的城乡均等化;与永联村共建合作成立了爱心互助一条街,打造爱心互助平台,培育志愿服务品牌,先后成立了青年志愿者服务队、社区党员义工队伍等社会队伍,成为社区社会组织的孵化中心;服务功能更为完善的新社区服务中心投入使用,社保、民政、计生实现一站式服务,法院、检察院定期派员进驻社区,提供专业的法律咨询服务,真正实现了便民利民。积极开展以"活动联办、荣誉联创、资源共享"为主要形式的的区域共建活动,共保永联区域繁荣稳定。

三是理顺社区管理模式,初步形成居民终身服务体系。永合社区依托有利资源,积极探索健全社区党组织为核心、社区居委会为主体、社区中间组织为补充的社区管理格局,在社区实践工作中形成"1234工作法"、"1+4社区管理法"。通过全面统筹,系统推进,社区居民终身服务体系初步形成,从学前儿童亲子书屋、中小学生"三位一体"教育体系、大学生就业帮扶到育龄妇女季度随访、居家养老服务"五位一体"全覆盖,确保从呱呱坠地的婴儿到白发苍苍的老人都能享受到社区实实在在的服务。

(三)优化载体,激发活力,构建社区党建工作新格局

一是优化组织设置模式,激发社区党建活力。截至2012年年底,永合社区共有党员198名,其中在职党员40名,退休党员158名。社区紧紧围绕既定程序开展党建工作,其中在分类定级中,社区党总支被市组织部评为优秀党组织。此外,社区积极开展创建服务型基层党组织和党员队伍工作,深化与永联村区域共建,积极参与"小区域、大党建"工作,大力探索党员教育管理的新机制、新模式,形成了"四有四规范"服务型党组织和党员队伍建设工作法,社区荣获"服务型基层党组织示范点"的荣誉称号。

二是创新教育管理,增强社区党组织战斗力。社区始终重视对社区党员

教育培训,在认真执行"三会一课"制度的同时,继续推行并细化了《永合社区党员学习例会制度》,保证党员每月有活动、活动有主题;2012年共组织党员学习21次,参与党员4500多人次。该区域共有在职党员450名,流动党员22名,社区积极开展区域共建,探索社区在职党员的"双重管理"及流动党员的"信息化管理"办法,切实提升社区党建整体水平。

三是拓展服务内涵,增强社区党建凝聚力。经过一年的努力,"五老"志愿者协会队伍更加壮大,作用发挥更加明显。通过细化服务团队,丰富服务内容,创新活动形式,逐步形成了理事会例会制度、退休教师活动日以及文体"一三五"排练法等有效载体和管理方法,2012年,协会共开展活动16次,结对帮扶学生6个,参与或解决纠纷31起,提出合理建议22条,在助学帮困、环境管理、文体活动等方面发挥了很大作用,真正成为"上为社区减压,下为居民分忧"的一支队伍。此外,依托"爱心互助街",成立了一支党员义工队伍,开展党员接待、党员助读等活动,全年共计开展各类帮扶活动61次,帮扶人数达1200多人次。

四、经验启示

经过探索、实施和深化,永合社区"三社联动"治理模式不断发展和成熟,也在诸多方面为社区治理提供了经验和启示。

(一)深化沟通,筑牢防线,化解基层矛盾

开辟多种途径,鼓励社区居民建言献策、反映问题,确保社区居民广泛参与社区治理;认真落实矛盾纠纷排查化解机制、信息报告机制,及时处理问题、化解矛盾,营造文明、和谐的社区氛围。强化社区规范化调委会的建设,加强对基层调解员的培训。

(二)加强引导,创新机制,繁荣社区文化

根据社区文化工作的新形势、新特点,不断创新工作思路和工作举措,优化组织设置模式,积极推进社区文化网格建设,培育文艺骨干,负责社区的文化宣传等工作,在此基础上不断壮大社区文体队伍。进一步发展群众性文化活动,丰富社区居民的业余生活,改善社区居民的日常生活方式。实施居民素质提升工程,培育社区文化品牌,弘扬先进,遏制歪风邪气,在社区营造良好的文化氛围。

(三) 强化党建,带动组织,共建和谐社区

以党建带动社区建设,以党建团结群众,以党建凝聚民心。努力实现以党建为龙头,带动各社区团体组织共同发展的局面。要加强组织建设,增强党员凝聚力。要加强队伍建设,强化党员责任感。要加强活动开展,发挥党员模范作用。要在党组织的领导下,支持社区团体组织的发展,让更多的人参与到社区建设中来,让社区积极分子从"被管理者"向"管理者"转变。

五、发展方向

永合社区在社区建设、社工人才、社会组织建设方面取得了一定成效,但由于尚在探索阶段,在实施过程中也遇到了一些困难,如社会组织能力不强,能够承接政府职能的组织不多;社区社会工作模式还不健全,社工整合社区资源、协调解决社区问题的作用不明显;购买服务虽已探索开展,但购买服务相关项目目录还需认真排摸,"三社联动"推进力度还需加大等。下一步,永合社区应当围绕现代化建设目标,大胆创新,先行先试,探索"三社联动"机制的有效实施路径,加快"三社联动"高效运转,实现社会管理创新。

(一) 深化社区管理服务内涵

继续推开社区居民需求调研,修改完善《社区服务指导目录》,根据指导目录开发服务项目,委托社会组织、专业社工机构提供相关服务。探索建立新型社区服务与管理新模式,深化"一委一居一站一办",推动社区管理网格化、扁平化、信息化,开展多样化、特色化社区活动,推动"政社互动"继续深入,建设环境整洁、设施完善、秩序良好、邻里和睦、生活便利、有需能解、有难能帮、文化丰富、安有保障、特色纷呈的群众满意社区,实现社区建设新跨越。

(二) 深化社工人才介入领域

开展社会工作基础理论、专业知识和方法技能培训,动员直接从事社会服务的人员参加全国社工职业水平考试,将社会工作理念、方法、技巧结合进职能工作。加大社工机构人才培养力度,实施"社工督导养成计划",加强社工专业实习基地建设,拓展社会工作介入社会救助、社区服务等领域工作,提高社会工作实务项目运作实效。

(三) 深化社会组织作用发挥

鼓励扶持成立专业社工机构,支持现有公益服务性社会组织,按照专业社

会工作要求进行整合,降低专业社工机构登记门槛,引导社会组织主动吸纳社会工作专业人才。把好社会组织登记关、年检关、评估关,积极引导优秀备案社区社会组织正式注册登记。在政府购买服务探索实践中,尝试委托第三方机构设计开发社工项目、评估社会组织工作绩效,促进"三社"联动科学化、高效化。[①]

【思考题】

1. 永合社区党组织和党建工作在社区治理中发挥了怎样的作用?

2. 永合社区"三社联动"治理模式为居民提供了哪些参与社区治理的途径?

3. 永合社区"三社联动"治理模式存在哪些问题?如何解决这些问题?

---

① 《张家港市"三社联动"创新社会管理探索实践》,见张家港民政局网站 http://www.zjgmz.gov.cn/news/show/5169.aspx。

案例二 姑苏区双塔街道二郎巷社区"三社联动"治理模式

一、基本情况

二郎巷社区位于苏州古城区东南端,东起外城运河,西至相王路,南起竹辉路,北至十全街内城河。辖区面积 0.351 平方公里,共有二郎巷小区、相王路小区、彭义里小区、竹苑小区、十全小区 5 个住宅小区,居民住户 2896 户,居住人口 7497 人。

在硬件设施方面,2009 年以来,社区乘着老新村改造的东风,修筑了百米依水长廊,新建了居民服务中心,社区办公、活动用房由原来的不足 400 平方米增加到现在的 1600 平方米,居委会办公室、工作站、调解室、警务站、电子阅览室、文化活动室、多功能活动室等硬件设施一应俱全。此外,社区还拥有全市首家老年人日间照料中心南山驿站,为百余名老人提供就餐、休闲和活动空间,深受老年人欢迎;建成国际标准的门球场,二郎巷门球协会下有 7 支队伍,80 余名老人常年坚持门球运动。2011 年 12 月 8 日,苏州市区第一家社区层面的公益组织孵化园率先在二郎巷社区成立。在孵化园内,通过"孵化"的形式和规范的运作,帮助社会组织发展壮大,探索自己独立发展的道路,最终成长为能为社区提供专业服务的社会组织。

在社会组织发展方面,随着社区建设工作的不断深入,民间组织作为社区公益事业的主体,在社会转型期的重要性日渐凸显。二郎巷社区针对居民群众日益增长的公共文化和公益性服务需求,不断完善社区民间自组织的布局框架,完善民间组织的管理机制和运行机制,依靠居民实现自我管理、自我服务、自我发展,使民间组织能更好地服务于社区文化、社区民生。二郎巷社区现共有注册登记民间组织 14 个,社区将民间组织分为文化体育和公益服务两类,通过培养和发掘草根领袖,实现社区居民自我管理、自我服务、自我教育、自我娱乐。二郎巷社区建立健全和居民的交流机制,了解居民的需要,并且努力整合和拓展资源,为民间组织的发展争取更多的支持。

在居民自治方面,在双塔街道党工委、办事处的领导下,二郎巷社区在社区党委的指导下,设立了"四层四会",使居民群众直接参与到社区的管理中来,实行"居民的事,居民做主"。社区居民每年对社区工作者进行民主评议,满意率在95%以上。

二郎巷社区依照"文化兴,百姓宁,民主新,邻里亲"的总体目标,努力将社区建设成为管理有序、服务完善、环境优美、治安良好、文明进步的新型居住社区,得到了各级部门的认可,近年来先后获得国家级充分就业示范社区、国家级防灾减灾示范社区、江苏省民主法治示范社区、江苏省社区建设示范居委会、江苏省服务离退休干部示范社区、苏州市先进基层党组织等一系列荣誉称号。

二、基本做法

在"三社联动"的社区治理上,二郎巷坚持以社区建设为基础,完善社区治理模式,提升社区自治水平;发展社区社会组织,提升社会组织能力;加强社工队伍建设,提升社工队伍专业化水平。

(一)构建多方参与的社区治理体系

二郎巷社区坚持把提升社区建设作为提高社区治理水平的重要平台,深入推进"民本社区"建设,努力把社区建设成为安居、宜居、乐居的幸福家园。

一是完善社区治理模式。从2011年开始,姑苏区试行"一站多居"的社区治理模式,一个工作站与多个居委会相对应,社区工作站承办政府职能部门在社区开展的治安、卫生、人口、计生、文化、法律、环境、科教、民政、就业、维稳综治和离退休人员管理等工作,积极配合、支持和帮助社区居民委员会依法履行职能,支持社会力量开展便民利民社区服务。社区工作站负责承接原来由居委会承担的行政性工作,较好地解决了居委会的行政化问题,居委会集中时间和精力收集民情、反映民意,开展群众性的自我管理、自我教育、自我服务和自我监督。居委会作为群众性自治组织的自治功能真正得以回归,为社区民主政治的发展打下了更加坚实的基础。

二是提升社区自治能力。二郎巷社区设立了"四层四会",居民的事,居民做主。社区党委为社区的"领导层",社区成员代表大会为"决策层",社区居委会为"执行层",社区议事会为"议事层"。二郎巷社区紧紧依托"五室二站"服务阵地,继续发挥民主自治的社区特色,完善民主自治。社区首创民情恳谈会、民意听证会、民事协调会、民主评议会"四会制度",除此之外还开设"谈、听、调、评"四小超市,不断探索实现社区自我管理、自我教育、自我服务、自我监督的新途径。社区以"四会制度"和"四小超市"活动为自治平台,充分调动各方力量,让居民群众直接参与社区管理,畅通政府与社区沟通渠道,实现政府行政管理与社区居民自治有效对接、良性互动。

(二) 构建育管并重的社会组织体系

二郎巷社区坚持积极引导和依法管理并重,促进社会组织健康有序发展,支持引导社会组织参与社会管理和公共服务。

一是培育和规范社会组织。2011年12月,苏州市区第一家社区层面的公益组织孵化园率先在二郎巷社区成立。孵化园整体面积达400多平方米,设立了孵化室、公益助力室、公益听诊间、公益驿站、公益演播室、公益梦想馆等多个功能布局,为入园组织提供了办公、能力培训、专家指导、领袖交流、团队建设、风采展示等多个功能区间和展示平台。首批"拎包"入驻的社会组织涵盖了扶贫、助学、教育、助老等多个公益领域,包括台湾妈妈爱心义工队、虚拟养心园、爱心学校、同心园义工服务队、吴平国乐团、Nextwonder生涯公益组织等8家社会组织。二郎巷社区现共有注册登记民间组织14个,其中12个已经备案,社区将民间组织分为文化体育和公益服务两类,通过培养和发掘草根领袖,实现社区居民自我管理、自我服务、自我教育、自我娱乐。现在"社区门球队"、"李景星爱老合作社"、"社区交谊舞协会"、"社区书画探讨组"、"社区老年人协会"、"社区残疾人协会"等民间组织均制定了自己的章程和管理规范,并对参与人员进行了注册登记,定期开展活动,社区为民间组织的正常运行搭建平台,做好协调工作。

二是提升社会组织能力。二郎巷社区的公益组织孵化园通过"孵化"的形式和规范的运作,帮助社会组织发展壮大,探索自己独立发展的道路,最终成长为能为社区提供专业服务的社会组织。

2010年5月,由苏州吴平国乐团和二郎巷社区合作创办的苏州市首家"江南丝竹"社区传承培训基地正式揭牌,标志着这一民间艺术回归百姓,在最基层得到传承。苏州吴平国乐团是苏州首家正式注册的民族民间音乐团体,建团80多年来始终坚守着传承民族民间音乐的重任,并坚持在江南丝竹的传承中融入吴文化的特色。现在,每逢周六,"江南丝竹"都会为社区老人亲情献演,并开设培训班开班讲学,许多社区外的群众慕名而来,甚至有特地从太仓、张家港赶来学艺的,就连社区"台湾爱心妈妈义工队"的台湾妈妈们都表示出浓厚的兴趣,集体报名参加了培训。社区"李景星爱心基金"的成立,给许多社区困难老人带来了福音。发起者李景星为了回报社区和居民多年来的关怀,用其卖房所得的5万元成立了"爱心专项资金",专项用于扶助贫困老人。多年来,在政府和社区的支持下,"李景星爱心基金"一直受到各方爱心人士的捐助,社区通过召开民意听证会,已成功发放了多笔爱心捐款,帮助多名身患病痛折磨的老人度过生活中最困难的时刻。

三是购买社会组织服务。在姑苏区层面,姑苏区政府出台了《姑苏区政府职能转移目录》《政府向社会组织购买服务目录》《姑苏区政府购买公共服务实施意见》《能够承接政府职能转移和购买服务的社会组织》等文件和政策,鼓励政府职能转移,加大政府购买社会服务的力度。从2013年起,二郎巷社区结合全市推进的"政社互动"试点工作,着力打造社区层面的社会组织服务中心"公益驿站"与街道层面的社会企业产业园"公益坊"形成双园联动,继续培育和发展现入驻社区的社会组织,如"心手相连"爱心公益社、"幸福呼"义工服务队、姑苏区自行车环保协会等;引入专业社会组织承接社区公共服务,并在社区开展社会工作专业服务。社区"公益驿站"将进一步规范管理、完善服务,通过公益创投撬动民间资源,结合商业智慧、公益服务和慈善行为开展公益创投,发展特色社会组织专长,不断增加居民对民间组织的信任和参与度,使社区民间组织能够成为发展民主、凝聚居心、促进民生的重要力量。

以社会组织承接社区养老为例。南山驿站日间托老所是二郎巷筹办的为老人提供餐饮、休憩、娱乐、保健等服务的综合性场所。2014年1月,心手相连爱心公益社正式承接这一日托所,开辟社区助老新模式。在餐饮上,原来由二郎巷社区南山驿站工作人员采购、烹饪,花费大量时间,也给原本工作人员就不多的托老所的管理增加了负担。心手相连爱心公益社承接后,所有菜品都由加工厂加工后统一配送,并且聘请了原松鹤楼的厨师为老人们掌勺,不仅保证了饮食安全,更考虑到这些"老苏州"的需求,也给托老所的运行带来了便利。公益社还接管了日托所现有的各项事务,从工作人员的聘用、培训、管理,到厨房食品采购、相关公益活动开展,全部费用都由公益社负责。资源的整合为托老所的管理减轻了不少负担,工作人员也有更多的时间去满足托老所内老人的多样性需求。在老年人活动方面,在日托所里,饭后的娱乐活动占据了老人的大部分时间:看电视、搓麻将、聊天是老人们最常见的娱乐方式。时间久了,这些娱乐方式就显得单一了,公益社承接日托所管理后引入公益助老服务理念,为日托所的老人提供英语兴趣班、养身保健讲座、多媒体影视观摩、戏曲兴趣班等多样化的娱乐方式。在卫生保健方面,心手相连爱心公益社在日常的管理和服务中引入了健康问诊服务项目,由专业医师向入驻老人提供血压测量、血糖常规医疗咨询和指导及常见病问诊等服务,在服务中摸清每位老人的身体状况,并建立健康状况档案。后期还将开展中医保健和心理保健等服务,例如聘请退休老中医进行现场坐堂,回答老人中医保健问题,宣传中医保健知识,开展中医义诊活动;聘请专业心理咨询师开展现场服务,通过一对一心理访谈,对有需求的老人提供心理疏导,开展心理抚慰,举办心理健康讲座,推广老人心理健康疏导等。

(三)构建专职专业的社工队伍体系

近年来,姑苏区高度重视社区专职工作者队伍建设,并将其纳入全区人才发展战略。姑苏区实施社工人才关怀培养"3U"计划(生活无忧、能力提优、业绩增优),累计培训社工3700多人次。姑苏区还制定了《关于社区公共事务管理专业社会工作者定向培养方案》,以联合办学的方式,委托苏州技师学院三年内定向培养50名社会工作者,毕业之后到社区实习,经考核合格直接充实到姑苏区社工队伍中来。为了留住更多的专业化人才,姑苏区出台《苏州市姑苏区社会组织人才计划实施细则》,举办了首届社会组织领军人才评比,1名社会组织领军人才和7名重点人才获得表彰和奖励。姑苏区还开展了"群英工程"等社工培养项目。目前姑苏区持有全国社会工作者职业水平证书的社工达517名,持证率30%以上。二郎巷社区积极组织社区工作者参加各类培养项目,坚持"招、训、管、帮"多措并举,加快社工队伍建设步伐。

一是完善社工人才政策。姑苏区、二郎巷社区全面贯彻《苏州市社区工作者管理办法(暂行)》,努力建立和完善社会工作人才培养、评价、使用、激励、保障等相关制度,积极探索政府、社会、用人单位和个人多元投入机制,建立合理的薪酬制度,完善奖励政策,切实改善社会工作人才的工资收入、福利待遇和工作条件。

二是强化社工人才培训。姑苏区充分整合教育资源,有计划、分层次地加强社会工作者的专业教育和职业培训。"3U"计划帮助社工生活无忧、能力提优、业绩增优;"社区社会组织领袖计划"、"群英工程"提升社会组织负责人、公益创投负责人综合能力;"青蓝工程"使年轻社工与长期工作在社区一线的老社工结对,通过三个月的"拜师学艺",新社工可以向老社工讨教与居民打交道的技巧、社区活动的策划和开展、居民矛盾的调解、重点人群的服务要领等；"菜单式培训"提供个性化选择，社工可以通过"选学＋自学"模式，根据自身需要选择培训内容；风采大赛让社工们"露一手、比一下、赛一场"，丰富了精神文化生活，也进一步激发了工作热情，提高了社工的归属感和荣誉感。一系列活动从多方面入手，全面提高社工的综合素质，一支专业扎实、作风稳健、充满活力的社区社工队伍正逐渐形成。

三、主要特色

根据苏州市推进社区治理的部署和要求，结合姑苏区和二郎巷社区的特点，二郎巷社区在"三社联动"的治理实践上，在扩大社区治理的居民参与、建设社区文化、挖掘社会资源促进社区治理等方面有其特色。

（一）创造多种途径，扩大社区治理的居民参与

二郎巷社区将"四会制度"、"民主自治"作为"一居一品"特色主题，着重抓好"三个一"工程建设，即设置一个平台，构筑一座桥梁，营造一种氛围，力求把社区建设成民主自治型社区。

二郎巷社区设立了"四层四会"：社区党委是社区的"领导层"，社区成员代表大会是"决策层"，社区居委会是"执行层"，社区议事会是"议事层"，"居民的事，居民做主"。社区还首创民情恳谈会、民意听证会、民事协调会、民主评议会"四会制度"，畅通政府与社区沟通渠道，让居民群众直接参与社区管理，实现政府行政管理与社区居民自治有效对接、良性互动。

设置好一个"平台"，转换社区成员角色。二郎巷社区集居民人士、法律人士和社区委员为一体，开设谈、调、听、评"四小超市"，充分调动社区力量，发挥社区代表、党员骨干作用，使社区居民的角色从反映者转变为参与者，把社区居委会从"处理角色"转向"梳理角色"。

架设好一座"桥梁"，畅通社区民声渠道。社区民主自治，主要在于听取民声，了解民情，真心实意为居民解决困难，诚心诚意为居民多办实事。二郎巷社区立足社区窗口，群众意见及时听取，邻里矛盾及时化解，社区问题及时解决。架设"民声、民意、民心"联系桥梁，让存有顾虑或抱有想法的居民通过社区"桥梁"，沟通心声，互道社情，让居民心系社区，让社区服务居民。

营造好一种氛围，推进社区民主自治。社区居委会始终把推进民主自治建设摆在社区工作的重要位置，把倾听民声、了解民情、解决居民群众思想疙

瘩和生活困难,作为社区"自主自理"的"自治钥匙",担负接待任务,履行首问责任人的责任,并从社区制度抓起,全面落实"四个推行":推行全日接待制度,推行定期走访制度,推行难事全办制度,推行民意调节制度,在社区营造良好的民主氛围。

(二) 坚持文化引领,织就社区治理的精神纽带

双塔街道注重文化事业繁荣发展,实施"四大工程"、"五个注重",强力推进公共文化服务体系建设。① 二郎巷社区以姑苏区"文化立区"战略引领社区治理,充分发挥文化提升居民素质的功能,以社会主义核心价值观提升人;充分发挥文化增进社会和谐的功能,建设具有浓厚文化氛围的高品质社区人居环境。

二郎巷社区依靠社区社会组织和兴趣团体,从多方面入手,组织各类文体活动,丰富社区居民的精神生活。社区有沪剧组、歌咏队、门球队、书画组、英语学习组、腰鼓队等各类文体团队共计 30 余个,其中登记备案的有 18 个,其余团队也正在积极申报备案,争取尽快走上正规化道路。社区文体团队吸收社区中有兴趣爱好的居民参加团队活动,充实居民精神世界,推动社区文化发展。在社区的统筹指导下,团队根据自己特点,实行自我管理,团队间也相互协调沟通,把活动平均安排到七天,做到天天有活动。二郎巷社区还积极弘扬传统文化,延续吴地文明。2010 年,由苏州吴平国乐团和二郎巷社区合作创办的苏州市首家"江南丝竹"社区传承培训基地正式揭牌,"江南丝竹"每周都会为社区居民亲情献演,并开设培训班讲学,弘扬民间传统文化。

根据双塔街道"一社区一品牌"文化创建活动,二郎巷社区主打以门球运动为基础的体育文化。二郎巷门球队成立于 20 世纪 90 年代中期,由社区退休居民何仲芳牵头组建。成立之初由于场地限制,只能借用学校操场开展活动。在二郎巷社区和门球爱好者的共同努力下,在上级有关部门的支持和帮助下,社区通过改造建成了苏州市首家标准门球场。门球场建起以后,社区内的门球爱好者都聚拢到这里,从开始的十几个人发展到现在有着 60 多人的队伍,从不定期的活动发展到现在每天的训练,门球队在社区居民们的相互切磋

---

① 四大工程:做强文化精品塑造工程,做亮文化阵地提优工程,做优文化团队建设工程,做好文化产业提升工程。五个注重:注重统筹,强化公共文化网络建设;注重参与,加强群众文化团队建设;注重特色,创新品牌文化活动发展;注重服务,突出社区文化活动亮点;注重要点,做好示范区创建各项工作。

中不断壮大，朝专业化方向发展。现在社区门球队经常代表社区参加各类比赛，并且在省市级比赛中屡获佳绩，成为社区不可或缺的骨干队伍。除了门球运动，社区还经常依托社会组织或企事业单位组织乒乓球比赛、社区运动会、社区文化体育节等活动，这些活动和举措，都有效地推动了社区文化建设，加强了社区居民之间的交流，为凝聚社区建设发展的合力发挥了重要作用。

（三）加强校社合作，挖掘社区治理的社会资源

2014年4月，二郎巷社区充分发挥区位优势，将社区公益组织与振华中学结对，成立"振华公益团"，公益团秉承"助老济弱、助残扶贫、助学帮困"的志愿精神和"尽己所能，帮助他人，服务社会"的社团理念，为社区的助学、助老、助残等工作提供志愿者力量和资金支持。名师解答进社区、义卖、残疾人结对帮扶等都是校社合作活动的典型。

"名师解答进社区"是振华公益团的重要活动。社区居民可以围绕孩子学业、身心健康等方面的问题，向振华老师提问、取经，进一步加强家校沟通，强化校社联动，以学校资源和其他社会资源推动社区治理。

由社区居民和振华中学师生共同举办的校园义卖、社区义卖活动已经连续开展了数年，义卖的全部所得一部分注入振华公益团作为公益基金，主要用于贫困学生的助学，另一部分直接服务于社区公益事业。

"残疾人家庭结对青春行动"是由二郎巷社区和振华公益团、华乐山水心理健康中心共同发起并主办的助残公益项目。参加此项目的志愿者们需要接受专业人员即华乐山水心理健康中心的培训，随后在社区工作人员和振华中学老师的引领下，利用课余时间与二郎巷社区的残疾人建立结对关系，走进他们的身边，聆听他们的声音，了解他们的需求，并围绕青少年志愿者力所能及地帮助制订行动方案，如定期走访、帮助出行、举行联欢活动、帮助残疾人家庭的学生一起学习功课等。

四、经验启示

二郎巷"三社联动"的社区治理实践，在发挥政府主导作用、坚持以居民需求为导向、广泛调动社会资源等方面为其他社区和地区完善社区建设和社区治理提供了有益启示。

（一）深化"三社联动"，必须发挥政府主导作用，积极推进政府购买服务

李克强在"国务院机构职能转变动员电视电话会议"上的讲话中也提到："凡适合市场、社会组织承担的，都可以通过委托、承包、采购等方式交给市场和社会组织承担。"必须转变政府职能，建立"小政府、大社会"，加快创建多元社会主体参与社会治理和提供公共服务的新格局。需要进一步发挥政府推动社会工作发展的主导作用，健全政府购买公共服务制度，创新公共服务供给方式，提高政府对社会工作和志愿服务购买的宏观管理能力，发挥市场在社会服务资源配置中的作用。姑苏区在转变政府职能方面进行了大胆试验，通过政府购买服务的方式，整合资源、重构关系。目前，姑苏区、二郎巷社区正积极探索转移的职能有：民政政策研究、规划制定；民政事务信息调查、统计分析；居家养老服务工作，日间照料中心，助餐点的运营工作；和谐社区创建第三方评估、社会组织培育发展、专业社工人才培训、社会组织孵化园技术托管等。这些公共服务职能，探索通过政府购买的方式交由社会力量去做。姑苏区、二郎巷社区积极搭建政府购买社会组织服务平台，通过建立政府购买公共服务专家库，制定政府购买公共服务的具体实施办法、限额标准、采购方式、操作流程、支付方式等，及时公开政府购买服务相关信息，确保购买服务工作的常态化、制度化、规范化。不断完善政府购买服务制度，扎实推进政府购买服务工作向纵深发展，形成与经济社会发展水平相适应、高效合理的公共服务资源配置体系和供给体系。

（二）深化"三社联动"，必须坚持为民服务导向，切实回应人民群众呼声

"三社联动"的落脚点是服务民生。二郎巷在社区治理中，切实以社区群众需求为导向，切实回应社会呼声。在推进"三社联动"工作进程中，要将工作重心放在改善民生上，将工作目标摆在优化服务、提升品质上，不断构建服务平台，优化公共服务，提高行政效率和服务群众、服务社会的能力和水平。要坚持群众参与、群众受益、群众评判，紧扣群众所想所盼，有效提高对群众的组织程度和动员力度，使群众在"三社联动"工作中由"观众"变为"主角"，由政府"单向推动"变为政民"同频共振"，满足各类人群的个性化需求，提升居民群众幸福感和满意度。

(三)深化"三社联动",必须加强基层群众自治,充分调动社会各方资源

党的十八届三中全会进一步阐明了基层群众自治制度在中国特色社会主义民主政治制度体系中的地位和作用,它也是全面推进"三社联动"最重要的机制抓手。在深化"三社联动"的过程中,要始终围绕基层群众自治来开展各项工作,充分调动各方面社会资源。一是要进一步扩大群众有序参与。群众参与是基层群众自治实践不断发展进步的活力源泉,要进一步明确政府职能定位,创新民主决策形式,推进民主管理实践,充分发挥基层党组织核心作用,及时公开居民普遍关心的热点、难点问题,广泛开展民主评议居委会干部、重大事务民主听证等活动,确保居民群众的监督权,不断扩大"三社联动"的群众参与。二是进一步发挥基层各类组织的协同作用。社区社会组织是居民群众参与基层群众自治的重要平台。要完善监督管理,规范服务项目申请审批、签约实施和监管评估等环节,探索建立社区社会组织服务质量评估制度,定期开展评估,切实提高社会资源利用效率,提升其服务质量和水平,不断扩大社区志愿者队伍,支持各类群团组织发挥自身优势开展群众自治和服务活动,形成基层社会治理服务的合力。三是进一步加强理论研究。要进一步加强"三社联动"理论研究,形成科学发展的思路。加强对基础性、长期性问题的研究,不断深化对新形势下基层群众自治特点和规律的认识。切实发挥高等学校、科研院所的人才智力优势,充分调动各方面的积极性,推动"三社联动"理论研究不断向前发展。

五、发展方向

二郎巷社区在推进"三社联动"社区治理的过程中,在诸多方面取得了实效。下一阶段,在推动社区治理机制创新、推进政府购买社会服务、优化公共服务项目品质等方面需要进一步加强。

(一)着力推动社区治理机制创新

社区治理要建立健全五大工作机制,确保社区、社会组织和社会工作者的有效衔接和互动。一是社会组织服务项目的决策机制,要拓宽社区居民需求的收集渠道,并将需求转化为社会组织的服务项目;二是社会组织服务效果的评估机制,要建立引进评估组织并明确评估规则;三是社会组织参与社区自治

的机制,吸纳社会组织成员进入基层群众自治组织;四是社区工作经费项目化扶持社区社会组织发展的机制,要制定社区工作、活动经费项目化管理的规定;五是社会组织的服务项目与社区自治组织的协同机制,要加强社区与社会组织的沟通和协作,明确权责,协同工作。

(二)着力推进政府购买社会服务

要进一步从质量和数量上推进政府购买社会组织服务,充分发挥政府主导作用,加大政府向社会组织购买服务和创意项目的力度。要进一步梳理和拓展政府购买服务的内容和方式,细化政府购买社会服务目录,积极搭建政府购买公共服务平台。

(三)着力优化公共服务项目品质

社区和社会组织要以群众需求为导向,以社区居民利益为出发点和落脚点,以优化服务品质为目标,以社会组织的自身建设、社会工作者的素质提升、社会服务项目的选择和培育为抓手,不断提升社会组织服务群众、服务社会的能力和水平。

【思考题】

1. 二郎巷社区"三社联动"治理模式具备哪些有利条件?
2. 二郎巷社区"三社联动"治理模式有哪些举措和经验?
3. 二郎巷社区"三社联动"治理模式存在哪些问题?如何解决这些问题?

案例三 工业园区湖西社区"三社联动"治理模式

一、基本情况

湖西社区工作委员会成立于2001年2月,是中新苏州工业园区开发建设以来,第一个按照"精简、高效、透明"的原则设立的基层行政管理机构,直属园区管委会领导。其服务范围为园区首期开发建成区,面积约11.05平方公里,辖区内现有居民住宅小区35个,已建立17个社区居委会,入住居民6.6万人,其中60%以上的是新苏州人,常驻境外人士7510余名。

如何让不同宗教信仰、不同生活习惯、不同文化背景的居民和睦相处,创建和谐家园是湖西社区管理的重点和难点。2009年湖西社工委在学习借鉴新加坡经验的基础上,启动了以"志愿、奉献"为核心的"触爱行动",社工委将活动的开展与解决社区成员实际问题相结合,调动社区居民、辖区单位、共建单位、非政府组织等参加社区建设的积极性和创造性,共同营造"包容、参与、互助、共享"的社区氛围。同时,社工委还通过为社区居委会委派民情联系人的方式,全面及时了解掌握各社区的情况,从而为构建和谐社区创造条件。

湖西社工委注重结合社区发展实际,积极借鉴新加坡社区建设经验,坚持创新创优,秉承"亲商、亲民、亲环境"以人为本的服务理念,以构建"和谐社区"为目标,围绕"健康家庭、和睦邻里、幸福社区"这一主线,坚持以组织为保证、以居民为中心、以服务为宗旨、以沟通为手段、以活动为载体、以参与为导向、以满意为标准、以和谐为追求,努力打造邻里互助、文体娱乐、老少关爱、社团交流四大平台,致力营造"包容、参与、互助、共享"的和谐社区大家庭氛围。

在全体工作人员以及居民的努力下,社工委荣获全国青年文明社区、江苏省社区建设示范街道、江苏省精神文明建设工作先进单位、江苏省五四红旗团委、全国和谐社区建设示范街道等荣誉称号。

二、基本做法

湖西在推进"三社联动"社区治理上,制定整体方案,梳理权利清单,培育社区社会组织,政府购买项目化的服务,同时加强社工人才队伍建设,创新社工管理。

(一)成立领导小组,制订实施方案

2013年,工业园区全面启动"政社互动"工作。根据园区工委办公室、管委会印发的《关于加快推进"政社互动"工作的实施意见》要求和会议部署,各街道、社工委相继成立政社互动工作领导小组,湖西社区随即紧锣密鼓地展开相关工作,成立了政社互动工作领导小组,制订实施方案,召开社区动员大会推进工作开展。

(二)梳理两份"清单",明确责、权、利

湖西社工委梳理出了《基层群众自治组织依法履行职责事项》和《依法协助政府工作事项》两份"清单",签订基层群众自治组织协助政府管理协议书。根据两份清单,社工委对26个事项打包拟定一揽子协议,明确工作的目标要求、经费保障及各自所应承担的责任,将责、权、利捆绑落实到社区,实行"权随责走、费随事转"。协议书内容行不行,最终还要由居民群众说了算。湖西17个社区分别召开居民代表会议,居民们对协议内容逐一"过堂",审核的同时,群众也对居委会的职责有了更清晰的界定。法定职责之外需要基层群众自治组织协助政府办理的行政事务和公共服务事项,社工委采取政府购买服务的方式,实施项目化运作。两份"清单"定期更新、公布,任何单位和部门不得以行政责任书和行政命令等形式,要求基层群众自治组织承担"两份清单"以外的事项。

(三)"双向评估"代替"单边考核"

随着"政社互动"的开展,湖西社工委还推行了平等主体间的"双向评估"工作,从而取代行政框架内的"单边考核"。湖西社区印发了《"政社互动"双向履职评估实施办法》、《社区协助政府管理协议事项履约评估细则》及《评估表》,明确了评估内容,规定了评估程序。行政管理与群众自治在协商签约的过程中完成了衔接,在双向评估的过程中实现了互动。

(四)培育社区社会组织,建立健全政府购买服务机制

湖西社区大力培育和发展贴近社区需求的公益慈善类、社会福利类、社会服务类、文化体育类、群众自治类等五类社区社会组织,并制定政府购买社会服务的具体实施办法,紧紧围绕居民实际需求,通过建立健全"政府承担、定项委托、合同管理、评估兑现"的购买服务机制,将社区服务职能逐步引向社会组织,充分调动社会组织参与社区治理的积极性。

(五)建设社工人才队伍,创新社工管理

随着社区工作越来越被重视,新型服务型社区建设日益成为社会管理创新的重要内容,为进一步发挥社区专业人才在加强和创新社会管理中的重要作用,园区先行先试,创新社区专职工作者队伍规范化管理,将社工的职业成长与园区社区的建设紧密相连,不断增强社区发展"软实力"。园区社会管理局"创新社工管理"被评为2013年苏州市社会管理创新优秀项目。湖西社区以社区工作为切入点,以培育社区公益性、互助性、治理性社会组织为目标,通过提高社区基层干部的实务技能,促进社区基层干部深度融入居民,从而提升社区居民自治水平和基层协同治理水平,进一步推动政社互动、三社联动。

实行制度先行,社工队伍"职业化"。几年来,湖西社区推进社区专职工作者队伍规范化建设。2013年,《苏州工业园区中新合作区社区工作者管理办法》出台,明确中新合作区社区工作者实行行政编制人员和职业社工分类管理相结合的制度。《办法》创新了园区社区专业人才培养与评价激励机制,进一步规范了职业社工管理,完善了基层社工职业上升通道。随后而出的《关于调整中新合作区职业社工薪酬待遇的通知》,更是对社工的资质条件、入职晋升、日常管理、薪酬待遇做出了明确规定,进一步激发了社工队伍活力。此外,再加上《关于取得社会工作师资格的社工享受相关待遇的操作办法》、《苏州工业园区职业社工手册》等系列政策文件和管理制度的制定,一套逐步健全完善的社工管理制度体系已"悄然形成"。政策制度的全方位保障,对于社工来说,无疑是其进一步提升自我的莫大动力,也是对社区工作热情的激励;对于包括湖西社区在内的园区社区建设发展大局来说,更为提升基层行政管理服务提供了坚实的人才保障。

重视内涵注入,社工水平"专业化"。从2013年开始,园区启动了"基层社区干部三年培训计划",用三年时间,完成园区社区工作者全员轮训。通过培训,使社区工作者掌握现代社会工作的新方法、新技巧,打造敬业爱岗、作风踏实、乐于奉献、专业高效的社区工作队伍。2013年,湖西社区干部和社区工作者参加了历时3个月、共计20期的业务培训。培训紧紧围绕基层社会管理创新,安排了一系列涵盖社会管理创新等针对性、实用性强的专题课程,加深了受训学员对创新社会管理工作的理解,提升了社区服务综合水平和能力。除

此之外，园区、湖西社区还积极组织和鼓励社工"走出去"，参加国家、省、市组织的各项培训和交流活动，拓宽视野，丰富知识。在一系列提升社工专业知识和实务能力的举措下，社区社工专业化水平不断提高。

打开成长空间，群体形象"品牌化"。近年来，园区加强社工队伍建设，不仅对社工职业进行规范管理，更注重其个人成长，充分打开了社工个人成长空间。2012年以来，园区成功举办了三届金鸡湖社工节，组织开展了"社工在你身边"巡游、"非凡城市　最美社工"评选、社工才智秀、优秀社会工作案例评选、社工沙龙、社区品牌剧展演等丰富多彩的系列活动，湖西社区社工展露非凡风采，现代社区工作者活力、专业、热情的群体形象跃然而出，成为湖西社区建设的靓丽的新"名片"。

三、主要特色

湖西社区积极探索密切联系群众新渠道、丰富政社互动新机制，"社情民意联系日"等载体积极发挥了基层群众积极参与基层民主自治的主动性、自觉性。湖西社区广泛整合和利用社会资源，凝聚社会各方参与社区建设和治理的智慧。湖西社区还努力探索实践培育具有湖西特色的单位文化，以文化凝聚社区建设和治理的力量。

（一）"社情民意联系日"丰富三社联动机制

"社情民意联系日"活动是苏州工业园区工委、管委会创新社会管理、关注民情、解决民困、惠及民生的一项重要举措。它通过"上访"变"下访"，让老百姓有了与政府部门无缝对接和无障碍沟通的机会，打开了反映社情民意的"绿色通道"。自2011年5月起，湖西社区将每个月的第二个星期日定为"社情民意联系日"。在联系日当天，园区工委管委会领导和社区建设指导委员会成员轮流深入各社工委，与社区居民代表以及企事业单位、社会组织代表面对面交流，倾听各位代表反映的意见建议。

2014年5月，园区推出了"社情民意联系日"升级版，在巩固完善现有社情民意沟通机制的基础上，探索密切联系群众新渠道，丰富政社互动新机制，将社工委层面"社情民意联系日"活动下沉到社区，建立了社区社情民意联系日制度，实现了民意反馈零距离的新模式。湖西社区抓住这一平台，动员社区居民积极参加，社区居民在公共交通、社区配套、民政事业、环境保护、教育医疗、治安管理、社保政策等众多民生问题上提出了数百条意见和建议。

同时,"社情民意联系日"活动还招募了"社情民意志愿者",负责协助社区组织开展活动、记录整理问题等工作,积极发挥了基层群众积极参与基层民主自治的主动性、自觉性。

(二)"触爱行动联盟协会"彰显三社联动活力

社会建设和管理服务于社会,也离不开社会支持,社会建设和管理要让社会满意,就要广泛有效地整合社会资源。湖西社工委在实践中搭建起了与企事业单位资源共享、活动共办、文明共创、党建共商的社区建设平台,凝聚起社会各方参与共建的智慧和力量。

"触爱行动联盟协会"就是湖西社区社会组织的典型,也是"三社联动"社区治理模式的良好注脚。2006年,从一次名不见经传的社区"邻里互助"爱心活动中,"触爱行动"敲响了它的第一声惊雷。2009年6月20日,湖西正式启动以"志愿、奉献、感恩、分享"为核心的"触爱行动",由社工委主导和牵引,让社区居民从一句问候、一个微笑开始,把爱的种子慢慢播种;2011年9月8日,"触爱行动联盟协会"完成其社团法人注册登记事宜,并于2012年2月6日正式成立,为"触爱行动"创建起爱的根据地。如今,凝聚爱、奉献爱、传递爱、享受爱、感恩爱的氛围在湖西社区逐渐蔓延、日渐浓厚,幸福新生活的篇章徐徐展开。

"触爱行动联盟协会"成立以来,不少法人单位和爱心志愿者注册成为会员,至今已有自然人会员8800余名,企业法人会员160家,社团法人会员47家,他们用爱用心也用各自的特长资源支持着公益。

专为空巢老人解决吃饭问题的"爱心餐厅联盟"是湖西社区党委"触爱行动"的品牌活动之一。空巢老人的一顿饭看似简单,但要吃得省心、称心并不容易。为此,湖西社区触爱行动发起了由爱心餐厅志愿参与组建的"爱心餐厅联盟"。事情要追溯到几年前,湖西与园区江南邻里中心餐饮管理有限公司联手推出了第一张爱心餐厅联盟"爱心卡",社区老人可凭卡享受半价早餐,这为"爱心餐厅联盟"打响了第一炮。"爱心餐厅联盟"被评为"苏州市第二十届(2011年度)精神文明建设十大新事"。

如今,所有"爱心餐厅联盟"成员单位均由湖西社区党委统一授牌,并与所服务社区签订爱心承诺书,根据不同的爱心折扣方式实行"一店一卡",志愿为社区居民提供优质、放心的餐饮服务。目前,已有17家餐饮企业纷纷加入进来,面向社区老年居民共推出爱心就餐卡近3000张。

(三)"特色单位文化"凝聚三社联动力量

镜头一:2012年7月,苏州工业园区首届金鸡湖社工节开幕式文艺演出在苏州独墅湖影剧院拉开帷幕。经过近两个月的紧张排练,湖西社工委推荐的三个节目闪亮登场。来自湖西的社工们用自己的才艺展示了当代社区人的风采。每一个节目,都从不同角度折射出湖西社工们的活力和对社区工作的无限热爱。

镜头二:2012年9月,园区首届金鸡湖社工节演讲比赛在胜浦镇举行。湖西社工委推荐了钱磊、惠晓婷两位社区工作人员参加了比赛,经过紧张的角逐,两位优秀的参赛者均以精彩的现场表现赢得了评委和观众的热烈掌声,并双双夺得了一等奖的好成绩。

多年来,湖西社工委始终坚持把单位文化理念与创新社区管理融为一体,以"包容、参与、互助、共享"的社区精神作为出发点和落脚点,着眼于在社区工作者中培育奋发向上、爱岗敬业、自我提升的内部价值体系。社工委坚持用先进的文化引导人、鼓舞人、激励人、凝聚人,这不仅适用于广大社区成员,同样适用于湖西的社区工作者们。社工委旨在努力打造出一支上下同心、轻松和谐、富有活力、协调高效的团队,在"触爱"理念的指引下,实现"真诚倾听民声、真实反映民意、真挚汇聚民智、真心排除民忧、真情化解民怨、真正赢得民心"的工作目标。

丰富生活,广泛开展文化体育活动。为了让社工们真正地感受到平凡岗位不平凡、简单劳动不简单、普通工作不普通,社工委大力改善工作环境,开展社工素质教育工程,鼓励大家利用空余时间多走进图书室、踏上文化广场、参与全民健身,结合"三八"、"五一"、"春节"等节日组织文娱活动,并聘请老师,定期组织社区工作者参加书法培训,提升艺术修养,不断丰富社工业余生活,满足其心理、精神、文化等方面的需求。

加强宣传,多方渠道展示社工风采。社工委重视对外宣传,充分展示社区建设成果和湖西社工风采,不断创新宣传教育形式,发挥内外交流的平台作用。两年来,《社区工作建议与思考》、《社区工作者述职报告》、《金鸡湖西望》等专刊展示了湖西社工们昂扬向上的精神面貌,刊物多次得到园区领导的肯定和批示,成为展示湖西风采的一扇窗口、一张明信片、一方荧屏。

创造条件,鼓励社工不断提升自我。为全面提高社工的业务能力和文化素养,湖西社工委积极采取多种形式和方法帮助社工们不断提高自身业务能力,购买订阅各种书刊杂志,供社工学习;出台奖励政策,鼓励社工参加社会工作师职业水平考试;引导社工加强调研,向专业刊物投稿;组织各种征文、摄影、书法、绘画、演讲比赛等。今年的园区首届社工节中,湖西的社工们在文艺演出、演讲比赛和调研报告评比中均取得了可喜的成绩,单位文化建设初见成效。

　　人性化管理,用理解和真情凝聚人心,不断提升工作人员内在素养和文化底蕴,是现代单位发展的必然方向。社工精神的积极向上,必然带来社区工作的不断进步。在培育、打造具有湖西特色的单位文化工作中,湖西社工委一直在努力探索实践,并取得了一定的成果。在湖西这方热土上,社区工作者也将更散发出自己的光和热,为园区的幸福社区建设贡献出自己的一分力量。

四、经验启示

　　湖西社区"三社联动"治理模式和实践具有鲜明特色,取得了有效成果,也为其他社区和地区的社区治理提供了经验和启示。例如:以"社工委"为主体,构建协作治理网络;以品牌文化为内涵,构建合力凝聚网络;以社会组织为依托,构建居民自治网络;以社企联动为抓手,构建资源共享网络。

(一)以"社工委"为主体,构建协作治理网络

　　与其他城区不同,园区中新合作区不设街道,实行以"社区工作委员会"(简称"社工委")为基层行政组织的社区管理体制。社工委没有经济职能,专心致力于开展社区基层组织建设和提供社区公共服务,工作经费由园区财政全额拨款。中新合作区社区管理体制的总体架构是:在园区工委、管委会的领导下,设立社区建设指导委员会作为社区建设的决策协调机构;社工委主要负责管理社会事务、引导社区自治、推进社区党建、开展精神文明建设等八个方面的工作;社区工作站作为社工委的服务窗口,主要提供政务服务,并承担收集社情民意、培育社会组织、发展义工队伍、促进共驻共建等职能,每个工作站辐射4~6个社区,与社区居委会在经费、人员上不发生任何交叉,形成"一站多居"的模式;社区居委会内部不设工作站,不办理具体政务事务,集中精力组织居民自我管理、自我教育、自我服务,与业主委员会、物业公司构成社区的"三驾马车"。

(二)以品牌文化为内涵,构建合力凝聚网络

　　从单纯强调载体保障转向培育公共价值观,是社区从外延拓展走向内涵

建设的重要标志。2009年,园区湖西社工委启动"触爱行动",用爱的力量"创新社区管理手段,拓展居民自治途径,探索社区建设方法",通过引导各社区构建以"社区理念、社区标识、社区刊物、社区之歌"等为内涵的特色品牌,营造了"包容、参与、互助、共享"的社区氛围,显著增强了居民的社区归属感,中央电视台、《人民日报》、新华社等媒体对此进行了深入报道。2010年,"触爱行动"的理念和做法在中新合作区全面推广。

(三) 以社会组织为依托,构建居民自治网络

目前,中新合作区3个社工委、43个社区成立各类社会组织近500个,成员总数16000人。湖西社区已拥有各具特色的志愿者服务团队47个,在册志愿者8800多人,爱心成员单位159家。

湖西社区居民以形形色色的社会组织为载体,以项目化运作为形式,社区居民从社区治理的旁观者转变为参与者。湖西社区居民自愿组织建立的"草根"组织已近50个,如保障孩子上下学的"护苗队"、为精神病人定期送医买药的"博士汽车志愿者队伍"、缓解老年居民吃饭难的"爱心餐厅联盟"、为延伸社区公共服务建立的"触爱行动网站"等,一个个新生组织让社区群众体验着社区治理主人翁的角色。

(四) 以社企联动为抓手,构建资源共享网络

园区摒弃对社区建设"大包大揽"的做法,通过搭建企业与社区资源共享、合作共赢的平台,推动企业、社区、社区社会组织之间形成"金相邻、好伙伴、共成长"的良性互动关系,企业参与社区建设的热情十分高涨。100余家大型企业成立了"企业社会责任联盟",与社区结成长期结对共建关系;300余家中小规模商户成立了"爱心商家联盟",以折扣让利消费、平价放心餐饮等方式回馈社区,获得良好的社会反响。

2013年,湖西社工委推出了"社企1+1"结对共建活动。湖西社区以此为契机,重合作共建,创社企双赢,进一步加强企业与社区的联系互动,营造社企之间"优势资源共享、公益服务共办、文化繁荣共推、生态环保共抓、社会文明共创、美好家园共建"的良好氛围。联建科技(中国)有限公司与新加社区组建的"联新文化艺术团"志愿者团队开展了丰富的活动,增加了社区活力;熙岸社区和日科能高电子(苏州)有限公司结对共建,并计划围绕"低碳环保、帮困助残、志愿奉献、文化体育"为主题开展系列活动。

五、发展方向

湖西社区治理在多方面取得了实效,也面临着困难和不足。今后在推进"三社联动"的社区治理上,要在理论研究、实践落实、监督考核、舆论宣传等几个方面进一步加强。

(一)进一步加强理论研究

要进一步加强"三社联动"理论研究,形成科学发展的思路。加强对基础性、长期性问题的研究,不断深化对新形势下基层群众自治特点和规律的认识。切实发挥园区高等学校、科研院所的人才智力优势,充分调动各方面的积极性,推动"三社联动"理论研究不断向前发展。

(二)进一步加强实践落实

要认真实践,不断提升"政社互动"的实际成效,进一步健全工作机制,夯实工作基础,深化"三社联动";要狠抓落实,稳步推进"政社互动"的各项工作,各部门、各街道要高度重视,各司其职,密切配合,合力推进,确保各项工作落到实处、取得实效。

(三)进一步加强监督考核

进一步完善加强社区、社会组织、社工建设的政策措施和工作制度,明确工作职责,分解工作任务,抓好督促检查。把加强"三社联动"工作纳入党政领导责任制考评体系的内容,作为衡量政绩的重要依据。

(四)进一步加强舆论宣传

充分利用报纸、广播、电视、网络等宣传媒体,采用多种形式,广泛宣传社区、社会组织、社会工作专业人才在社区建设和社区治理中的意义和作用,系统宣传社会工作的专业理念和工作方法,大力宣传优秀社会工作专业人才的先进事迹,呼吁关心支持、理解尊重社会工作专业人才,为加强"三社联动"工作营造良好社会氛围。

【思考题】

1. 湖西社区"三社联动"治理模式具备哪些有利条件?
2. 湖西社区"三社联动"治理模式在社工培育方面有哪些举措和经验?
3. 湖西社区是如何通过文化建设助推"三社联动"的?

第六章 苏州城乡社区"一站多居"治理模式

概 述

在我国现阶段,城市社区担负着诸多社会管理职能,同时要满足人们日益增长的物质文化需要和参与社区管理与决策的民主意识,加上社会组织发展又刚刚起步,使得以居委会为主体的传统社区管理模式亟待改革与创新。将政府管理和服务重心下移,通过工作站承担政府行政事务,恢复居委会原有的居民自治功能,"居站分设"、"一站多居"的新型社区管理体制呼之欲出。

一、"一站多居"治理模式简介

2010年11月19日,中共苏州市委、苏州市人民政府颁布的《关于进一步创新完善社会建设管理体制的若干意见》提出,为了全面贯彻落实市委市政府《关于进一步加快推进城乡和谐社区建设的若干意见》(苏发〔2010〕4号),按照"管理有序、服务完善、文明祥和"的总体要求,创新社区管理服务方式,完善社区管理服务体系,强化社区管理服务功能,增强社区维护稳定能力,努力把全市城乡社区全面建设成为安居、宜居、乐居的幸福家园,促进经济社会率先科学和谐发展。更加注重加强大型集中安置居住区的管理,并按照"一区多居"管理模式,下设若干居委会。建立健全以社区党组织为核心、社区居委会为基础、社区管理服务中心为依托、其他各类社会组织为补充、社区居民广泛参与的社区建设管理体制和机制,有效整合各类社会管理资源,提高基层社会管理效率。

为了探索并创新社区治理模式,苏州市沧浪区(现姑苏区)在对深圳等地"居站分设"模式进行调研后,结合该区实际,于2010年11月推出"一站多居"

社区治理模式。沧浪区率先进行一站多居社区治理模式的尝试,主要与该区特殊的地理、经济、社会因素有关。沧浪区原属苏州市辖区,位于古城区中南部,东接苏州新加坡工业园区,西邻苏州高新技术产业开发区。全区面积近30平方公里,常住人口39.65万人(2011年)。沧浪区辖6个街道:双塔街道、南门街道、胥江街道、吴门桥街道、葑门街道、友新街道。2012年9月1号,经国务院批准,撤销苏州市沧浪区、平江区、金阊区,设立苏州市姑苏区,以原沧浪区、平江区、金阊区的行政区域为姑苏区的行政区域。受古城区的空间地理位置所限,沧浪区的社区规模比较小,且分布相对比较紧凑,这为"一站多居"治理模式的实施提供了可能性。而后行政区划变更以及城镇化推进使得庞大的动迁社区诞生,这成为探索"一站多居"新方式的契机。

所谓"一站多居",就是一个社区工作站为周边多个社区提供工作指导和公共服务的一种新的社区治理模式,是在"居站分离"的基础上,把公共服务下沉、整合公共服务资源、提升公共服务能力与充分开展居民自治有机结合起来的一种新的社区治理创新举措。2005年,深圳首先试行"居站分离",让居委会从行政事务中抽身,进入网格化管理模式,工作站则承担政府社会管理部门交办的工作,同时协调与居委会的关系。在"居站分离"探索与实践的基础上,逐渐发展出"一站一居"、"一站多居"等多种模式。在全国各地的实践探索中,"一站多居"的管理模式,大多分为两种走向:一是工作站行政化、居委会自治化,二是工作站以民办非企业的机构形式存在。无论哪一种发展道路,都需要根据各地的实际,进行变通与制宜。

二、"一站多居"治理模式的探索历程

苏州市沧浪区(现姑苏区)为了落实《关于进一步创新完善社会建设管理体制的若干意见》,在对深圳和上海等地"居站分设、一站多居"模式进行深入调研的基础上结合区实际情况进行进一步探索和创新。

(一)部门联动整体推进阶段

2011年上半年,为了加强社区建设,创新社区管理体制,苏州市民政局组建了社会工作人才队伍建设工作领导小组,苏州市还设立了苏州市社会工作委员会。市社工委既是市委的工作机构,又是市政府的工作机构,实行委员制,成员单位按照自身职责参与社会建设,主要职责是统筹指导和综合协调全市开展社会工作,研究和处理社会工作中的重大问题,重点解决单个部门难以

突破的瓶颈问题,进一步健全和完善党委领导、政府负责、社会协同、公众参与、法治保障的社会管理体制。

(二) 完善政策持续推动阶段

2010年,苏州市委市政府出台《关于加快推进社会工作及其人才队伍发展的意见》([2010]12号),之后,九个配套政策相继出台,分别对社工岗位设置、社工待遇、财政支持、服务评估、社工登记管理、民政事业单位岗位设置等提出相应的操作性意见,形成较为完整的政策体系,为持续推动社会工作及人才队伍建设提供政策保障。

(三) 多层次培训提升专业阶段

2011年8月,苏州市民政局社工处借助来自我国香港地区和新加坡的专业资源,开展了上至市管干部的普及性培训,下至一线社工和社区干部(社工员)的专业培训以及督导人才培训,培训方式多样。要求广大社区干部要充分认识社区工作的重要性,增强做好社区工作的责任感、使命感,不断创新社区工作,提高社区工作水平,并提出提高自身素质、树立良好形象的总体要求。

(四) 试点阶段

2011年年底,友新街道新康社区率先尝试"一站多居"模式,为面上的逐步推广摸索经验。新康社区是目前城区规模最大的社区,拥有8134户、2万余居民,现设一个社区居委会和一个工作站。新康试点成功后,"一站多居"的模式逐步在全区推广,但考虑到老小区与新小区的服务人群有所不同,因此原则上城区老新村仍实行"一站一居",而新建的大型小区逐步实行"一站多居"模式。

三、"一站多居"治理模式的特点

"一站多居"是在社区制的框架下对单位制和街居制的一种超越和重整。从管理理念上来说,它面向全体居民,以居民为主,以人为本,变管理为服务;从管理形式上来说,从强调行政控制到强调居民参与;从管理目标来说,改变政府管理的唯一主体地位,加强政府与社区的合作,达到善治。

(一) 固本强基,促进自治

"一站多居"社区治理模式注重加强社区党支部建设,不断完善社区党群组织的工作机制,积极探索居民自治的新途径,进一步推进居民自我管理、自我服务、自我教育。不管是单位制还是街居制,行政功能都非常突出,命令式的上下级科层色彩浓厚。政府与单位之间、单位与职工之间都是服从与被服从的行政命令关系。市区政府、街道办事处和居委会之间的互动关系也都按照行政命令模式运行。而社区制则强调居民参与,要求社区发展的各项规划、社区建设的实施以及社区事务的处理等都必须体现社区居民的广泛参与,与居民的要求相适应。居民是社区的主体,是社区发展的始终动力源。在社区制中,社区管理主体的多元化是必然要求,除了国家(政府)主体之外,还须有社区自治组织以及专业化的社区服务与社会工作机构等。也就是说,政府的能力是有限的,要弥补政府的缺陷,就应实行共同治理,把政府"管不了也管不好"的社区事务交由社区自己管理。不仅如此,还要在政府与社区之间形成积极而有成效的合作关系,在社区管理的过程中,以善治为目标,达至公共利益的最大化。

(二)以人为本,强化服务

以服务居民为宗旨,以改善社区管理条件、居民生产生活条件和健全活动阵地为重点,科学配置公共服务设施,不断推动社区各项事业的发展,提高社区居民的生活质量和文明程度。这种服务强调对人的关怀(不仅是物质利益的关怀,还有精神文化、政治参与、生活交往等方面的关怀),关注与居民生活息息相关的日常事务。社区以服务为核心,合理配置社区资源,解决社区问题,努力为社区居民营造一个环境优美、治安良好、生活便利、人际关系和睦的人文居住环境,最终促成人与自然、社会的和谐发展。

(三)整合资源,完善功能

全面整合组织资源、管理资源、人才资源和阵地资源,进一步完善社区服务中心功能,提升服务水平,为社区广大群众提供各类综合性服务。走进群众、服务社区居民,走进商户、服务经济发展,围绕居民最关心、最直接、最现实的突出问题开展服务,将辖区居民、商户吸引到社区党组织周围,将社区服务由此推向一个新的高度。

(四)因地制宜,注重实效

根据本地区的实际情况,通过新建、改建、改造、置换、调剂等多种形式,完善社区服务中心基础设施建设。社区服务中心的服务项目和内容要贴近社区实际和居民需求,形成各自的特色。

四、"一站多居"治理模式的意义与影响

"一站多居"的管理体制得到了社区居委会成员的赞同和支持,使最基层的社区工作者在改革中得到实惠,既明确了社区工作者的身份、职责,又解决了他们的工资福利待遇,对社区治理的进一步完善具有重要意义。

(一)有利于改善社区管理格局,提升管理实效

"一站多居"的管理模式遵循了"扁平化"社区管理的基本要求。以建立科学、高效、灵活的服务管理模式为目标,减少中间层次,缩短管理过程,增大管理幅度,实现信息共享。社区管理要按照"一人多岗、一专多能,分片包干、责任到人,资源整合、信息共享"的原则,归并整合各部委办局和街道下移到社区的机构或职能,实现在统一的平台上跨部门跨区域的工作整合、资源共享,确保权随责走、责随事转以及责权利和人财物联动下移,切实使公共财政向社区倾斜、公共资源向社区聚集,为"扁平化"社区管理奠定基础。着眼于资源整合、效率最大化,统一开发、综合设置专职社工服务岗位,明确岗位职责,实行统一形象、统一标识、亮牌上岗。实行一人多岗、一专多能工作机制,通过建立岗位兼容制、错时工作制、"一门"受理制、服务承诺制等制度,努力实现社区服务的全方位、全天候和全覆盖。落实分片包干、责任到人的工作要求,科学划分包干片区,做到底数清、人头熟、情况明,确保社区管理横向到边、纵向到底、不留死角。健全社区专职社工资格准入、岗位培训、管理使用和薪金待遇级差制度。所有政府部门在社区设置的专职社工由区县民政部门牵头实行资格准入、统一管理,社区负责日常考核和使用。

(二)有利于整合社区工作事物,优化资源配置

社区工作站的设立能有效压缩针对社区的各种会议、台账、材料、报表,规范面向社区的各类检查评比和创建达标活动。由区县和谐社区建设指导委员会牵头负责,对下沉到社区的各项行政事务实行"准入制"。凡是准予进入的工作,集中在社区管理服务站统一承办。区县社会建设、民政部门负责梳理下沉到社区的行政事务,财政部门据此整合涉及事权下放的相应条线的专项资金和工作经费,实行统一扎口、统一下拨、统一管理。同时充分调动驻社区机关、企事业单位和各类社会组织的积极性,推动社区资源共建共享。大力倡导社区、社工、社会组织建立联动机制,加快社会组织"孵化器"基地建设,积极培育发展专业化社区社会组织。加快社会工作专业人才队伍建设,鼓励城乡社

区与高等院校、专业社会组织建立专业社会工作督导基地,引导和扶持专业社会组织和专业社工进入社区开展专业服务。

(三)有利于强化公共服务理念,搭建服务平台

通过设立议事会、监事会,与居委会一起,在社区党委领导下,分别行使居民自治决策权、监督权和执行权,构建社区党委领导下的社区自治新平台。确立了"资源向下、民主向前、民心向上"的理念,坚持"多元化参与、网格化管理、集约化服务、互动化共治"和"居务公开、党务公开"的模式,实现了社区治理方式从"为民做主"向"由民做主"转变、社区职能从"公共管理"向"公共服务"转变,全面构建起职责明确、指挥有序、管理精细、信息共享、渠道畅通、服务有效的社会管理综合治理网格体系,形成扁平化、精细化、常态化、联动化的社会治理工作格局,实现组织网络更加健全、矛盾纠纷排查化解更加及时、管理服务更加到位、作用发挥更加明显、人民群众对社会治理更加满意的工作目标。要进一步加强宣传发动,提高人民群众对综治网格化管理工作的知晓率和认可度,使他们有了问题和困难愿意到网格内寻求帮助。

总之,推行"一站多居"体制以社区整合方式为主,以较小规模的社区居委会方便居民自治,以较大规模的社区工作站整合社区资源,更合理地配置社区办公、服务和活动场地等资源,进一步加强基层基础建设。整合后的社区居委会主要回归"群众性自治组织"身份,更侧重群众性的自我管理、自我教育、自我服务和自我监督等任务。

案例一 新康社区"一站三居"社区治理模式

随着社会经济的快速发展，人们的需求也有所提高，政府也相继出台了诸多的惠民、利民政策，社区作为政府的最基层的神经末梢，承担的各类行政事务越来越多，社区的工作压力越来越大。具体到新康社区而言，面对总数达8023户、24000余人的居民总量，"一站一居"的社区工作结构模式越发显得力不从心。尤其是对于居委会而言，常会出现任务需要所有工作人员一拥而上的局面，容易造成工作人员职责不分；居委会一些突击性的事务，常常也分配到工作站人员一起参与，使得居民到工作站办事却找不到人，不但影响为居民服务的效率，也影响了居民对社区工作人员的良好印象。因此，新康社区率先尝试探索"一站多居"的新型工作模式，即新康社区分设三个居委会、一个工作站的创新模式服务居民，主要目的就在于方便居委会开展工作。

一、基本情况

友新街道新康社区于2003年7月成立，位于苏州城区西南角，占地面积70万平方米，由新康花园（鸿禧苑、兰雪苑、金碧苑、春在苑、揖峰苑、城市韵律、名苑、新康星辰、新康雅筑）、桐馨苑、胥江岸花园、柳家浜60号（1—3幢）、西环路128号小区、公园天下、金帝名园、苏福路90号（1—3幢）八个部分组成。具体管辖范围是：东至桐泾南路，南到解放西路，西至西环路，北到胥江府。共有居民住宅244幢，8023户，居住人数24000余人。社区现在办公用房约有1000平方米（设置较分散）。

二、基本步骤

为落实姑苏区委、区政府提出的"文化立区、科教兴区、法制治区、民本建区"的战略目标，围绕2010年区民政局社区建设推进会的新思路、新要求，按照大工作站、小居委会的发展方向，友新街道将友一、友二、友三、四季晶华、新郭社区作为试点，将友一、友二、友三合并成一个社区居委会、一个工作站，新郭社区工作站并入四季晶华社区，一个工作站服务两个社区，积极探索"一站两居"的基层管理新体制。

（一）社区工作站的设立

社区工作站在街道党工委、街道办事处的领导下开展工作，并接受区民政部门及街道社会事业科的业务指导。设立社区工作站一般以每个社区工作站辖常住人口 6000～10000 户为标准，并参考社区类型、面积等因素，提倡覆盖范围尽可能广。目前友一、友二、友三社区约有居民 6895 户，新郭、四季晶华社区约有居民 6320 户，按其最佳的服务半径，将由一个社区工作站服务两个社区居委会，以较小范围的社区居委会方便居民自治、促进基层民主的发展，以较大范围的社区工作站更有效地整合社会资源，加强社区管理，控制管理成本。

（二）社区工作站的职责

整合后的社区工作站是政府功能在社区的延伸，是政府设在基层的服务平台，协助、配合政府及其工作部门在社区开展工作，提供一站式便民服务。主要职责包括：承办政府职能部门在社区开展的计生、民政、残联、老龄、就业、离退休人员管理等工作，以及其他由各区政府确定需要进入社区的工作事项，为社区居民提供各种便利和服务，积极配合、支持和帮助社区居民委员会依法履行职能，支持社会力量开展便民利民社区服务等。

（三）社区居委会的职责

整合后的社区居委会，结合实际，在一定程度上不能完全脱离行政职能工作，主要职责包括党建、卫生、文化、教育、社区建设、综治调解、居民自治等，以及其他由各区政府确定需要进入社区的工作事项。居社分离后，便于居委会集中时间和精力收集民情、反映民意，侧重开展群众性的自我管理、自我教育、自我服务和自我监督。

（四）社区工作站的人员管理

社区工作站整合后，社区工作站的工作人员由街道办事处进行调整安排。同时，充分做好宣传和思想教育工作，使社区工作站在整合过程中，始终做到人心安定、队伍稳定、工作有序。工作站设站长 1 名，副站长 1 名，可根据工作需要配站长助理 1 名，但最多不得超过 2 名。社区工作站站长、站长助理的任命和考核由街道办事处负责。

（五）社区工作站与社区居委会的关系

社区工作站与社区居委会之间应相互支持、协调与配合,共同做好社区工作。社区居委会协助工作站开展各项工作,不再承担行政职能。社区工作站应接受社区居委会的监督,听取社区居委会的意见和建议;积极配合和支持社区居委会依法开展社区居民自治、反映社情民意、办理社区公共事务和公益事业等工作;支持社区居委会和社区组织开展社区服务,共同建设和谐社区。

三、特色做法

（一）组织结构设置

原新康社区不变,分出公园天下(845户)、金帝名园(960户)和西环路128号(764户)三个区域联合组成金帝居委会;分出胥江岸花园(1137户)和桐馨苑(520户)小区组成胥江府居委会;新建的胥江府居委会办公场所约240平方米,内设办公室、活动室、会议室、电子阅览室、儿童之家等,方便居民活动;筹建中的金帝居委会办公场所100平方米,日托所100平方米,也是方便居民就近参加社区活动;新装修的新康居委会、社区工作站在原有基础上扩大,布局重新调整,工作站由原来60平方米增加到约110平方米,居委会搬至大厅,活动室在楼上,保证了居民的活动场所,方便"一站式"服务。新成立的居委会隶属新康社区党委统一管理,设总支或支部,支部或总支书记原则上需是新康社区党委成员。居委会建制5~7人,所需办公经费、资产等单独划拨立账,新的居委会与原新康居委会一样,实行三个统一,即统一接受社区党委管理,统一考核标准,服务条线、内容设置统一。

（二）社区党组织、居委会、工作站专职队伍

社区自2007年社区成立了党委,于2010年5月18日换届,下设2个基层党总支、10个党支部、18个党小组。目前,社区党委成员由7人组成,在册党员总数为313名,党总支、党支部均设1名书记。新康居委会于2010年5月25日二委换届选举,目前有社区书记1名,副主任1名,社区工作者共8名。工作站配备劳动保障协管员1名兼站长,退管协管员1名,计生协管员3名,民政协管员2名,共有7名工作人员。这样一个大型的社区,工作人员的待遇是:书记(主任、站长)工资3000元/月;副书记(副主任)工资2600元/月;其他工作人员工资2400元/月;书记兼主任的工资3300元/月。除了基本工资之

外,社区工作者还可获得绩效奖励。安排每人每年6000元标准的考核奖励经费,由区相关部门根据社区工作者工作表现、职业任职年限、群众认可等因素,结合市、区各部门日常考核情况,对社区工作者考核奖励。获得助理社会工作师、社会工作师、高级社会工作师的社区工作人员,分别给予100元/月、300元/月、500元/月的补贴。另外,由所在街道按有关规定为社区工作者缴纳社会保险费和住房公积金。发放独生子女奖励、缴纳少儿医疗保险费中由单位报销的部分、清凉饮料费等,共计每人每年600元。2012年,所有社区工作者都是按上述规定领取的每月工资。考核也是以文件规定执行的。各条线以各线的要求执行考核。这个工资标准体现了做多做少一个样,平均主义,没有大和小、多和少的区别。

目前,从事社区工作的人员由区和街道统一公开招聘,笔试、面试合格后进入社区工作,在社区工作3个月后由社区工作人员、街道、居民群众三方面给予评定,评定合格者,签订劳动合同。新康社区的工作人员相对较年轻,都十分有干劲。

(三)党委、居委会、工作站三者的关系

以社区居委会辖区为单位建立的社区党支部,则是社区各种组织和各项工作的领导核心。社区党支部与社区居委会的关系是党的基层组织与群众自治组织之间的领导与被领导的关系。社区党支部在社区居委会工作中应当发挥领导核心作用。

社区居委会是自我管理、自我教育、自我服务的基层群众自治组织。社区居委会是"社会桥梁",是国家与社会在基层社区的中介,是国家政权在基层的延伸,是基层政权的组织载体和实体。社区居委会具有以下基本职责:宣传宪法、法律法规和国家政策,教育公民履行法律规定的义务,合理利用自然资源,保护和改善生态环境,爱护公共财产,维护居民的合法权益;动员和组织社区居委会共驻共建,资源共享,发展社区文化、教育事业,普及科技知识,开展多种形式的社会主义精神文明建设活动;组织社区居民,对城市基层人民政府及其派出机构的各项任务进行民主评议、民主监督;协助城市基层人民政府开展各项工作;协助办理本社区居民的公共事务,发展本社区的公益事业,管理和维护本社区集体资产;向城市基层人民政府或者其派出机构反映居民的意见、要求和提出的建议。整合后的社区居委会,在一定程度上不能完全脱离行政职能工作,主要职责包括党建、卫生、文化、教育、社区建设、综治调解、居民自治等,以及其他由各级政府确定需要进入社区的工作事项(如各类示范点等)。

社区工作站既非一级行政组织,也非行政事业机构,它是独立于居委会外的一个小区服务机构,受街道办事处的管理,受居委会监督。作为小区的服务机构,下岗再就业、计划生育、低保等这些居民身边的大事小情都从原先的居委会转交到了社区工作站办理,是政府设在基层的服务平台和窗口,协助、配合政府及其工作部门在社区开展工作,提供一站式便民服务。社区工作站的主要职责是承办政府工作部门委托交办的治安、卫生、人口、计生、文化、法律、环境、科教、民政、就业、维稳综治和离退休人员管理等工作任务,积极配合、支持和帮助社区居委会依法开展工作,支持社区力量开展便民、利民社区服务。比如:居住证办理;失业登记,职业指导,就业服务,灵活就业人员参保,创业服务;少儿、大学生医保的办理,老年居民养老手续的办理,离退休人员的管理与服务;生育联系单办理,再生育审批,独生子女证办理,外来人口的计划生育管理和服务;低保申请,老年证办理,为残疾人服务,社会救助等。

综上所述,不难看出,新康社区在社区党组织的领导下,社区居委会和社区工作站分别承担了居民自治和社会行政事务。繁重的行政事务从居委会中剥离开来,使得居委会能更好地开展民主自治和互助的服务,社区工作站能更专业地做好各种行政服务工作。

(四) 社区工作站的情况

本着就近办事、方便居民的原则,"一站三居"的新康社区工作站工作地点在新康花园小区大门口。工作面积由原来的 60 平方米增至 110 平方米。工作站现有社区工作人员 7 名,另有派出所协警 2 名,分别设民政员 2 名、计生员 3 名、劳动保障员 1 名(兼站长)、退休管理员 1 名。

社区工作站的分工为:民政员主管老龄、低保、残疾;计生员主管育龄妇女的生育、结育,办理独生子女证;劳动保障主管劳动就业,再就业服务,创业服务,灵活就业参保服务;退休管理主管少儿、大学生参保,老居民参保,企业退休人员的管理有服务。

社区居委会和社区工作站所有人员都有明确分工,在社区党委书记的领导下,各自做好自己的条线工作,听从上级条线部门的布置,做好日常工作和年终台账,完成上级部门下发的任务和指标。做好三年一次的居委会换届选举和五年一次的人大代表选举的宣传和指导工作,让小区里每个有选举权的居民都知晓,并履行其职责。

四、存在问题

新康社区"一居三站"模式属于苏州市首创,在推行的过程中不可避免地会遇到一定的困难,涉及人员、经费、场地等多个方面的问题。

(一)工作站定位问题

我国相关法律法规没有对社区工作站的性质、与居委会的关系、两者的职责分工等内容做出明确规定。

(二)任务分工问题

根据"一站三居"的要求,工作站承接政府行政事务,为居民提供公共服务,但在实际工作中,大多数仍由居委会在承担。这样做非但有可能使"一站多居"成为形式化与名义化的创新,甚至会发生行政事务经过工作站的"二转手"后到达居委会,反而为居委会增添更多负担的情况。

(三)自治管理问题

"一站三居"之后,居委会在更多反映居民利益诉求和发挥自我管理、自我服务作用的基础上,该如何处理好与业委会这一自治组织的关系?在小区居民的日常生活中,业委会的权力哪些该用、何时用、该怎么用还没有很好的规范,而由于缺乏对业委会自治权力的准确认知,也容易由此产生一系列关联问题。目前新康小区业委会基本面临瘫痪状态,成员已大部分辞职,新的物业管理联络员小组无人报名。在今后的工作中,居委会毕竟有政府的资源和政策,应致力于解决社区自治的参与度不足问题,避免自治危机,建立有效的利益整合机制。

五、"一站三居"模式在相邻社区推广的探索

友联一、二社区与新康社区在小区整体环境、居民人员构成方面均存在明显差异,新康社区的商品房小区居民多是来自各地的陌生人群,且年龄层次相对于前者来说要低得多,居民对于自身生活环境与居住条件的关注度普遍远高于对社区的政治参与度。在该小区开展"一站多居"尝试,与一般城市社区管理模式改革相差不大,主要需要注重居委会与工作站的联系与沟通,不但要注意避免名存实亡的居站分设,也要注意避免居委会因没有承担行政事务而导致的能力弱化与边缘化。而友联一村则属于老新村,且目前正处于改造过

程中,老新村的居民无论在政治参与还是在社会参与方面,都表现出较高的热情,因此在目前的时机探索实施"一站两居"模式,可以最大程度地测试出新形态的社区工作模式在基层民主与社区自治中所能发挥的实际功效,借此谈以下几点建议和要求:

一是随着居站分设这一社区管理模式的逐步发展,自治性质的居民委员会如何才能正确处理其与专业性质的社区服务站关系,正需要上级部门有一个统一的组织管理机构对其进行指导引领。

二是需要进一步强化基层党组织建设,实现由党组织带动社区居委会、业委会进行居民自治的局面,从而培养居民逐渐养成主动参与小区管理的意识。

三是继续大力发展社会组织,逐步打造形成"一个工作站,多个居委会,庞大社会组织团体"的发展模式:政府大力支持社会组织的培育,促进非营利组织的蓬勃发展,居民自发自愿参加志愿者团体。

【思考题】

1. 请结合新康社区的实际思考"一站多居"社区治理模式适合在什么样的环境下推行,"一站多居"模式适合什么样的社区?

2. 请结合新康"一站三居"社区治理模式面临的问题,谈一谈适宜的解决措施。

案例二 双塔街道"一站四居"社区管理模式

近年来,随着社区建设的不断发展和政府对城市管理重心的不断下移,社区开始承担的政府职能工作越来越多,导致社区居委会行政化问题日趋严重,违背了居委会原有的社区服务职能初衷。而由于职能权限的限制,现有的工作站更多的只是承担职能工作的上传下达。同时,无论社区大小,设立窗口就要同步人员配备,工作量比失衡,社区工作者的能量埋藏现象日益凸显,也人为造成社区居委会与工作站的隔离。

为了让居委会更好地回归居民、深入群众、联系居民、服务居民,也让工作站真正承担起政府各项职能,从而让社区工作者更多地发挥自身能力,双塔街道积极探索"职能整合,服务延伸"的管理模式,制定了"一站四居四中心"的社会管理体系建设试点,即以一个社区多功能便民服务站为中心,四个社区居委会为延伸,四个公益服务中心为连接,由此形成站内重服务、社区出资源、中心办活动的新格局,实现社区管理与社区服务的优势互补、资源共享,恢复社区的服务功能,使得社区工作者能有更多的时间走访居民,社区工作站也得以专注于社区公共事务服务,为基层管理体制改革提供新路径。

一、基本情况

姑苏区人民政府双塔街道办事处地处苏州古城中心区域,东起护城河,西辖人民路,南至竹辉路,北枕干将河,辖区面积3.35平方公里,常住居民6万余人。下设10个社区居委会,是苏州市的教育、文化、科学、旅游中心区,也是苏州市历史最为悠久、人文积淀最为丰富的中心区域之一。双塔辖区环境优美,文化底蕴浓郁,区内名居古宅、历史胜迹星罗棋布。双塔辖区科学教育文化资源也十分丰富,有百年名校苏州大学、江苏省苏州中学等历史悠久的院校,还有苏州市图书馆、苏州日报社、苏州广播电视台等现代文化媒体资源,形成了高雅的人文环境和人才优势。深厚的文化底蕴营造了本地区特有的商业文化特色,辖区内共有企业1600多家,逐步形成了以特色街区为中心的税源稳定、基础扎实的发展区域。双塔街道先后获得"全国侨务工作示范单位"、"江苏省文明单位"、"江苏省先进基层党组织"等荣誉称号250多个。

二、主要内容

(一)试行区划

苏州市姑苏区位于人民路以东、凤凰街以西、干将路以南、竹辉路以北,内辖锦帆路、大公园、沧浪亭、滚绣坊4个社区居委会,总面积1.32平方公里,约有居民8779户,现有社工39人,其中工作站人员16人。"一站四居"分设后,社区工作站负责4个社区的原工作站政务,4个社区居委会管辖原有的区域范围,工作职能不变,同时成立4个服务中心,由现有的社会组织承接社区服务的部分职能。社区工作站设在十梓街双塔街道办事处服务大厅,4个社区居委会分别在原社区居委办公场所进行办公。

(二)岗位设置

现4个社区居委会工作站总人数为16人,合并后工作站人数为12人,具体编制为:站长1人、副站长2人、民政残联3人、社保2人、退管2人、计生2人。

本着"固本强基"的原则,剩余4人充实到各社区居委会,负责公益服务中心,配合社区幸福联盟主席做好社区公益组织服务工作,服从社区居委会管理,调整后的社区居委会,实际人员为5~6人。

(三)组织架构

1. 社区党委、社区居委会

锦帆路、大公园、沧浪亭、滚绣坊4个社区党委、社区居委会仍保持原模式。

2. 社区工作站

(1)工作站办公地点设在双塔街道办事处一楼大厅,工作站设立站长1人,副站长2人,负责协调社区居委会及工作站各项事务,以及日常管理工作,包括锦帆路、大公园、沧浪亭、滚绣坊4个社区涉及工作站的所有政务性工作。

(2)工作站岗位设立为4个岗,分别为民政(残联)、计生、社保、退管,每岗设2人(民政残联设3人),实行AB岗工作模式,A岗负责大厅接待事务,B岗负责走访社区单位及服务人群,发放各类通知、证件等,AB岗每周更替一次。

（3）工作站作息时间为：周一至周六上午9:00~11:30,下午1:30~5:00,中午轮流值班。

3. 社区公益服务中心

各社区加设一个特色公益服务中心，负责人1人，配合社区幸福联盟主席开展公益服务工作。结合驻地社区实际情况，重点提供分类服务，辐射另外3个社区居民（主要有社区助老服务、社区助残服务、妇女儿童及家庭服务、社区青少年服务四大类）。

社区公益服务中心坚持以居民需求为导向，与社区居委会合作，与社区工作站形成了"错位服务、资源整合"的格局，重点提供个性化、多元化的便民服务，从而改变社区现有的"重管理、轻服务"的格局，弥补了基层公共服务的不足，加快了公共服务均等化和深度化进程。

（四）工作机制

承接"接待服务对接"，延伸"服务拓展"机制，居委会将结合自身的特色建立公益服务中心与工作站窗口服务中心无缝对接，形成合力，服务原四个社区的窗口服务对象，实现"服务一乘四"。社区工作站由街道社事科负责管理，公益服务中心由居委会幸福联盟主席主导，居委会建立服务网络，联动落实项目执行和发展，接轨发展社会组织。

利用街道"好管家"综合服务平台，同步建立局域互动机制，实行在统一的平台上跨部门跨区域的工作整合、资源共享，加强民情信息传递，减少民意二次传达，做到一问一答，有问必答，有效服务，快速落实。

（五）推行目标

（1）规范服务标准，明确岗位职责，实行统一形象、统一标识、亮牌上岗，提升职能窗口形象。

（2）一个班子两套服务三社联动多项延伸，加强政务职能，盘活社区资源。

（3）岗位扩容，错时工作，接轨社会组织，培养一专多能专业社工。

（4）提高政务办事效率，确保受理有专人，秉持一站受理，全程服务承诺原则，避免居民办事二次来访。

（5）解决社区日趋加重的行政化问题，回归居委会居民自治功能，深入群众，服务群众。知民之所需，解民之所急。

三、特色做法

联合工作站是政府基层的服务平台,协助、配合政府及其工作部门开展各项政策性工作,为社区居民提供优质服务。联合工作站与社区应相互支持、协调与配合,共同做好为民服务工作。社区工作站在街道党工委、街道办事处的领导下开展工作,接受区民政部门及其他政府工作部门的业务指导。

社区第一联合工作站于2013年2月成立。目前承担锦帆路、滚绣坊、沧浪亭、大公园四个社区的政务性工作。工作站中现分设退管、社保、计生、民政及残联工作。第一联合工作站以来,经统计,每天办理各条线业务的居民累计达32.4人次,来电来访咨询人数平均每天22人。居民办理的各类事项一次性办结率达到90%以上,没有出现居民空跑、空等的现象。联合工作站的成立使得工作站的服务职能更加清晰明确,与社区工作服务内容有效区别开来,提高了工作站工作人员的服务水平和积极性,使得针对群众的政务性服务更加通畅。第二联合工作站由原二郎巷、网师巷、百步街3个社区的工作站合并而来,主要负责3个社区的上级部门下沉社区的行政事务性工作及条线管理对象的服务性工作。第二联合工作站坚持服务居民为导向,以工作站为中心,辐射三个社区,整合资源,形成合力,为社区居民提供专业、周到、便捷的政务服务。联合工作站实行站长统一领导下的条线岗位负责制。

(一)工作模式

联合工作站实行AB岗制度,A岗工作人员在服务大厅坐班,办理居民各类申报事务;B岗负责与3个社区联络沟通,了解社区情况,发放各类通知、走访重点服务对象。A岗和B岗定期轮换(每周轮换一次)。其中,民政、计生条线每个岗位设置2人,按照A岗和B岗设置和轮换的形式开展工作。

社保、退管条线每个岗位2人,另加站长1人(兼管),共计5人。除站长外,4名工作人员中A岗2人,驻扎服务大厅承办事务,B岗2人,分别联系一个社区(二郎巷、网师巷),负责发放各类通知、走访重点服务对象等工作。A岗、B岗每周轮换一次,B岗人员需熟悉退管、社保两条线工作(以原分管条线工作为主,另一条线工作为辅),同时为保障各条线工作有序开展。联系二郎巷、网师巷社区的B岗人员需要每天进行轮换。这样,可以在形式上保证联合工作站退管、社保条线有2人,相应3个社区各有1人,符合上级人社部门的要求。

（二）工作要求

A 岗在工作站坐班，并负责处理日常事务并记录服务对象所办事项、联系方式、处理结果。

B 岗人员每天在工作站报到后，于 8:45 下沉到相应 3 个社区，与社区负责人及其他工作人员互通当日工作情况，走访服务对象，了解详细情况并做好记录。每天 15:30 后可以回工作站与 A 岗人员做沟通，并处理条线业务。

（三）走访联络制度

为加强联合工作站与社区之间的协调配合，加强信息沟通和工作联络，了解社区居民情况，解决居民困难，B 岗必须开展行之有效的下沉社区和走访居民的工作：

（1）建立"B 岗人员联系社区每月轮值表"，社区一份，工作站一份。

（2）B 岗人员 8:30 到工作站报到，8:45 之前到达轮值表中所明确的社区进行报到，开展沟通交流及走访工作。

（3）15:30 之前，B 岗人员回社区时可以再次与社区进行交流，一方面听取社区在走访中遇到的事情，一方面告知自己在走访中碰到的问题。交流结束后回到联合工作站。

（4）B 岗人员在走访居民时需和社区工作人员充分沟通，建立 B 岗和社区工作人员一同走访社区居民的制度。社区工作人员因其他事务无法协同走访的，B 岗可自行走访。

（5）在走访过程中要记录好走访信息，及时反馈给社区和联合工作站 A 岗相关人员。

（6）B 岗人员在走访过程中如遇到急事需立即处理，应及时告知所在社区和联合工作站的负责人，社区应协同处理相关事宜。

（7）B 岗人员须严格按照轮值表的安排走访联系社区。如有特殊情况需调整的，应提前向站长汇报，并告知所联系的社区。

（四）例会联动制度

社区与工作站定期召开例会（每两周一次）互通情况，由联合工作站和社区主要负责人参加，街道社事科不定期派人参加。例会的内容是社区与工作站互通工作安排，交流工作信息，协调工作开展，联合处理工作事务。联合工作站要积极参与社区组织的各项重大活动，社区积极支持配合联合工作站开展条线专题活动。3个社区和联合工作站可以不定期组织开展联合主题活动,提升活动影响力。

(五) 工作考核制度

联合工作站试行以单独考核主体进行考核。为加强社区与联合工作站的工作衔接与配合,密切两者联系,探索建立联合工作站与相应社区的挂钩考核机制。在子城在线考核、上级条线考核、街道重点工作上,按照实际工作好坏,实行捆绑加减分制度(社区获得的工作站相关条线的荣誉也与工作站进行捆绑加分)。

四、存在问题

在社区管理中引入"一站多居"社区服务理念,对加快形成惠及全民的基本公共服务体系、切实提高社区居民生活质量具有重要意义。在加快推进过程中,一站四居四中心建设和管理还存在一些问题和难点:

(一) 人员扩容问题

社区工作站不但承担了大量繁重的行政工作,如最低生活保障、社会救助、劳动保障、退休管理、人口计生等多种社区行政事务,又承担了社区公共服务,如办理老年证、计生服务、就业服务、退休人员服务等。随着政府管理重心的不断下移,向社区工作站下达的工作任务和对社区工作站进行考评的政府职能部门越来越多。社区工作站工作人员由原社区居委会抽调而来,在原来队伍没有扩容的情况下,服务范围和服务内容的加大加深使得社区工作站工作人员的工作压力变大,服务质量难以提高。

(二) 经费落实问题

"一站四居"模式无法发挥理想效能的重要原因就是配套专项经费的落实问题,政府财政拨款仍然沿用旧制,对于联合工作站没有相应的、独立的财政经费支持,4个居委会在维持自身运转的情况下,很难将有限的财政经费细分并投入联合工作站的日常活动中去。在这种情况下,联合工作站很难将综合体的效用最大化。

这两个问题是"一站多居"模式目前面临的最重要也是最首要的问题,做好制度的衔接以及配套机制的完善是"一站多居"模式能够持续有效推进的重要保证。

【思考题】

1. 请结合双塔街道的实际情况谈一谈古城社区推行"一站多居"社区治理模式的意义和作用。

2. 请分析一下双塔街道在联合工作站"AB岗"工作机制的主要特点以及带来的影响。

第七章 苏州城市社区邻里中心治理模式

概 述

在城市社区治理中,苏州市工业园区邻里中心治理模式具有典型的示范作用。该模式将社区管理与服务和商业化运作相结合,其典型特征是政府主导、公司化运营、集权式结构、整体性规划与参与式治理。苏州市工业园区邻里中心现已建成了集商业服务、公共服务、公民参与为一体的全功能服务体系。从1997年苏州工业园区第一个邻里中心新城大厦建成运营开始,发展到目前已建成运营了湖东、贵都、师惠、沁苑、玲珑、翰林、方洲共8个邻里中心,总建筑面积超过15万平方米。邻里中心治理模式适应了居民家庭生活市场化和社区居民自治的需要,实现了现代城市社区治理的现代化、集约化与规范化,是社会管理创新的重要举措。

一、邻里中心治理模式简介

邻里中心社区治理模式是从国外借鉴来的,苏州在理解其内涵的基础上,结合区域特点,加入本土元素,形成具有苏州特色的城市社区治理模式。

(一) 邻里中心治理模式的内涵

"邻里中心(Neighborhood Center)"是新加坡社区商业中心的名称,即按照社区建设的配套建设指标,根据物业的规模、类型以及居住人口需求配备相应的商业配套设施,由开发商或物业方进行集中经营与管理,不以盈利为主要目的,建设一种集小区服务和商业功能于一身,有各种文化、娱乐、零售、饮食等服务设施,为社区居民提供商品和服务的社区生活服务中心。

邻里中心模式建构了一个全功能的社区服务体系,涵盖了政府公共服务、市场商业服务和社会公益服务的内容。根据社区物业的规模、类型和居住人口，配备相应的商业配套设施和社区生活服务功能，邻里中心作为集商业、文化、体育、卫生、教育等于一体的"居住区商业中心"，围绕12项居住配套功能，从"油盐酱醋茶"到"衣食住行闲"，为百姓提供"一站式"的服务。

社区邻里中心是适应经济体制改革逐步深入和城市化进程不断加快而对城市社区建设水平不断提出要求的新服务管理模式，是社会管理创新的重要抓手，是惠民服务的现代化、集约化、规范化、便捷化的重要载体，是构建和谐社会的重要途径。社区邻里中心主要是把社区（居）机关式办公转变为开放式一站服务，是一个集多功能服务与邻里间交流于一体的新型平台。一方面可为居民提供日常办事、教育培训、就业信息、劳动保障、居家养老、购物休闲等各类专项服务；另一方面也是一个居民互动平台，旨在通过邻里间的沟通交流，打造和谐融洽、健康向上的社区精神文化氛围。

（二）邻里中心治理模式的探索历程

20世纪30年代，"邻里单元"（Neighborhood Unit）社区规划思想在美国诞生。邻里单元是按照一定的人口数量（约为5000人）和区位（一般不穿越交通干道）进行划分的，要求学校、公园、商店、社区中心和其他公共服务设施的设置能满足居民日常生活需要且便于居民步行到达。同时，通过这些公共载体的设置来吸引居民，以此丰富社区生活，增强业主对社区的认同感。本章节中的"邻里中心"概念源于"邻里单元"，邻里中心模式的建设经验来自于新加坡。

新加坡的邻里中心由其建屋发展局开发建设，与组屋分开，是独立式建筑，为2~3万人提供服务。建屋发展局还对邻里中心与组屋的比例、邻里中心的商店组合、经营商品的档次、邻里中心的必备功能等制订周密的计划，从而提高了组屋业主的生活质量和城市的环境质量。另外，在新加坡还设有民众联络所（民众俱乐部），这是一个为民众提供社会福利、健康、交往、参与等服务项目的机构。新加坡社区组织是以选区为基础，社区组织的活动范围以选区为基础单位。目前，新加坡共有106个民众联络所，每个选区都有一个民间联络所，个别大的选区则有两个。每个民众联络所为1.5万户居民提供服务，并由一个专门的管理委员会行使建设和管理职权。新加坡的邻里中心的实质是区域性组团式的商业服务中心，而民众联络所则是提供社会福利和居民交往的公益平台。邻里中心和民众联络所这两个服务载体在建设形式上是分离的。

苏州工业园区是中国和新加坡两国政府间的重要合作项目,于1994年批准设立并启动开发建设。园区建设伊始,就非常注重借鉴新加坡在经济发展、社会管理、城市建设等方面的先进经验。具体到社区服务体系的建设方面来说,园区不再沿袭传统的"破墙为店、沿街为市"的社区商业服务模式和"拾遗补阙"的社区公共服务模式,而是借鉴新加坡的经验来建设邻里中心。参照新加坡城市规划的经验,苏州工业园区邻里中心发展有限公司成立于1997年11月。公司在开发、运营等方面逐步形成了中国式"邻里中心"完整、独特的经营理念,将中国国情与新加坡邻里中心的商业功能、民众联络所、政府部门投资建设的社会公益性设施进行有机结合,使之融为一体,建立了新型的商业开发和社区管理模式;将与居民日常生活密切相关的购物消费、休闲娱乐、文化体育、公共服务、居民参与等集中在邻里中心这个社区综合服务平台,统一提供服务。新加坡的邻里中心是与居住区配套的区域性、复合式的社区商业服务网络,它适应了居民家庭生活市场化的需要,但它不具有公共服务功能和公民参与功能。苏州工业园区则是在借鉴新加坡邻里中心建设经验的基础上拓展服务功能,将邻里中心建设成了集商业服务、公共服务、公民参与为一体的全功能服务体系。

二、邻里中心治理模式的特点

邻里中心治理模式作为苏州市城市社区治理的典型模式,其在社区公共服务资源中,政府居于主导地位,社区服务与治理主体多元化发展。在园区管委会的领导下,借鉴新加坡邻里中心规划经验,实现有序发展和服务载体的多样化建设,秉承商业服务与公益服务相结合的新型服务与管理理念,努力提升社区居民的生活质量,实现城市社区的和谐发展。

(一) 政府主导,参与主体多元化

在邻里中心治理模式中,邻里中心是社区公共服务资源的直接提供者和管理者。邻里中心主要包括四个主体:园区管委会(投资方)、邻里中心发展有限公司(运营方)、加盟经营户(经营方)和社区居民群团(消费者)。园区管委会是苏州市政府在工业园区的派出机构,履行工业园区的行政管理、经济与社会管理职能,共占有邻里中心发展有限公司70%的份额。园区管委会作为邻里中心的主要投资者,将社区服务职能转交给专业性市场机构来运作,使自己

在邻里中心的建设规划布局方面和引导邻里中心发展有限公司的发展方向方面掌握充分的主动权，同时，它还在邻里中心配置多样性的公共服务载体，使社区服务在改善民生、满足民意方面有了保障。邻里中心发展有限公司是邻里中心的实际运营者，它是一个政府投资的企业，是一个自主经营、自负盈亏、产权明晰的经济实体，其职责就是对园区的社区服务功能进行开发和管理。在邻里中心的开发建设过程中，邻里中心发展有限公司逐步确立了"功能定位在先、开发建设跟进、长效后续管理"的运营模式，在满足社区居民基本需求的基础上，实现社区服务的持续发展和国有资产的保值增值。加盟经营户是邻里中心社区商业服务的实际供给者，它与邻里中心发展有限公司建立合作关系，在多个邻里中心建立连锁店，为社区居民提供商业服务。上述三方（园区管委会、邻里中心发展有限公司和加盟经营者）是社区服务的供给主体，社区居民则是服务对象。其中，园区政府对邻里中心具有绝对的控股权，但并不直接经营邻里中心，而是发挥主导作用，引进现代企业制度，以公司化的形式来具体运营。政府与市场主体之间的角色功能定位及其关系调整的主要目的，是更好地满足社区居民在商品消费、社会交往、共同参与等方面的多样性需求。

（二）规划在先，社区发展有序化

苏州工业园区管委会在借鉴新加坡邻里中心经验的基础上，立足本土，积极创新，明确邻里中心的区域定位和功能定位。在区域定位上，苏州工业园区开发建设之初就对邻里中心的建设做出了明确的规划。该规划要求，在70平方公里的合作区内要建成17个邻里中心，每家邻里中心应服务6000～8000户居民，包含5～6个住宅小区，要体现"大社区""大组团"的先进理念。邻里中心均是与居民住宅相分离的独立建筑，所占面积与小区开发总量的配套比例约为3%，并坐落在住宅区中间，服务于周边的小区，其服务辐射直径为0.5～1.5公里，这为打造"15分钟为民服务圈"奠定了良好基础。邻里中心以居民满意度为目标，在情况允许的条件下，首先完善与居民生活息息相关的12项居民日常生活中的必备业务，在此基础上，逐步引进其他38种基本业态，使邻里中心不仅是社区的商业中心，更是社区的文化中心和休闲中心。

（三）全面建设，服务载体多样化

邻里中心将三个实体，即社区商业载体、必备功能载体和公共服务载体作为承接社区服务功能的载体。邻里中心平台的用途主要划分为两种：其一，将其55%的面积作为社区商业载体；其二，将其45%的面积作为公益服务载体（包括必备功能载体和公共服务载体），为社区居民提供完善的生活保障。

1. 社区商业载体

这是邻里中心公司发展的主要经济渠道，包括房屋租赁、物业管理业务、房产销售、酒店经营、商品销售等。社区商业载体的业态组合主要包括四大方面：一是住宿，提供区域性便捷住宿服务；二是餐饮，以家庭餐饮为主；三是生活消费，满足居民日常消费需求；四是娱乐，如文化、教育、休闲娱乐等。经过十余年的经营，目前，苏州工业园区已基本形成以邻里中心为主，以品牌群"邻里假日酒店"、"邻里生鲜"、"邻里1+1"等为辅的社区服务格局。

2. 必备功能载体

与新加坡邻里中心的功能定位相对照，邻里中心配套设置了与居民日常生活密切相关的12项必备功能载体，包括超市、银行、邮政、餐饮店、洗衣房、美容美发店、药店、文化用品店、维修店、社区活动中心、菜场、卫生所；同时，还增设了中介服务（法律、保险、旅游、家政、房产）、礼品鲜花店、彩扩店、音像制品店、家居饰品店等功能载体，使居民生活所需的服务项目门类齐全、配套完善。从统计情况看，目前，苏州工业园区所建成的邻里中心必备功能载体的配置较为全面，必备功能载体总建筑面积已达到60483.7平方米，占邻里中心总面积的一半左右，符合邻里中心的功能定位要求。

3. 公共服务载体

这是园区对邻里中心服务功能的扩展，其面积大致占到公益服务载体的1/3。公共服务载体的前期建设，主要是设置社区工作站（一站式服务中心），提供一般性公共服务项目。从2011年开始，苏州工业园区对邻里中心公共服务载体进行整体改造，按照"统一标准、统一风格、统一标志、统一功能"的原则，设立了社区工作站、民众俱乐部、乐龄生活馆、少儿阳光吧、卫生服务站、邻里图书馆、邻里文体站等七大社区公共服务载体。每一邻里中心所配置的七大社区公共服务载体的面积一般为2000~3000平方米，辐射周边3~4个社区，提供一站式政务服务和基本公共卫生服务；同时，还提供社会组织管理、社区教育与培训、文化健身等一系列社区公共服务。

（四）提升质量，商业服务公益化

邻里中心采用商业服务与公益服务相结合的社区服务供给方式，努力提升居民的生活质量。邻里中心发展有限公司负责邻里中心55%面积的市场开发，以房屋租赁为基础，以市场需求为功能定位，采取与大卖场等错位发展的方式，开发品牌项目，创新发展模式，实现国有资产的保值增值。经过多年的发展，邻里中心发展有限公司已成为国内领先的社区商业综合服务提供商，总资产由1997年的100万元增长到2011年的近15亿元。同时，邻里中心发展有限公司作为公共企业，它的一个很大的特点是"不因利小而不为"。邻里中心的12项必备功能的利益非常微小，甚至会出现亏损的现象，其他社会资本一般不愿投入。邻里中心发展有限公司按照"商业＋公益"的模式运营，支撑公益服务，并做大做强社区服务品牌，这些都实实在在地体现在邻里中心惠民载体和惠民工程的建设上。苏州工业园区管委会对邻里中心发展有限公司进行经济目标和公益目标的双重考核，当经济目标与公益目标发生冲突时，园区管委会要求邻里中心发展有限公司优先满足公益目标。

三、邻里中心治理模式的创新意义

苏州市工业园区邻里中心治理模式作为园区在城镇化建设中社区治理的重要创举，依托公共服务资源中的政府主导地位，多元主体的参与，在三级规划下，城市社区建设井然有序；分级式的布局，服务对象的明确，促进了完整的居民生活系统的形成，有效避免了市区拥挤现象的发生；设施群的建设，在围绕居民生活需求的基础上，优化了社区公共活动空间，形成了社区凝聚力；集中化的布局，在突破各项发展难题的同时有效提升居民的生活质量，打造园区社区治理品牌。

（一）整体规划，便于有序开发建设

在规划建设中，邻里中心采取政府同意规划、政府投资建设的模式。其城市规划由宏观的愿景发展规划、中观的发展指导规划和微观的实施规划三个层次构成。每一层次规划各司其职，并在制定后便被严格落实和执行。在这种规划先行的整体系统指引下，新市镇及邻里中心的建设被安排得井然有序。邻里中心在建设初始便有了明确的开发定位和服务人群，有利于规划实施和管理，并避免盲目开发可能带来的城市资源分配不公及浪费。

（二）分级布局，形成完整人居系统

邻里中心的服务对象以住区居民的日常生活为主，区别于城市中心商务区，并衬托中心商务区以对外交流为主的城市功能，各层级邻里中心之间以及与中心商务区之间通过城市轨道交通的便捷联系共同形成城市人民活动中心的完整系统。另外,邻里中心的广泛设置使苏州在城镇化发展中避免出现市区拥挤现象。

(三)社区融合,提升公共空间品质

邻里中心的设施群紧紧围绕人们在家居附近寻求生活、文化交流的需要,实质上构成了一套巨大的家庭住宅延伸体。人们在日常生活中与邻里之间相互接触和熟识,这不仅有助于形成社区的向心力和归属感,促进社区的团结和稳定,同时可减少社区犯罪率的产生,是营造安定繁荣的邻里社区的重要因素。此外,由于邻里中心在营建之初便有了明确的服务定位,场所设计往往以其服务对象的实际需求为本,所以在一定程度上优化了社区公共活动空间,形成了社区凝聚力。

(四)集中布局,提高居民生活质量

邻里中心从宏观选点到微观布局都体现了节约用地的精神,各项设施集中统一安排,精心设计,从而既缩短了这些设施与社区居民的距离,又能充分满足人们多层次多方面的需求,提高社区居民的生活质量和城市的环境质量。邻里中心在发展中的统一规划、集中建设解决了重复投资、设施分散、功能不全、效率不高的问题,商业空间与居住空间的适度分离解决了沿街为市、路边店所带来的环境污染、交通堵塞、邻里纠纷等问题,从一定程度上提升了社区居民的生活质量。

总之,邻里中心实质上是将社区商业及部分文体娱乐设施集中放在一栋单体建筑内,便于规划设计和管理,并成为邻里组团中一个公共交往及邻里情感的"核",有利于社区居民间的相互认知、交往及团结稳定。邻里中心的发展能够带动周边住区的开发和建设,而住区的成长和人气也会促进邻里中心的进一步成熟和完善。这一点一般在城市新区建设中能够发挥其最大效应。

案例一 湖西社区"触爱行动"——用爱开启幸福新生活

一、基本情况

湖西社区位于江苏省苏州市工业园区,工作委员会成立于2001年2月,是中新苏州工业园区开发建设以来,第一个按照"精简、高效、透明"的原则设立的基层行政管理机构,直属园区管委会领导。其服务范围为园区首期开发建成区,面积约11.05平方公里,辖区内现有居民住宅小区35个,分为17个社区:新城社区、新加社区、东方社区、新馨社区、贵都社区、都市社区、天域社区、湖左岸社区、四季新社区、水巷社区、熙岸社区、天翔社区、城邦社区、高尔夫社区、加城社区、师惠社区、沁苑社区,已建立17个社区居委会,入住居民6.6万人,其中境外居民5700余人。

苏州工业园区湖西社区是一个新兴的城区,其社区管理的主体是苏州工业园区湖西社区工作委员会。与传统社区相比,湖西社区具有三个鲜明特点:其一,居民构成多元化,老苏州、新苏州、洋苏州和睦相处;其二,社会组织多样化,先进制造业、商务楼宇、居民住宅多元融合;其三,管理职能专业化,社工委剥离了经济管理职能,专注于社会建设与管理。

湖西社区注重结合社区发展实际,积极借鉴新加坡社区建设经验,坚持创新创优,秉承"亲商、亲民、亲环境"的以人为本的服务理念,以构建"和谐社区"为目标,围绕"健康家庭、和睦邻里、幸福社区"这一主线,坚持以组织为保证、以居民为中心、以服务为宗旨、以沟通为手段、以活动为载体、以参与为导向、以满意为标准、以和谐为追求,努力打造邻里互助、文体娱乐、老少关爱、社团交流四大平台,致力营造"包容、参与、互助、共享"的和谐社区大家庭氛围。在全体工作人员以及居民的努力下,社工委荣获全国青年文明社区、江苏省社区建设示范街道、江苏省精神文明建设工作先进单位、江苏省五四红旗团委、全国和谐社区建设示范街道等荣誉称号。

二、探索历程

湖西社区是一个成立仅十多年的年轻社区,现辖35个居民住宅小区,常驻居民6.8万人。与传统社区相比,湖西社区特色鲜明,60%以上是互不相识的"新苏州"、"洋苏州",即使是"老苏州",也大多是从苏州市区或周边迁来的,邻里之间没有了以血缘关系为支撑的社会交往网络,可以说是一个典型的"陌生人社会"。解决"陌生人社会"、"都市冷漠症"问题,培育社区居民的归属感和认同感,成为社区工作者和社区居民的共同心声。

2006年,湖西社区发起了"邻里互助"行动,组织自愿参加互助行动的家庭,将自己的姓名、地址、电话,以楼道为单位,登记在"邻里互助卡"上。通过一张小小的"邻里互助卡",同住一个小区的居民可以相互认识,一个楼道的邻居能够相互帮助。

为了打造一个充满活力、富于凝聚力的幸福湖西,在"邻里互助"的基础上,2009年6月,湖西社区以新加坡志愿者工作模式为蓝本又启动了以"志愿、奉献"为核心的"触爱行动",倡导居民手携手凝聚爱、手牵手奉献爱、手拉手传递爱、手挽手享受爱、手握手感恩爱,共建温馨和谐的爱心大家庭。2011年9月8日,"触爱行动联盟协会"完成其社团法人注册登记。2012年2月6日,"触爱行动联盟协会"正式成立,为"触爱行动"创建起爱的根据地,"触爱行动"实现从"原子化"向"组织化"的进军。

"触爱行动"开展三年来,以往的"都市冷漠症"逐渐被打破,社区内邻里互助、和气融洽。"触爱行动"还吸引了社会各界和境外人士的参与,他们的爱心跨越了地区,跨越了国界,传播到各个角落,整个湖西也成了爱的海洋。例如,新城社区居民为节约水资源制作的节水宝,师惠社区"凝爱"俱乐部举办的志愿者服务活动,湖左岸社区联合台湾慈济基金会举办的每周定点旧物回收,天域社区的跳蚤市场……"触爱行动"通过一系列活动,发起了"爱心总动员",各个社区针对自身实际情况开展特色爱心活动,整个社区涌动着持续不断的爱心热潮。

这几年,湖西社区通过实施"触爱行动",用爱的力量创新社区管理手段,拓展居民自治途径,探索社区建设方法,用爱筑起幸福社区。一个个爱心之举汇集而成的"触爱行动",已经"发酵"出社区自治的"精神之核"。湖西社区在社会管理创新上的成功经验,吸引了日本伦理研究所的专家来此取经,苏州大学也在这里设立了公共管理实践基地,就地取材培养高校公共管理人才。在"触爱行动"的带动下,湖西社区居民主体意识增强,社会环境也日益和谐,先后获得了"全国和谐社区示范建设街道"、"全国青年文明社区"、"江苏省精神文明建设工作先进单位"、"江苏省社区建设示范单位"、"苏州市文明单位"及苏州市"'十佳'社区党建工作品牌"等荣誉。

三、主要做法

在社区治理中,湖西社工委充分了解居民需求,发展公共服务,依托邻里中心设立社区工作站,发展人性化服务,形成了独特的基层社会事务管理与服务模式,同时启动"民情联系计划",深入贯彻落实群众路线,做好群众工作,提升居民的自治意识和自治能力,在良好的社区环境中开展文化建设,发展社区特色文化,促进社区文化与社区建设的相互融合,让社区居民感受到社区大家庭的温暖。湖西社区正是用爱的力量创新社区管理手段,拓展居民自治途径,探索社区建设方法,用爱筑起幸福社区。

(一)立足居民需求,推进社区服务"三个化"

湖西社区在调研居民需求的基础上,重点推进社区公共服务均等化,加强社区服务中心建设,面向全体居民提供扶残济困、社会保障等公共服务,创新社区公共服务手段,提升社区公共服务水平。推进社会服务产业化,整合社区服务资源,对可以市场化运作的社区服务,走社会创办、自主运作的路子,引导社会资本投资推进社区商贸服务等,提高社区服务自我发展能力。推进社区服务互助化,鼓励发展社区志愿服务,支持社区志愿服务者为社区居民特别是残疾人、老年人等提供救助、优抚、助残等服务,支持社区开展多种形式的邻里互助。

湖西社区主要依托邻里中心、社区卫生服务站等平台为社区居民集中提供社区服务。湖西社区每个邻里中心45%的面积用于满足超市、药店、书店、维修店、洗衣房、美容美发店等12项必备基本功能,并且配备社区工作站、卫生服务站、社区图书馆、文体活动室、乐龄生活馆、少儿阳光吧等公共服务载体,满足居民的政务服务、卫生健康以及精神文化需求。在"邻里中心"的基础上不断探索社区管理的新方法,按照"统一标准、统一风格、统一功能、统一内容"的原则建设"民众联络所",为社区居民提供集生活休闲、沟通交流、学习充电于一体的社区公共服务,所有项目对居民免费开放,将民众联络所建设成为居民服务中心、活动中心、交流中心,承载便民服务和居民休闲娱乐两大功能。湖西社区科学育儿Q吧在原有基础上,联合爱心成员单位可爱屋早教中心,每周在固定时间和地点开展公益亲子活动,全年共计开展86场,受益人群达 1000 多人。除此之外,Q 吧还通过举办家长读书月、亲子讲座、摄影比赛等活动,使广大社区家庭享受到社区免费的优质早教服务。目前,Q 吧群共有 175 位成员,共发放"彩虹卡"200 余张,建立宝宝档案 120 份。

(二)建立社区工作站,提供一站式贴心服务

随着社区的增加,湖西社区依托邻里中心设立社区工作站,形成了独特的基层社会事务管理与服务模式。社区工作站不仅是社工委下设的办事机构,还是社区基层的组织协调者和资源整合者。社区工作站以邻里中心为载体,可以负责周围 4~6 个社区居委会所管辖居民的事务,是一种"一站多居"模式,同时也方便了辖区内企事业单位之间的联系,实现了行政效能的提升和服务功能的拓展。湖西社区工作站是社工委人性化服务的一个缩影。工作站除"早 9 点、晚 8 点"全年无休地为社区成员提供党(团)员关系转接、计划生育、劳动就业、社会保障、社会救助、残疾人服务、老龄服务等 24 项公共服务外,还通过与相关职能部门、辖区单位合作,采用提供服务场地、统一管理进驻人员的模式,引入家政服务、法律援助、自来水缴费、燃气缴费、火车票购置、车管业务办理、地税私房出租代开发票、国税个体工商户纳税服务点、旅行社服务等项目,创造出"一站多能"的贴心服务环境。

(三)民情联系计划,做好群众工作

设立"民情联系人"是湖西社区保障民情的"一线"举措。湖西社工委于 2009 年年初启动了"民情联系计划",通过确定民情联系人、确立民情恳谈日、落实民情走访制度、拓展民意诉求渠道四种方式,为居民创造"有苦可诉,有难可帮"的服务氛围。湖西社区将社工委 17 名工作人员作为 17 个社区的民情联系人,定点联系社区,要求他们对所联系社区做到"社区情况要熟悉,社区资源要掌握,社区问题要清楚,社区困难要帮扶,社区矛盾要化解,社区亮点要培育"。

为了能深入"一线"了解民情,湖西社工委还变"居民上访"为"社区下访"。通过在每月 9 日召开的民情恳谈会,邀请物业公司、业委会、社区民警、人大代表和政协委员,与居民进行面对面座谈,变"居民上访"为"社区下访",及时发现社区建设中存在的问题,并联合相关职能部门予以解决落实。民情联系计划的实施,充分调动了社区成员参与社区治理的主动性、积极性和创造性,实现了"真诚倾听民声、真实反映民意、真挚汇聚民智、真心排除民忧、真情化解民怨、真正赢得民心"的目标。

（四）发展文化活动，培育社区文化特色

作为社区的灵动之泉，文化活动一直是社区建设的重要载体和抓手。为积极引导和组建社区文艺团队，湖西社工委充分挖掘区内文化资源，发掘社区文艺"草根明星"。同时，为了活跃社区文化，湖西社工委每年都会举办社区文化艺术节、全民健身周、"中秋月明社区情"系列活动、趣味运动会等文化活动，并通过"阳光假日快乐营地"、百姓健谈、乐龄学校、馨湖书苑等特色文化载体对社区各类教育文化资源进行整合利用，促进社区文化与社区建设的相互融合。

除了文化项目和文化载体的充分开发，湖西社工委还积极培育文化特色，鼓励和引导社区文化"百花齐放"，注重加强对各社区文化品牌的扶持和培育，引导社区建设以社区理念、社区 LOGO、社区刊物、社区之歌、社区品牌文化团队为内涵的特色文化品牌，充分展示社区建设风采。目前，新加社区等 14 个社区先后创建出自己的社区刊物，新城社区等 7 个社区设计出各具特色的社区标识，都市社区等 4 个社区谱出社区之歌，"一社一品"、"一局一特"的社区文化建设格局正在逐步形成。

四、经验启示

用爱心助力社区建设与管理，这种幸福创建方式正在湖西社区得到实践的验证。随着以"志愿、奉献"为核心，以"手携手凝聚爱、手牵手奉献爱、手拉手传递爱、手挽手享受爱、手握手感恩爱"为主题的"触爱行动"不断深化，积极倡导社区成员"爱自己、爱家庭、爱岗位、爱他人、爱社区、爱社会"，用爱的力量创新社区管理手段，拓展居民自治途径，探索社区建设方法，增强广大社区成员归属感、荣誉感、幸福感，提升社区的凝聚力、影响力和号召力，塑造具有园区特点、湖西特色的社区文化品牌。湖西社区治理的成功经验总体归纳为以下几点：

（一）创新机制，居委会成居民"贴身管家"

居委会变身"贴身管家"，这是体制优势的结果。苏州工业园区在社会建设与管理上，不为传统理念和经验所束缚，学习借鉴新加坡等国际先进经验，在创新机制上下功夫、求突破。湖西社工委是苏州工业园区中新合作区内第一个按照"精简、高效"原则设立的基层行政管理机构。在此模式下，社工委作为基层社区建设的主体，承担协调、管理、服务工作职能，并实行"一委一站"、

"一站多居"的工作模式。社区工作站作为社区服务窗口,配强、配足职业社工,协助政府开展管理工作和公共事务服务工作,而社区居委会主要承担组织居民文体活动、协调矛盾、反映居民诉求等工作。这样,工作站就承担了政务、事务性工作,让居委会从原先繁重的事务工作中得以脱身而致力于居民自治。居委会和工作站实行"朝九晚八"且双休日正常上班的工作制度,为居民提供贴心服务。

(二)去管理化,激发居民的主人翁意识

针对居民结构的多元化和移民化,在上级党委、政府的支持下,湖西社工委建立伊始就剥离了经济管理职能,专注于社会建设与管理促使其管理职能更显专业化、人性化。同时,湖西社工委还创新管理和服务,变"防范治理"为"服务关怀",做到"居民化对待、亲情化服务、人性化管理"。"触爱行动"的实质是"淡化管理、强化合作;淡化治理、强化服务",让居民在爱心奉献中,激发出参与管理社区的主动性和积极性。

(三)文化交融,促使社区生活更和谐

社区文化作为加深社区居民间了解与沟通的纽带和桥梁,可以增强社区内的人际沟通,还有助于社区与社区、社区与社会之间的沟通。社区文化巨大的吸引力和渗透性可以引导社区居民爱祖国、爱城市、爱社区,形成崇尚先进、团结互助、扶正祛邪、积极向上的社区道德风尚。作为一个典型的国际化、多元化、移民化社区,湖西社区一直把文化建设放在突出位置,注重挖掘区内文化资源,整合各类教育文化资源,发挥文化活动在社区建设中的载体作用,促进社区文化与社区建设的相互融合。

湖西社工委紧扣园区工委管委会"作风效能年"活动,坚持"以人为本是理念,触爱行动是主题;转型升级是方向,创先争优是动力;民情联系是基础,作风效能是保障;合作共赢是方式,幸福社区是目标"的工作思路,牢固树立服务意识、资源意识、合作意识、创新意识、精品意识,积极引导社区成员参与社区建设,努力创建现代化、国际化、人文化的幸福社区,实现社会各群体的融洽相处和居民群众的安居乐业。

五、未来发展思路

湖西是一个国际化、移民化、多元化的社区,湖西社区始终坚持全心全意服务基层,如今已经形成了"包容、参与、互助、共享"的湖西文化,伴着前进的

脚步，湖西人越来越有信心，压力也越来越大。湖西社区党委书记、主任田太促认为，湖西今后要进一步增强责任、服务、创新、资源、品牌意识，"创第一，争唯一"。始终以社区成员为中心，以优化服务为主旨，以"触爱行动"为主线，社区成员不仅是社区的服务对象，也是社区的依靠力量，更是合作伙伴。此外，社区也要创新，加强与学校、媒体等的合作，更好地服务百姓。湖西的目标是要建成"幸福社区的样板区"和"充满爱心的品牌区"。

（一）增强责任意识，创新服务模式

一个国家经济发展与社会进步的根本目标就是提高人民的基本素质、生活质量与生活水平，而社区服务作为与每位市民日常生活都密切相关的一项社区工作，无疑是社区建设与管理的核心内容和重要任务。湖西社区在未来的发展中要增强责任意识，深入了解社区居民的需求，细化服务对象，尤其是特殊群体，如社区孤寡老人、失独家庭、经济困难户，高效利用邻里中心服务平台，发展社区医疗服务、少年儿童服务、社区生活服务，既有无偿的福利服务，又有有偿的经济服务，既有一对一服务、邻里互助，又有机构集中服务，提高服务的多元性、福利性、群众性及社会性。

（二）发展信息技术，提高沟通效率

信息化是一种世界潮流，代表了城市未来的发展趋势。社区信息化是加快"数字城市"建设的重要组成部分，是城市社区治理新的发展方向。充分认识信息化管理在现代新型社区建设中的作用，对于改进工作方式、提高沟通效率具有重要的意义。湖西社区在未来的发展中要积极发展信息化管理平台，如微博、微信等新媒体的运用，一方面，积极引导社区居民快速高效地反映自身需求以及对社区未来发展的良好建议，另一方面，社区也要本着为民服务的心态及时高效地回应社区居民，实现良好有效的沟通。

（三）融合多方资源，提高服务质量

社会建设和治理服务于社会，也离不开社会支持。社会建设和治理要让社会满意，就要广泛有效地整合社会资源。湖西社区在未来发展中应积极发展壮大"触爱行动联盟会"，在与企事业单位资源共享、文明共创的基础上，积极走出辖区，努力在更大范围内拓展与社会资源的合作渠道，搭建社区建设平台，创新合作方式，在合作共建中寻找社区治理新方式。

【思考题】

1. 湖西社区在"触爱行动"特色社区治理上有哪些好的做法？对你有什么启示？

2. 湖西社区利用邻里中心服务平台创新社区治理的实际运作中还存在哪些不足？应如何改进？

案例二 湖东社区:"新邻里主义"——畅享幸福新格局

一、基本情况

苏州工业园区湖东社区工作委员会是园区管委会直属基层行政管理机构,成立于2005年7月,由园区社会管理局负责日常管理,建立了"社工委——社区工作站(民众联络所)——社区居委会"三级服务管理体系。其主要职能是依据国家法律、法规,在本辖区内行使相应的基层行政管理职能,开展社区管理、社区服务、社区文化建设、基层民主政治建设等工作。

湖东社区工作委员会的管辖范围为金鸡湖和高尔夫球场以东、青秋浦河以西、现代大道以南、斜塘和科教创新区以北区域,总面积约37平方公里,规划建设住宅小区42个(其中已建成小区31个、正在开发建设小区11个)。湖东辖区内现已设立社区居委会21个、社区党支部19个、小区业委会20个。规划人口约161400人,目前已入住66283人。其中,"洋苏州"约占8%,"新苏州"约占70%,居民平均年龄约33岁,拥有大专以上学历者约占67%,呈现出"国际化、多元化、年轻化、高知化"的鲜明特征。

社区工作站是湖东社工委积极探索社区管理新机制的举措之一,湖东社区目前已设立社区工作站4个,已建民众联络所3个,作为湖东社区工委的内设机构和外设窗口。通过方洲民众联络所、湖东民众联络所、金鸡湖民众联络所、凤凰城4个社区工作站,基本形成以邻里大厦为中心,辐射周边居民的一站式办公模式,直接为居民提供劳动保障、计划生育、民政工作等行政性服务;同时负责收集、反映社情民意,做好社区综合治理工作,协调社区各基层组织关系等。

"请居民监督,让居民放心"是湖东社区工作委员会信守的工作承诺,"开放、参与、互助、融合"的新邻里主义精神是湖东社区建设的最佳诠释,湖东社区工委将以为居民营造安居乐业的生活环境为己任,努力将湖东社区建设为新型现代化的国际社区,不断亮化"新邻里主义"社区建设品牌。

二、探索历程

在钢筋混凝土时代,"门对门的遥远距离"正成为都市人关系的真实写照。湖东社区自建成以来目前已入住66283人,居住人口呈现出"国际化、多元化、年轻化、高知化"的鲜明特征。在这里寻找社区生活的归属感和心理的认同感,不再是个人或家庭的问题,而是新移民面临的共同问题。为打破"陌生"的邻里关系,消除人与人之间年龄、地域、习惯的隔阂,增进交流,融入社区,建立良好的邻里关系,一股新鲜而温情的"新邻里主义风"在苏州工业园区湖东社区悄然蔓延。小至温暖的左邻右里的家长里短,大至政社互动、社企联动的"新邻里"大格局,在多层面内涵的背后,"新邻里主义"支撑起湖东的幸福新释义。

2009年,湖东第五元素小区第一次掀起了"新邻里"热潮。当时,正值新一批的新苏州人在湖东落户,因为很多家庭都处于买房、装修、购置家具阶段,加上小区的年轻人多,一股"网络邻里风"在第五元素小区迅速蔓延开来。"当时第五元素很多年轻人在社区论坛和QQ群里很活跃,他们自发组织一起去上海宜家看家具,装修过程中也互相探讨装修风格,等到后来住进小区,大家的关系已经很熟络了。"而正是第五元素这种年轻又创新的"新邻里"思路给了湖东社工委很大的启发,整个湖东开始以第五元素小区为试点,试图让更多人跨出"新邻里"的第一步。

2009年,湖东社工委向辖区内居民发放"串门卡",鼓励居民主动敲门去认识"相逢不相识"的左邻右舍们。一张小小的"串门卡",做工简单,但其背后的意义却是深远的。它不但为居民间的彼此熟识架起了第一道桥梁,更为湖东"新邻里"大格局敲开了第一扇门。一道看似深不可测的鸿沟就这样被一张小小卡片"跨越"了,但是对整个湖东而言,这只是简单的开始。

为了让"新邻里"在湖东落地生根,枝繁叶茂,系列"衍生服务"也愈加繁荣。从"五十百千"文化扶持计划,到"新邻里"幸福空间站的持续落实;从形态各异的文体社团"百花齐放",到四点驿站、中西文化大课堂的无缺漏运行……每一个个体都能在湖东找到自己的专属舞台,不但能自我展示,结交朋友,更让居民走出小家,融入大家。2011年6月,园区首个民众联络所——方洲民众联络所在湖东正式揭牌,它不但为居民提供了"一站式"服务,还成为居民间的联结点,是湖东"新邻里"能量释放的新平台。

除了硬件软件相互配合,实现资源与平台的最大共享,湖东"新邻里主义"

还在挖掘传统邻里关系的基础上更上层楼,把更全面更宽泛的"新邻里"概念引进湖东。政社互动可以让"新邻里"更加成熟,湖东社工委借助民情联系人、民情联系日等多种形式,让更多的居民走出自己的小天地,关注社区生活,甚至参与社区自治。而在社企联动方面,湖东启动了"社企直通车"项目,不但把爱心商户引进社区,也利用社区资源为企业员工做实事,让"新邻里"之风在整个大湖东蔓延开来。

2012 年 7 月,"新邻里主义"LOGO 应运而生,联结的双 n,是 New Neighborhood 的首字母,这恰似邻里间的两扇门,因交集而勾画出一道爱心,灵动的绿橙双色纽带,既寓意了"新邻里"的沟通互动,又融合了湖东的年轻活力。这一 LOGO 清新亮相,不仅凝聚了湖东社工委成立 8 年来的探索积淀,更开启了湖东社区建设的崭新起点。

三、主要做法

作为社区公共生活价值观,"新邻里主义"倡导"开放、参与、互助、融合"的社区精神。湖东社工委秉承"在自治中提高幸福指数"的工作理念,立足社区发展,了解居民需求,通过建立民情联系、发展特色服务、推动社企联动、发展义工组织等形式使新移民真正成为新邻里。

(一)民情联系,串起"新邻里"

为了串联起湖东幸福"新邻里"的大格局,让邻里间的每一次交往,社区居民的每一个小需要都有所铭记,民情联系成为湖东"新邻里"大建设的重要通道之一。

2011 年年初,数万份便民联系卡走进湖东千家万户。便民联系卡上不仅有湖东辖区社区工作站、社区居委会及物业公司的详细地址和联系电话,还汇集了湖东辖区范围内供水、供电、供气、数字电视、医院等与居民日常生活息息相关的各类服务热线和具体地址。便民联系卡承载着湖东社区便民、利民的服务情怀,传递了社区真诚的关爱,是湖东"新邻里"共建的幸福载体。同时,湖东社工委更是给每个社区配备"民情联系人"。他们是居委会工作人员的贴心人、居委会各项工作的帮助人、居委会实际困难的联系人。"民情联系人"与各社区居委会共谋社区发展,共筑社区名片,共解社区难事。湖西社工委还创建了"楼组长日志",它跟着组长们走百家、串千户,有效记录下随访居民的各类建议和需求,清晰定格新邻里之间往来的感人点滴。社区还会定期"召回"日志,让楼道组长们一起"晾一晾、晒一晒",分享发生在各自楼道的幸福事、开心事,交流楼道间的小问题、小矛盾及解决办法,不但增强了社区活力,还进一步加深了邻里间的感情和熟悉度。湖东社工委和各社区居委还会利用湖东社区网、各小区论坛、QQ群、微博等媒体所具有的群聊、公告栏、资源共享等功能,向居民宣传相关政策、发布重要通知,答疑解惑,加强了信息沟通,及时掌握居民需求,不断满足社区居民需要,把细琐平淡的社区工作开展得有声有色。

在湖东,除了便民联系卡和楼道组长日志,最受人关注的莫过于每月准时到来的社情民意联系日。在每个"联系日"当天,园区工委领导和相关局办负责人会深入湖东,耐心倾听,探索方法,解决问题。这一天,政府多个部门会跟湖东老百姓直面交流,大家切身关注的热点难点问题都将被提出来解决。正是在这样的"政社互动"平台下,居民们的切实利益得以保障,而"新邻里"的内涵也在每一次的民情联系日中得到提升。

(二) 特色服务,普惠"新邻里"

湖东社区依托邻里中心服务平台,打造特色服务载体,包括民众联络所和乐龄屋。湖东社区民众联络所实行全年无休、早九晚九的便民利民工作制度,辐射周边4~6个社区,"一站式"满足居民的多元需求。从少儿阳光吧到乐龄生活馆,从雅韵居到墨香斋,老少兼顾,雅俗共宜。民众联络所不仅是丰富群众业余生活的简单平台,更是一道桥梁,联结起本不相识的陌生人们。此外,乐龄屋作为为社区老人提供生活帮助和精神慰藉的综合服务场所,兼具生活服务、文化娱乐、精神慰藉、康复健身、休闲养老等多重服务功能。

湖东社区还积极创建品牌服务项目,设立了"四点驿站"、"我的巴学园"和"中西文化大课堂"。为解决双职工家庭每天下午4点学校放学后无暇照顾孩子的后顾之忧,湖东社工委于开设"四点驿站"和"我的巴学园",以放学后无人监管的未成年人为服务群体,针对他们年龄小、自制力差、迷恋电视等不良习惯,利用固定场所,聘请专人接校,同时有专职辅导员进行家庭作业指导和课外活动展开,将常规辅导与特色活动相结合,为未成年人在安全、学习、成长等方面提供优良的可依赖环境。针对辖区外籍居民多的特点,为了让他们更好地学习中国文化,更快地融入社区,更积极广泛地参与社区活动乃至社区管理,湖东社工委特别开设"中西文化大课堂",内容包括"兴趣课堂"、"说法堂"和"节日互动堂"三部分,让在湖东生活的外籍人士从社区服务的细节中体味家的温暖。

(三) 社企联动,幸福"新邻里"

在人们习惯性的印象中,邻里关系是局限于小家与小家之间的嘘长问短、互助互动,即使是范围扩大了,却依然走不出家庭的范围、社区的格局。但是在苏州工业园区湖东社区,"新邻里"的概念已经一步步从小家走出,走向社区与企业的互联互动。

2011年9月,湖东社工委以"社企资源共享、社区事务共商、社区家园共建"为宗旨,推出"社企直通车"项目。在"社企直通车"项目中,其服务内容主要包括宣传工作联做、公共服务联办、文化繁荣联动、生态环保联抓、党建工作联建、社会平安联创六大块。除了爱心商户进社区,湖东社区还充分考虑企业内需,开辟政企快车道,利用每月一次的园区"社情民意联系日",听企业反映心声和难点问题的沟通;此外湖东还将开设"政策服务日",为企业员工开展党团、计生、劳动手册等证件办理及咨询服务,为企业人事部门提供政策支持,真正实现社企的大联动。"社企直通车"项目启动后,湖东"社企单身派对"成为开启社企心门的敲门砖。湖东"社企单身派对"品牌活动真正打造成了园区单身青年的青春盛宴,而这份幸福关怀也让这些在园区打拼的年轻员工们真正能安居在园区、乐业在园区。

"社企直通车"项目实施一年来,首批成员单位16家、爱心商户36家,共同构建了零距离、高效率的社企共建平台。针对社企需求,湖东社工委先后推出了"社企运动季"、"社企单身派对"、爱心商户"孝心餐"、"魅力达人秀"等品牌子项目,让社区与企业在多形态的活动接触中,各寻所需,抛却了商家与顾客间的传统利益关系,在湖东"新邻里"的大环境下和谐共融。

(四)情系义工,共谱"新邻里"

邻居,顾名思义,是比邻而居,扩大了来说,它还是彼此见面时的一个微笑,是"你有困难我伸手"的心照不宣。在苏州工业园区湖东社区,"新邻里"的概念正如被传唱不衰的志愿精神一般,只要有了人与人之间的相互照应,哪里都是"新邻里"。

每年的3月5日,由湖东社工委发起的"春风送暖,触爱湖东"志愿服务活动总会在湖东邻里中心温暖开幕。在过去每一个平凡的日子里,湖东数千名志愿者每天都在行动,用朴素的情怀,长久地坚持温暖他人、给力幸福,他们有着一个共同的名字——"湖东义工";他们用踏实的行动和坚守的信念,不但为志愿精神添光注彩,更为湖东"新邻里"精神注出别样诠释。湖东现已成立43支特色义工队:能工巧匠义工队、外籍人士"啄木鸟"志愿队、三星环保志愿队、党员妈妈关爱队、"小小文明卫士"宣传队、爱心陪聊队、法律咨询志愿队……

在义工精神的感召下,目前湖东注册志愿者已达 6151 人,占常住居民的 9%。他们积极投身公益活动,默默帮助弱势群体,身体力行进行爱的传递,成为广大社区志愿者的缩影。他们用实际行动诠释了"义工精神"的真正内涵,掀起了一股邻里互助新风尚。千名志愿者时刻在行动,他们用行动喊出了"我奉献我快乐"的最强音,更用每一个踏实有力的行为谱写了"新邻里"的感人章节。

四、经验启示

"新邻里"关系的建构以组织化参与为载体和动力机制。作为和谐社区、幸福社区建设的一项创新举措,"新邻里主义"体现了社会生活共同体的本质,适应了主流居民群体的生活方式,彰显了现代社会工作的参与理念,对于促进社区居民多元融合、推进和谐社区建设、提升公民素养具有较强的参考价值,其成功经验归纳为以下几点:

(一) 网络型共同体

网络的交互性、快捷性,使兴趣爱好相投或者利益关系一致的群体在虚拟的网络空间进行跨越时空的交流变得容易,一种"跨越边界的网络社区"正在生成。湖东社工委及其社区居民凭借网站、论坛、QQ 群、博客、微博等互联网媒介,围绕共同利益、兴趣或需求实现信息交流、资源分享、人际互动。伴随着网络型共同体的产生,虚拟成员与现实中的自己所属的社区存在地域上的吻合,实现"虚拟"到"现实"的转换,推动居民从线上走到线下,建立了群体间的熟悉与信任,实现居民邻里互助和社区参与。

(二) 社团型共同体

社团型共同体即通过建立类型多样、功能丰富的社区社会组织以满足不同居民群体服务需求与表达、社会参与与融入的新的共同体。当基本的安全、隐私与舒适的需求被满足,圈层相对接近的社区中参与的热情就会被释放出来。在满足社区居民多样化、个性化需求方面,除了政府提供的公共服务之外,社区社会组织是绩效较高的主体之一。湖东社工委通过社会组织"五十百千计划",促进了各类社团组织的普遍产生和蓬勃发展,做到将组织触角延伸到每一类群体和个人,每一个人都可以找到自己想加入的社区组织。

(三) 记忆型共同体

社区记忆可以理解为社区在发展过程中形成的独特传统,它是一种集体记忆,是一个群体对"过去"的认知,并逐渐内化为人们的思想观念与认知习惯。社区在时空结构中的存在和变迁与社区成员的成长轨迹同构共生,社区记忆的结果就是形成记忆共同体。湖东社区发放"串门卡"鼓励居民主动结识邻居,形成集体记忆,为居民们更多的社区参与铺垫了基础。同时,湖东社区结合节假日、各类居民群体的不同爱好组织开展如情人节舞会、元宵节百家宴、清明节出游、广场演出、单身派对、体育运动等大家喜好的活动。通过这些丰富多彩的活动,吸引居民参与,促进邻里交往,建设幸福社区。

(四)治理型共同体

参与社区公共事务决策过程对居民自治能力和社区认同感都具有积极效应,因此将参与社区公共问题讨论、社区公共事务决策而形成的共同体称为治理型共同体。湖东社区在社区治理中,注重培育居民的社区参与意识,广纳民意、广开言路,让居民参与到社区治理中来,并在长期的发展中形成了有效的组织形式和表达机制。湖东社工委建立"民情联系人"制度和"民情联系日"制度,充分发挥社区居民的自主参与意识。社区内公共事务的协商和解决往往需要多主体间关系的合理调整,湖东社工委融合社区居委会、房产开发商、物业管理公司、业主委员会一起参与社区的共同治理,从而做到社区事务的"多元参与、多元共治"。

湖东"新邻里主义"实现了社区居民的参与和共享,居民的主体性得以突显,居民以主体地位和主体责任参与到社区建设中来,依靠自己的力量营建一个共同意义上的社会生活共同体,每个人都是这个不断发展的共同体的组成部分。人们的社会认同并非仅仅限于居住小区,更多时候大家是以"园区人"或"湖东人"来称谓自己,带着一份骄傲和情感归属。新的共同体形式正在不断地酿造和重构,新的邻里关系逐渐铺展,一种多元参与、多方受益、各方幸福的社会秩序也向湖东人走来。

五、未来发展思路

"新邻里主义"体现了社会生活共同体的本质,适应了"多元化、年轻化、国际化、高知化"居民群体的生活方式,彰显了社会工作的参与理念,对于推进文明城市建设、提升公民素养发挥了重要的作用。在未来的规划发展中,湖东社区在发展新邻里主义、打造幸福社区的过程中仍需在以下几方面继续努力:

(一) 规范网络平台的发展,提高管理效率

随着科技的快速发展,居民文化素质的普遍提高,人们对社区工作的信任度和依赖度也逐步提升,居民不再满足于传统媒体构建起来的社区交流平台,他们需要交互性更强、反馈更为及时的沟通网络。所以,在未来的社区发展中,湖东社工委要建立合理的网络管理机制,组建网络舆情志愿者队伍,收集、汇总信息。通过网络平台发现问题以后,要快速反应,及时处理。同时,在新媒体的使用过程中要端正态度,避免官话、套话或戾气十足的语言,使用网络化、口语化的表述,贴近居民,真正做到为民服务,提高社区的管理效率。

(二) 规范社会组织的发展,形成组织网络

在现代城市社区管理中,要充分发挥居民自治组织的作用。湖东社工委要积极引导社会组织根据社会发展变化的情况,积极探索自身联系社会、联系群众的组织和活动方式,充分发挥社区的整个功能,大力培育社会中介组织、各类社区服务机构和组织等社区自治组织和机构,由此构建以政府为主导、以社区各个团体机构为基础、以居民参与为核心的一体化网络组织,避免现有组织的零散性和社区服务的短暂性。湖东社工要坚持长远发展的眼光,引导社会组织的规模化、正规化发展。

(三) 引入开放式资源,服务社区居民

引入开放式资源服务社区居民是社区工作的一种创新。湖东社区作为一个新兴社区,居民学历普遍较高,个性独立意识较强,这就要求社区工作具有多样性,而从另一个方向思考,许多居民本身就是创新载体中的各类青年人才。湖东社区在未来的发展中要积极引入开放式资源,充分利用社区特有的人才资源优势,开展社区服务,促进社区建设。同时,社区服务的开展,不能单纯地局限于户籍居民,更要注重发动在职党员、外来流动人口、外籍人士、妇女儿童、辖区青年学子的积极参与,体现大融合的概念,将邻里精神发挥到极致。

【思考题】

1. 学习了湖东社区新邻里主义引入社企联动的方式,你对社区与企业互联互动有何新的认识与思考?

2. 湖东社区新邻里主义的社区治理模式对你所在社区未来社区治理有何借鉴意义?

案例三 东沙湖社区:"私人订制"——升级幸福社区生活

一、基本情况

东沙湖社区位于苏州工业园区,2013年8月8日,苏州工业园区东沙湖社区工作委员会正式揭牌成立。这是继湖西、湖东、独墅湖科教创新区社工委之后,园区成立的第四个社区工作委员会。其成立调整优化了原湖东社工委的管辖范围,减轻了其因区域面积大、居民规模膨胀、企业数量多等因素造成的社会管理压力。

东沙湖社工委管辖服务范围为:金鸡湖大桥和凤凰泾以东、青秋浦河以西、娄江以南、现代大道以北区域(园区出口加工区A区除外),约23平方公里,规划建设23个小区(其中已建成小区17个,正在开发建设小区6个),规划46426户,截至2014年10月31日,已建成33674户,实际入住17908户(不含汀兰家园集宿区),47171人。

东沙湖社区已初步建立"社工委—社区工作站(民众联络所)—社区居委会"三级服务管理体系,辖区已成立10个社区居委会,并建有2个民众联络所,标准化配备社区工作站、民众俱乐部、乐龄生活馆、少儿阳光吧、卫生服务站、图书馆、文体站等功能单元,全天候免费向社区居民和企事业单位开放。每个民众联络所辐射4~6个社区,"一站式"地满足了居民政务服务、卫生健康、精神文化等方面的需求,深受居民和企事业单位欢迎。

社区小舞台,提供大服务。东沙湖社工委以为居民营造安居乐业的生活环境为己任,着力提升居民幸福感和满意度,努力开创东沙湖社区建设新局面。

二、探索历程

一部《私人订制》电影火了苏州工业园区,而对东沙湖社区的居民来说,社区管理与服务也流行"私人订制",生活的味道又多了几分甜蜜。社区影院、暮年计划、微型公交、优孕课堂……在"摸底"居民切实需求之后,一道道"私人订制"的幸福路线逐渐启动和延续。无论群体还是个人,在如今的东沙湖,有需求的地方,就有"私人订制"。

在当前社会现状下,随着人口老龄化、家庭"少子化"而导致的诸多家庭问题日益突出,如何发挥社区服务主观能动作用,为社区老年群体提供更深化、细化的服务,成为景城社区一直在探索的社区服务课题。2013年10月,景城社区"暮年关怀计划"正式启动,敲开了东沙湖社区"私人订制"特色管理的大门。景城社区将"个人"扩大到"群体",从社区老年群体实际需求出发,整合联动周边资源,借力社区"援梦"志愿乐服队,为老年人们量身定制一系列圆梦服务。这样的"私人订制",随后很快就在景城社区流行起来,并迅速"辐射"东沙湖其他社区。这一个性化特色管理的推出,无疑让东沙湖其他各社区找寻到了灵感,各社区居委会充分依托本社区居民特点,从实际需求出发,为某一社区群体"私人订制"各类特色服务,这很快成为东沙湖社区管理的新风景。

除了切实满足安民、亲民、惠民、便民、利民、悦民的社区管理内涵,一股更强大的正能量的影响和收获也正潜移默化地施行。"私人订制"在满足了社区居民个性需求的同时,更在社区居民间掀起一阵友爱互助、微善大爱的风潮。对东沙湖而言,各社区"私人订制"特色管理的不断推出,让居民们得以更好地看到一个现代社区的存在。社区将可利用资源与居民的需求实现有效对接,扮演"红娘"角色,以更贴合的服务让居民与社区达成更融洽的新关系。

与此同时,社区在不断提升社区服务创新性、有效性、可视性的基础上,更积极构建平台,引导居民参与社区建设,让居民在享受服务的同时也"释放"服务,推进了大家参与社区管理的积极性、针对性、可操作性,是创新社会管理模式的全新尝试。

据了解,为了进一步深化管理,未来东沙湖的"私人订制"还将持续"升级"。除了依靠社区自身资源,接下来更多更专业的社会组织也将在东沙湖"私人订制"舞台上相继登场,为社区老、中、青等各类人群带来量身订制的服务。除了依托社区平台,东沙湖社区还将更好地利用民众联络所等重要的公共服务载体,优化其与周边社区关系,实现区域资源共享,同时还将孵化新的社会组织,承接社区服务功能,让社区的管理与服务不但"私人订制",而且更加专业,更有力量!

三、主要做法

"私人定制",顾名思义即在深入了解不同人群日常需求和特点的基础上,为其量身打造适合的社区服务,提升居民生活的幸福感,促进居民的社区认同与社区融入,从而推动和谐社区建设。在这样的工作理念下,东沙湖社工委在"摸底"居民切实需求的基础上,根据人群特点,制订暮年关怀计划,打造优孕课堂,发展多元文化,同时根据居民结构、年轻人的习惯,实现"实体楼道"向"虚拟楼道"的过渡,促进和谐社区建设。

(一) 暮年关怀,定制幸福晚年

目前,人口老龄化、家庭"少子化"现象导致空巢老人家庭等问题日益突出,在倡导"居家养老"的大环境下,如何面对更多数的社区老人,发挥社区服务的积极主观能动作用,为老年人提供更深化、细化的服务,成为景城社区聚焦老年人生活的重点。2013年10月,景城社区老人"暮年关怀计划"正式启动。以景城社区为领头,积极整合联动社区周边资源,借力社会爱心力量,为有需求的社区老年人"量身订制"专属晚年幸福生活。在这样一个集合多方力量发起的"关怀计划"中,九龙医院、建屋物业、娄葑家政、心理咨询师志愿者团队、邻里爱心商户以及社会志愿者等六大资源力量成为推动维系"计划"持续的重要力量。据了解,景城社区老人"暮年关怀计划"包括为大多数老人"订制"常规服务项目,包含健康课堂,身体、心理健康讲座,常规体检,不定期组织旅游、购物、谈心会等团体活动等,在关怀老人身体健康同时,项目还积极为老人们营造良好的人际关系圈,让老人们的暮年生活幸福得有条不紊。

除此以外,景城社区还创新"特殊服务"凸显"人性关怀"。除了基础常规服务,在景城"暮年关怀计划"的特殊服务项目中,"临终关怀"和"喘息服务"让景城的"暮年关怀"更显人性化。所谓临终关怀,是在普通身体健康的老人之外,针对极少数的超高龄老人和垂危病人提供的特殊服务。"临终关怀"并不以延长病人生存时间为目的,而在于提升他们在生命末期的生命质量。在居家养老大背景下,社区更多的是服务那些健康、能够生活自理的老人,但"暮年关怀计划"能辐射所有有需要的群体,拓宽服务对象,对极少数有更高关怀需求的老人,依托专业的力量,为他们提供生活照顾、心理疏导等服务。"喘息服务"则是更为新鲜的服务项目,它是专门为长期照料者"私人订制"休息的机会。无论是"临终关怀"还是"喘息服务",都是社区"暮年关怀计划"专为老年群体打造的"私人订制"贴心服务,而也正因其贴心和创新,老人们的"幸福景城"生活愿景正在慢慢实现。

(二) 优孕课堂,定制幸福育儿经

育儿是社会生活的重要组成部分。随着优生优育理念的深入人心,2013年8月,苏州工业园区东沙湖玲珑民众联络所积极参与介入苏州市第二届公益创投项目——"优孕课堂",为准父母们"私人订制"优质"育儿经"。民众联络所,这一苏州工业园区所特有的服务载体,因其多元化的服务形态,早已在园区人心中树立起良好的口碑形象。自2013年8月首度开课以来,目前玲珑民众联络所的"优孕课堂"已开展9次系列讲座,内容涵盖孕期营养及保健、母乳喂养、月子调理与膳食、B超解读、准爸爸的功课等,涉及孕期各个阶段。为了确保讲座的优质高效,玲珑民众联络所"优孕课堂"邀请母子中心及各大产科医院的专家们现场讲解,甚至以实操演练等方式让准爸妈们提前担当角色,实现了专业老师传授"优育经"。据介绍,由玲珑民众联络所推出的"优孕课堂",其辐射范围已经不局限于东沙湖社区,乃至园区,而是面向全苏州市开放,每次课程参与人数达60人左右。

一直以来,民众联络所的服务都是辐射周边社区的居民,但为准爸妈们"订制"的优孕特色服务在某种程度上而言是扩大了民众联络所的服务职能。它不但针对年轻的准爸妈们推出适合需求的特色服务,而且辐射对象不局限于本辖区,无形中提升了民众联络所在苏州年轻人中的影响力。

(三) 多元社区,定制特色资源

作为园区新型社区的代表,东沙湖社区的多元性尤其明显。居民中除了有来自美国、德国、日本等20余个国家的外籍居民,还有白族、布依族等11个少数民族的居民。由于居民们在地域、文化等方面存在较大差异,单一的服务形式远不能满足不同群体的生活与活动需求。

"私人订制"概念的提出,与社区想要为各种特色人群打造适合他们参与的社区特色活动理念不谋而合。东沙湖社区通过有针对性的社区服务,让居民们在这里所享受的服务就像量身订制过一样,让他们更安心、欢心地参与并享受活动过程。逢年过节,东沙湖社区考虑到居民年货购置需求,充分利用社区居民丰富的年货资源,发起社区QQ群的"团购也疯狂"活动,并且主打自产年货团。随着"社区网店"的交易不断,很多居民自己家做的东西,在专供社区群团购后,销量"爆棚"。居民们足不出户就能团到物美价廉的高品质年货,对很多人来说,不但体验独一无二,带着"家"的味道的年货也让这个新年与众不同。充分利用社区自身资源,实现资源的共享,"私人订制"符合居民需要的资源，满足其需求，是东沙湖社区治理的一大亮点。

（四）虚拟楼道，带动和谐社区

社区联系、矛盾调解一直是社区治理中的难点。东沙湖社区结合社区居民结构，结合年轻人的习惯，实现"实体楼道"向"虚拟楼道"的过渡。虚拟楼道其实是善加利用了网络的便捷性，借助年轻人更习惯和更多使用的网络载体，完成社区与居民，以及居民与居民间的联系。运用网络载体，充分借力QQ等渠道打通社区居民间的联系隔膜显然十分有效。东沙湖社工委根据虚拟讨论组，及时了解居民需求，帮助居民排忧解难。这种社区联系通道显然要比传统的挨家挨户走访管用得多。"私人订制"特色服务，不但便利了居民，更能让社区在这一过程中，更多地和居民沟通情感，了解他们的需求，从实际出发，解决需求。据介绍，除了虚拟楼道讨论组，诸如便民惠民服务之家、星辰公益大课堂、邻里结伴惠民游等一系列常态化、特色化服务也逐渐在星辰一社区深入人心。

四、经验启示

东沙湖社工委自2013年8月揭牌成立以来，始终坚持以"重民生、促和谐、聚民心、谋幸福"为己任，在"爱民"上付出真感情，在"亲民"上推出真举措，在"惠民"上做出真成效，从居民实际需求出发，为各类居民群体"私人订制"特色服务，不断提升广大居民的幸福感和满意度。东沙湖社区成功治理的经验主要表现为以下几点：

（一）了解民情，提供特色服务

东沙湖社工委在把握社区居民结构、"摸底"居民切实需求的基础上，根据特色人群订制特色服务。针对空巢老人，东沙湖社区推出了"暮年关怀"，社工委积极整合联动社区周边资源，借助社会爱心力量，为有需求的社区老年人"量身订制"专属晚年幸福生活。"喘息服务"则专门为长期照料者"私人订制"休息的机会。同时，东沙湖社工委还为准父母们"私人订制"优质"育儿经"。东沙湖社区通过有针对性的社区服务，让居民们所享受的服务就像量身订制过一样，让他们更安心、欢心地参与并享受活动过程，一定程度上提升了社区居民的幸福感。

（二）社企联动，促进多元治理

东沙湖社工委坚持以"社企资源共享、社区事务共商、社区家园共建"为宗旨,以邻里中心企业为合作对象,共同参与社区管理,在社企联动的环境中服务居民,从而调动居民自治的积极性、主动性。在"暮年计划"中,东沙湖社工委集九龙医院、建屋物业、娄葑家政、心理咨询师志愿者团队、邻里爱心商户以及社会志愿者等六大资源力量成为推动维系"计划"持续的重要力量。在"优孕课堂"中,民众联络所更是邀请了母子中心及各大产科医院的专家们现场讲解,甚至以实操演练等方式让准爸妈们提前担当角色,实现了专业老师传授"优育经"。

(三) 网络平台,实现邻里互助

网络的交互性、快捷性,使兴趣爱好相投或者意识形态相一致的群体在虚拟的网络空间进行跨越时空的交流变得容易。东沙湖社区的"虚拟楼道"其实就是善加利用了网络的便捷性,借助年轻人常使用的网络载体,完成社区与居民,以及居民与居民间的联系。东沙湖社工委根据虚拟讨论组,及时了解居民需求,帮助居民排忧解难。此外,东沙湖社工委充分利用社区资源,根据居民需求,私人订制,借助网络平台,实现社区内的资源共享,提高了社区资源的利用效率。

五、未来发展思路

一套"私人订制",让东沙湖社区居民感受到了社区治理中的人性化理念与社区大家庭的温暖,提升了社区居民的自治意识和社区的凝聚力。在未来的发展中,东沙湖社区除了依靠社区自身资源,还要积极引入志愿服务力量,让社会组织更多地在东沙湖"私人订制"舞台上相继登场,为社区老、中、青等各类人群带来量身订制的服务。除了依托社区平台,还要更好地利用民众联络所等重要的公共服务载体,优化其与周边社区关系,实现区域资源共享,同时还需孵化新的社会组织,承接社区服务功能,让社区的管理与服务不但"私人订制",而且更加专业,更有力量!

(一) 发展志愿服务力量,提高志愿服务效率

和谐社区的建设离不开志愿服务,社区志愿者用无声的行动展现着他们的人生价值,他们奉献社区、服务他人、快乐自己。他们是社区社情民意的"信息员"、居民信得过的"调解员"……虽然目前在东沙湖社区的"暮年计划"、"优孕课堂"、"喘息服务"等多个项目中都有机融入了志愿服务的力量,但志愿服务的深度、志愿服务的有效性、志愿服务的制度性等相关方面都应得到深

入发展。在今后的发展中,东沙湖社区应积极完善社区志愿服务团队管理制度,创新志愿服务年度、月度评分机制,促使社区各志愿团队良性、有序发展,从而实现志愿服务全覆盖。不论是党员先锋志愿队把党和群众的血肉联系通过志愿服务紧密连接,还是文体关爱志愿队不计劳苦、扎根社区,免费开展合唱、太极拳、柔力球、腰鼓等教学活动,为丰富社区文化、以文化凝聚民心做贡献,抑或是义工队定期开展公益捐助服务活动,传递更多爱心公益正能量,都要以"务必切实为民服务,务必抓出真成效"的决心和态度,真正提高群众满意度。

(二)运用公共服务平台,提高居民自治效率

每个民众联络所辐射4~6个社区,"一站式"地满足了居民政务服务、卫生健康、精神文化等方面的需求。目前,东沙湖社区发展中公共服务载体的功能尚未充分发挥,在接下来的发展中,东沙湖社工委应依托邻里中心、民众联络所等公共服务平台,在了解居民需求的基础上充分发挥民众俱乐部、乐龄生活馆、图书馆、文化站等的功能,拓展"私人订制"的服务范围与服务平台,提升居民自治的主动性与积极性。

(三)孵化新型社会组织,承接社区服务功能

社区服务是以居民的自助与互助为基础的社会服务。一方面,服务的对象是广大社区居民,无论是特殊群体还是普通民众,受益者都是群众。另一方面,就服务的提供者来说,社区的居民是最重要的资源,不仅包括居民个人,还有各类民间组织或非营利组织,发展社区服务必须充分调动群众参与的积极性,重视社区资源。在东沙湖社区的未来发展中,社工委要积极挖掘并培育社区内部的社会组织,同时也要跨出辖区,引入其他社会组织,承接社区服务,参与社区的管理。在社会组织参与社区管理的过程中,积极引导社会组织运用自身资源扩展"私人订制"的服务对象及服务范围,深入发展东沙湖的"私人订制"社区管理品牌。

【思考题】

1. 东沙湖社区"私人订制"治理模式体现了现代社区治理的哪些创新之处?

2. 你如何看待"私人订制"这样的社区治理模式?结合你所在社区简要谈谈其借鉴意义。

第八章 苏州城市社区居家服务治理模式

概 述

随着老龄化的加速,老年人口的生活照顾成为社区治理过程中的焦点问题之一。苏州市以居家养老作为社区治理的切入口,满足老年人的基本生活需求,促进家庭和睦,社会和谐。居家养老不仅成为城市养老社会保障改革的重要亮点,也成为社区治理的重要手段,进而形成社区治理的独特模式。

一、居家服务治理模式简介

城市社区是城市基层社会的细胞,作为自治组织在城市社会发展中发挥重要作用。随着行政体制改革的深入和"单位制"的打破,社区治理主体开始向多元化方向发展,社会需求更加多样化,社区自治组织、非政府组织以及社区居民成为社区治理的重要依靠力量,原有的以行政管理为主、条块分割的旧的城市社区管理体制已滞后于社会发展的要求。因此,改革我国现有的城市社区治理体制,探索社区治理的新模式对于社区建设和发展来讲具有重要的理论和现实意义。

21世纪以来,随着我国经济社会的发展,社会需求从生存型向发展型转变的特征日益明显,传统的公共服务方式越来越无法适应居民群众日益个性化、多元化的需要,面临着诸多严峻挑战。同时,伴随着计划生育政策的实施以及生活方式的转变,我国的养老负担日益沉重,城镇家庭"空巢化"现象日益突出。为了使老人更好地安度晚年,满足他们的各种养老服务需求,通过科学组织和管理,为居住在家的老年人提供社会化服务以弥补家庭养老不足的居家养老服务变得更为紧迫。此外,在经济社会转型时期,居民对其他基本公共服务如就业、安养、教育、文化等需求也变得更为迫切。因此,在新时期,为了实现"学有所教、劳有所得、病有所医、老有所养、住有所居"的目标,我国从基本公共服务体系的建设出发,提出了新的战略部署和要求,社区服务凭借其灵活性和普适性的特点成为我国当前公共服务供给的重要形式之一。苏州市走在全国改革发展的前列,更加需要加快完善社区公共服务体系,2013年市政府印发了《苏州市居家养老服务体系建设实施意见》,居家服务作为社区服务发展的一种形式在苏州全面兴起。

社区治理指在城市社区中,政府与非政府部门、辖区单位、社区自治组织甚至包括个人等多元治理主体,以社区为平台,广泛参与管理社区的公共事务,相互博弈、合作、妥协、消除分歧,以求社区资源最大合理化配置、利用的一种过程。传统的"管理"的概念强调的是"控制",而"治理"的概念更强调"协调"以及利益相关者的参与和互动。社区治理的基本要素包括:治理主体(利益相关者)、治理客体(社区公共事务)、治理规则(社区成员认同的社区规范)、治理过程(社区治理是实体活动,表现为成员之间的合作互动行为)。理想的社区治理模式强调善治、居民广泛参与和社会资源的合理配置,治理主体由单一的政府主体转变为社区多种居民自治组织、非政府组织和政府等多种主体。

苏州市在社区治理的过程中,探索出了一种新型的社区治理模式,即社区居家服务治理模式。居家服务,也称为居家和社区服务,或以家庭和社区为本的服务,是基于社区服务基础之上的政府服务模式创新。它主要是为孱弱老人、残疾人及其照顾者等提供基础性的支持服务,以增强他们独立生活的能力并避免或推迟其入住长期照料机构的一种服务活动。

居家服务是政府主导的社区和医疗服务的重要组成部分之一,包括:家务帮助,如打扫房屋、清洁厨具、清洗和熨烫衣物、代为购物和付账单;社交支持,如拜访、代写信件、陪同购物和付账单、银行和电话等监督服务;护理服务;医疗服务,如足疗、职业病治疗、物理治疗、社会工作、语言能力治疗、饮食营养建议等由专科医生提供的服务;日常生活照料,如吃饭、洗澡、清洁、上厕所、穿衣、起床和睡觉、室内移动;日间护理中心服务;送饭和其他食物服务;暂歇服务;评估、协调服务和个案管理;房屋修理;提供物品和设备,如提供正式的亚麻布制品;为服务使用者及其照顾者提供咨询和支持,告知最新信息并代为转达意见、建议等。提供服务的地点包括使用者家中、养老机构、活动房屋、社区或养老机构内的公共场所等。总体而言,居家服务的目标群体是需要基本帮助和支持的居家人群,其目的是尽可能地使他们能够在社区中有尊严地独立生活。

居家服务治理模式作为公共服务的重要组成部分,是地方政府制度设计与实践创新的产物,它以其灵活性和包容性满足了不同层次群众公共服务的需要,适应了经济社会发展的需要,正确处理了市场与政府、政府与社会的关系,是推进公共服务均等化的重要支撑手段。

其中,居家养老服务在居家服务中占据着相当大的比重。居家养老服务是指政府和社会力量依托社区,为居家的老年人提供生活照料、家政服务、康复护理和精神慰藉等方面服务的一种服务形式。它是对传统家庭养老模式的补充与更新,是我国发展社区服务,建立养老服务体系的一项重要内容。居家养老服务涵盖生活照料、家政服务、康复护理、医疗保健、精神慰藉等,以上门服务为主要形式。对身体状况较好、生活基本能自理的老年人,提供家庭服务、老年食堂、法律服务等服务;对生活不能自理的高龄、独居、失能等老年人提供家务劳动、家庭保健、辅具配置、送饭上门、无障碍改造、紧急呼叫和安全援助等服务。

二、居家服务治理模式的探索历程

社区居家服务在我国兴起于20世纪80年代中期,1987年民政部首次明确提出了"社区服务"的概念,随后全国性的社区居家服务工作进入起步阶段。2008年2月,随着国家十部委联合制定《关于全面推进居家养老服务工作的意见》的出台,我国城市社区居家服务以居家养老为突破口开始全面推行。各地都积极开展了各种形式的实践活动,青岛、广州以及苏州等地区在居家养老服务模式上都有所创新发展。2010年1月苏州市政府出台《关于进一步加快发展我市养老服务事业的补充意见》(苏府规字〔2010〕4号),要求提高民办养老机构补贴标准、增加居家养老服务经费补贴、扩大政府养老援助服务对象,在原来对苏州市户籍并实际居住在本市范围内的特殊困难老人实施养老援助的基础上,扩大政府养老援助对象、调整养老服务援助标准和项目、提高老年敬老金标准、强化养老服务事业投入机制继续执行并进一步完善各级财政对养老服务事业的投入机制,加大福利彩票公益金对养老服务事业的资助力度,每年安排一定的福利彩票公益金,用于支持市社会福利中心建设、居家养老服务项目及老年人人身意外伤害商业保险。

2012年7月,国务院印发《国家基本公共服务体系"十二五"规划》,确定了基本公共服务内涵为八大领域与残疾人基本公共服务,共44类80个基本公共服务项目,为我国基本公共服务体系的建设指明了方向。同时,苏州市也出台了《苏州市"十二五"社区服务业发展规划》《苏州市发展老龄事业"十二五"规划》《苏州市加快发展养老服务事业的意见》和《关于进一步加快发展苏州市养老服务事业的补充意见》,上述政策对致力于完善社区养老服务工作,鼓励社区承担部分养老责任起到了积极作用,为居家养老模式创造了良好的政策环境。特别是2013年,苏州市开始实施"居家养老服务体系"建设。

"居家养老服务体系"根据老年人的实际需求,一方面,依托居家养老服务组织或个人,积极为老年人提供照料服务、商务服务、健康服务、精神慰藉、司法援助等"走进去"的服务;另一方面,利用社区居家养老服务组织的场地设施,提供照料服务、文体服务、护理与康复服务、老年教育等让老年人"走出来"的服务。

近年来,在政府政策支持下,苏州市社区居家养老服务迅速发展,满足了社区居民公共服务的部分需求,并且有效推动了社区服务和公共服务体系的建设。从苏州市一系列的政策演变中我们可以看到,原有制度供给的不足在推动政府层面不断出台新政策以适应需求的变化。同时,这些政策演变凸显了政府责任,苏州市政府层面意识到了人口老龄化对苏州市整体展带来的挑战,高度重视养老服务事业,在制度设计和管理上也表现得更加积极,资金投入力度的不断加大,制定了一系列优惠扶持政策。事实上,苏州市的居家养老服务比较适合苏州的实际情况,在吸取经验和创新发展的过程中,逐步构筑了一个以"居家养老为基础、社区养老为依托、机构养老为支撑"的新型养老服务体系。这一模式的成功,对全国居家养老、社区服务和公共服务体系的建设和发展都大有裨益。

三、居家服务治理模式的特点

苏州城市社区居家服务治理模式具有相当程度的可借鉴性和可推广性,特别是在居家养老方面,无论是理念、机制还是运行手段,都具有创新意义。归结起来,苏州城市社区居家服务治理模式有如下特点。

(一)政府推动

政府在社区居家服务治理模式的创建和发展过程中,始终发挥着推动者、扶持者、协调者和管理者的重要作用。特别是在居家养老方面，苏州于2005年率先开展了以"一中心多站"为核心的苏州社区养老服务模式，即建立区、街道、社区三级服务管理体系：区级建立居家养老服务工作指导协调机构，实行政策层面上的指导和监督评估，协调有关部门合力推进居家养老服务项目的落实，负责服务对象最终评定、确定等级等；街道建立养老服务管理中心，作为规划、指导、组织、协调辖区居家养老服务工作的责任主体，是综合性养老服务的公共平台，负责本区居家养老服务工作的管理和监督；社区建立养老服务中心（站），依托社区组建，主要负责咨询、接待并对提出需求的老年人情况进行初审以及跟踪反馈，同时组织开设虚拟养老中心、社区日间照料中心、助餐点等养老服务项目以及为居家老年人提供各项服务等。

（二）市场化运作

政府有效推动并不意味着政府必须"大包大揽"，社区居家服务要实现社会化服务，离不开市场化运作的服务机制。以姑苏区为例，虚拟养老院由苏州市鼎盛物业管理有限公司承办，吸纳有关单位成为居家养老服务商，采取会员制管理。整个管理实行市场化运作，经济上独立核算，自负盈亏。虚拟养老院的信息中心和技术平台包括呼叫中心客户端、老人居家客户端、平台服务组件平台、通信及信息传输四部分，形成了工单生成、工单流转、监控考评、收费查询、统计分析、服务预测六大功能模块，通过语音程控交换系统、数字化信息传输系统和数据库终端处理系统，对居家养老服务对象实行会员制客户准入管理。虚拟养老院实施清晰的产业化运作思路，通过了ISO9001：2008最新国际质量管理体系认证质量管理体系认证，建立了企业化家政员工队伍，吸收自愿加入、具有良好信誉的社区经营户加盟，组建了一个关系紧密的社会化养老服务体系。通过产业化的运作，可以将分散的社会化的社区服务网点整合成为有组织、实体化的社区服务产业，将随意的市场化的社区服务实体引导为有信用的品牌化的社区服务产业。

（三）专业化服务

社区工作人员具备较高专业素质。从事专职社区工作的人员都要经过专业训练。这些专职工作人员能熟练掌握从社区政策到组织、动员、宣传等技巧，能提供专业化的社区服务。在居家养老方面，护理队伍是养老服务事业最基本的专业力量，但由于工作辛苦，工资待遇低，对护理院校毕业生缺乏吸引力。为了缓解这一难题，可以积极与一些中等护理院校合作进行定向培养，开展学校"养老护理"的人才培养,加强专业化教育,提高从业人员职业素养。

四、居家服务治理模式的创新意义

苏州城市社区居家服务治理模式是地方政府社区治理模式的一种创新。政府将原来由自己直接举办的、为社会发展和人民生活提供服务的事项,根据公共服务的类型选择适当的社会组织进行生产,打破了由政府来提供公共服务的垄断地位,将公共服务类型与社会组织类型进行理性组合。特别是创造性地在居家养老中建立了财政资金购买服务、服务组织提供服务、居家老人享受服务的政府购买养老服务政策。将政府发现公共偏好和获取资源的优势与市场和社会组织生产及递送服务的优势结合起来,一方面克服了非公共组织在资源配置上的无效性,另一方面克服了政府在微观管理和激励机制上的无效性。此外,这一模式在经济、政治和社会方面都具有重要意义。

(一)加快了服务产业发展

居家服务治理模式既减轻了政府和社会的负担,又减轻了社区居民的家庭负担。同时,更具有经济意义的是居家养老服务引入的市场化机制、产业化发展与大力发展现代服务业是不谋而合的。这样大大推动了养老产业发展,将个性化的养老服务需求和分散的养老服务资源有机结合起来,由具有一定服务实力和管理水平的公司作为养老服务主运营商,建立企业化家政员队伍,吸收自愿加入、具有良好信誉的社区经营户加盟,有利于将自发的民间性的社会救助行为完善成有保障、健全的社会服务事业,将分散的社会化的社区服务网点整合成为有组织、实体化的社区服务企业,将随意的市场化的社区服务实体引导为有信用的品牌化的社区服务产业。这些都加快了产业化步伐,促进了产业形成和进步。

(二)促进了政府职能转变

居家服务治理模式凸显了政府职能转变和建设服务型政府的积极作为,新探索的科学机制更使政府和社会两个层面的职能都得到了科学发挥,有力地诠释了和谐社会"共享共建"的工作方针和党执政为民、以人为本的亲民理念,体现了苏州全面贯彻党路线、方针、政策,大力推进和谐苏州建设的发展特色,体现了地方政府执政能力的提高,对推进建设社会主义和谐社会具有重要的政治意义。

(三) 有效解决了社会民生问题

居家服务治理模式有效解决了社会发展中的民生问题,迅速得到了老年家庭和社会各界的热烈欢迎,得到了社会公众的肯定和广大市民的认可。同时,这一模式适应了苏州社会建设和社会管理的需要,适应了构建和谐苏州的发展需要,激发了社会活力,具有明显的社会价值。最主要是,这一模式促进了整个社会的和谐发展。

案例一　姑苏区胥江街道胥虹社区居家服务试点情况

一、基本情况

胥江街道坐落在古城区西南部。辖区东起学士河东岸线,南至巴里河南岸线及延长线,西到桐泾南路西侧人行道外边线,北抵小日辉桥河、长船湾,金阊区、平江区交界,辖区面积2.92平方公里,辖7个社区居委会。拥有古胥门、嘉应会馆等一批省、市文物保护单位。目前街道已相继建成社区服务中心、企业服务中心、文化活动中心、党员服务中心、新苏州人服务中心、社会矛盾调处中心、社区劳动和社会保障服务中心等八大服务平台,形成了"养老有保障,困难有人帮,就业有基地,奉献有载体"的社区大服务格局。

近年来,在姑苏区委、区政府的领导下,街道打造"水韵胥江"品牌,形成了"一带二街三片区"的经济结构布局,区域发展优势逐步体现,发展潜力逐步释放,经济、社会和谐发展。胥江街道着力打造8个10分钟服务圈建设,在社会管理创新上亮点特色突出,形成了以"大工委制""大党委制"为试点,开展社会管理的机制创新;以"逢十解事"为切入,实施社会管理的理念创新;以"民情通"社区管理服务信息系统为平台,推进社会管理的手段创新;以外来人口管理为途径,实现社会管理的方法创新。街道连续获得苏州市委、市政府"财政收入上台阶先进街道"称号,并先后获得苏州市"社区建设示范街道"、全国城市体育文化先进社区、江苏省先进基层党校、江苏省五四红旗团委等荣誉称号。

胥江街道胥虹社区,地处古城西南,社区内有胥虹苑、东方苑、华银花园,江南小区四个现代化住宅小区,共占地面积0.36平方公里。社区环境幽雅,交通便利,具有江南园林特色,社区内设有150平方米的综合服务行政大厅、105平方米的社区居民活动中心、150平方米的党员活动中心,以及民事调解室、民主议事室、电子图书阅览室、棋牌活动室、青少年警示教育基地、妇女儿童之家活动基地和"祖国的花朵"儿童手风琴学院等系列活动设施。社区注重利用和挖掘自身资源,创建惠民品牌,以邻里筑小灶、百戏进百家、社区义诊所、幸福小推车、IT 信息终端服务平台构建"七心护理"幸福的港湾;不断丰富繁荣文化事业,以一个民间收藏馆、一张胥虹家园报、一个胥虹网站、一个红歌大舞台、一首胥虹之歌形成"五个一"文化胥虹特色品牌。胥虹社区先后荣获了"全国先进文化社区"、"江苏省绿色社区"、"江苏综艺频道文化共建单位"、"苏州市廉洁文化示范点"等诸多荣誉。

二、发展历程

为全面提升社区服务的惠民水平和综合实力,2009 年,姑苏区的前身之一沧浪区提出打造"5·15"为民服务圈,使辖区居民在 15 分钟内就能享受到包括吃、穿、住、行、乐等方面的优质服务。2010 年,"5·15"为民服务圈已初步成形,但随着新形势下居民群众对便民服务的期望不断提高,以及社区服务工作要求、工作内容的不断拓展,"5·15"为民服务圈的建设工作仍有待进一步的完善和发展。

面对社会建设管理面临的新情况,2011 年 9 月,沧浪区召开加强社会建设管理创新大会,正式下发《关于加强社会建设创新社会管理的意见》,要求全区通过打造"8·10"为民服务圈,把维护群众根本利益作为社会管理创新的出发点和落脚点,寓管理于服务之中,着力解决好人民群众最关心、最直接、最现实的利益问题,努力实现由控制型管理向服务型管理的转变。

2011 年 8 月底,沧浪区建设"8·10"为民服务圈工程全面启动,胥江街道的胥虹社区是其中一个典型的代表。按计划,该社区用五年左右的时间,着力打造以居民居住地为中心,以步行 10 分钟左右为范围的便民、教育、文体、健康、平安、就业、养老、保障的"8·10"为民服务圈网络体系,尽可能全地满足居民多样性的需求,不断提高居民的生活品质。与以往"5·15"为民服务圈不同的是,"8·10"为民服务圈提供公共服务的种类增多,项目建设标准趋向细化。从 15 分钟为民服务圈升级为 10 分钟为民服务圈,不仅是空间距离上的缩短,更是服务理念的更新,胥虹社区通过优化、整合各类资源,倾力为居民打造一个布局合理、功能完善、品质卓越的社会服务品牌。

在"8·10"为民服务圈中,沧浪区将逐步构建以公共行政服务、公益便民服务、邻里志愿服务、社区商业服务为核心支撑的社区服务体系,让社区居民出门 10 分钟就可以享受到快捷、便利、实惠的基本生活服务。对于 10 分钟健康服务圈,沧浪区将在"十二五"末实现社区卫生服务中心全覆盖,公立社区卫生服务中心配备 3 名以上全科医师。在 10 分钟就业服务圈中,沧浪区进一步依托社区基层组织网络,为居民提供"一条龙"就业联动服务,确保稳定就业。同时,重点帮扶就业困难人员和大学生群体就业创业。

三、特色做法

胥虹社区着力打造以居民居住地为中心,以步行 10 分钟左右为范围的便民、教育、文体、健康、平安、就业、养老、保障的"8·10"为民服务圈,不断提高居民的生活品质,这一实践创新的特点主要有以下几点。

(一) 供应社会化

胥虹社区改变单纯由街道、社区创办服务设施和服务网络建设的思路,引入社会中介组织参与服务和管理,推动居家服务走社会化、产业化之路。整合社区内家政服务、卫生医疗、便民服务等多种服务资源,构建社区"十分钟服务圈",服务内容涉及社区医疗、法律援助、娱乐休闲、电脑上网、图书阅览、家电维修、照相、理发等数十项。通过单列社区居家服务项目,签订合作协议,采取无偿、低偿相结合的形式,细化落实优惠减免措施,严格管理办法,充分利用社会化服务资源,使居民足不出户就能享受到各项优质服务。居民能通过低于市场的价格在相关婚姻中介、法律援助组织获得情感慰藉和维权服务。为老服务的社会化参与,一方面使社区的老年服务业有一个较大的发展,以满足老年群体日益增长的不同层次需求;另一方面也使社会中介组织扩大了服务对象,提高了知名度,形成互促互进的良性局面。

(二) 项目动态化

胥虹社区在居家服务方面做出积极探索,循序渐进,突出特色,不断丰富服务项目的形式和内涵,将社区的居家服务发展成为一系列可以纵横延伸的动态化的项目集,即根据居民的不同需求,结合社区实际条件,不断扩展服务项目种类,对于优势项目追求做精做长,形成品牌特色。把信息化手段融入居家服务中,拓展居家服务内容,完善居家服务功能。居家服务中心的管理人员巧用电话快捷键拨号功能,在部分享受政府补贴的居家养老家庭、空巢老人家庭试点"爱心一键通"为老紧急救援热线。管理人员将服务对象家庭电话的快捷键与工作人员手机进行绑定,24 小时为空巢独居老人提供紧急援救。该热线与街道的社会化养老服务中心、社区卫生服务中心、社区邻里联络站等组成一个居家服务网,发挥信息化服务管理平台作用,努力构建全方位、全天候、立体式居家服务体系。

(三)服务专业化

胥虹社区以解决好居民的日常生活为突破口,通过充分整合服务资源,利用社会力量,开展各种适应居民需求的、形式多样的日间照料服务,探索社区环境下专业到位的居家服务模式。为组建一支专业的居家服务队伍,社区设立专职人员,对居家服务人员建立长效管理机制,上岗服务人员全数经过家政服务培训,并具有一定的康复护理知识。为规范居家服务的管理工作,街道在规范管理上做到了三个统一:统一标识,服务人员统一制服,制作了带有居家标识的服务卡和工作证,实行带证上岗;统一标准,享受政府补贴的居民经统一标准资格评估,服务人员服务统一标准;统一建档,享受服务的居民统一建立个人档案,统一服务人员工作档案,日常考核、服务记录等基础资料的建档存档。"工作记录表"设有服务质量评分栏,受服务居民所在社区居委会工作人员的监督、指导,对服务项目进行评分,以确定服务人员工作质量等级,保证居家服务工作质量。在街道的统一协调下,组建了一支居家服务的志愿者队伍,采取结对子或多帮一的办法,定期上门为居民开展送温暖献爱心活动。

四、经验启示

经过多年的努力,通过充分整合现有资源,改建、扩建、新建基础设施等方式,胥虹社区已初步形成了布局合理、网络健全、功能健全、群众较为满意的服务体系,为进一步完善"8·10"为民服务圈提供了坚实的基础,居家服务取得了明显的成效。

(一)明确服务民需的顶层设计理念以实现五大"无忧"的居家服务目标

胥虹社区致力于为居民提供更好的公共服务,以最大限度地满足居民需要作为居家服务工作最基本的制度内涵与顶层设计的理念和指导方针,以实现五大"无忧"的居家服务为工作目标。五大"无忧"主要是:第一,求助无忧。居民群众可以通过网上服务和电话服务中的任意一种方式,获取自己想要的服务,实现居家服务全覆盖。第二,服务无忧。把居民提出的服务需求,以电子派单形式传递到各服务部门,接单的服务部门根据要求及时做好服务工作。第三,质量无忧。严格筛选引进服务实体,按时培训服务人员,对每一项服务实行全程跟踪。建立入户电子刷卡、服务回访、满意度测评制度，经费结算与服务满意度挂钩，有效保证服务质量。第四，安全无忧。为有需要的独居老人提供安全防护设施，开发烟感、光感软件，帮助社区或老人的家属提供老人安全在家的服务信息。第五，关怀无忧。既对"特扶人群"实行无偿服务，政府买单，又力求惠及更多居民群众有关养老、教育、就业、医疗、安全公共服务需求，实行有偿低价的增值服务，进一步坚持保重点、管长效的服务理念，体现人文关怀。

（二）坚持以标准化作为保障居家服务质量的手段

胥虹社区居家服务建设作为保障民生、推动公共服务发展的重要举措，始终坚持以标准化作为保障居家服务质量的手段。姑苏区政府针对群众关心关注的教育、医疗、住房等焦点问题，制定了关于居家养老、网上行政服务、学校教育、社区卫生服务机构、危旧房改善等方面的一系列标准，强化了与群众工作生活密切相关的公共服务质量保证。街道以居家养老服务为基础，坚持标准化、信息化和集成化的核心理念，整合实施"居家系列惠民工程"，初步形成了标准化和规范化的办事流程，为居家服务绩效评估和居家服务质量保障奠定了良好的基础。

（三）通过"十分钟服务圈"构建居家服务的兜底保障

胥虹社区的"十分钟服务圈"借鉴了网格的条理性、关联性，把社区划分成一个个网格，并对网格进行日常管理和服务。该工作体系遵循标准化、集约化、协同化、服务化、可视化五大指导原则，构建了纵向到底、横向到边的"四级管理、三级平台"管理模式。该体系不仅使社区社会管理工作更细化，也使得每个网格管理员的职责更明确。在信息管理平台的基础上，居家服务所接到的特殊处理事件可由社会服务管理网格化工作体系承担兜底功能，依靠制度、行政和技术等多种手段相结合，把居民需求及时反映给相关部门，并按照网格化管理流程的要求再及时反馈给居民，提高了各职能部门对社会问题的发现能力和处理时效，使反馈的民情民意可以更加及时和有针对性，进一步提升了社会管理范围和深度以及社会服务管理水平。

五、未来发展思路

胥虹社区以"十分钟服务圈"为特色，着力构建以全方位、全天候、全覆盖为目标的"大服务"体系，满足了群众多层次、多样化的公共服务需求，切实增强了公共服务政策工作的针对性。然而,这一实践仍处于发展的初期阶段,在标准制定和实践操作方面还有很大的提升空间,对此我们提出以下几点建议。

(一)进一步推进居家服务的标准化建设,保障居家服务品质的稳步提升

标准化,意味着公平透明,辅之以信息化,可带来高效、便捷的效果。逐步走向标准化、信息化、规范化、集成化,是公共服务发展的必然趋势,也是推动公共服务进一步完善与发展的必然手段。胥虹社区在加快制定居家服务领域的相关标准和规范的同时,应着力建立居家服务标准实施情况的监督、考核及评估机制,采取一系列激励措施推动居家服务标准的贯彻实施,形成居家服务标准化的长效化与常态化机制,从而推动居家服务品质的持续稳步提升。

(二)优化居家服务各职能部门的服务内涵,推动政府部门间的协同与合作

胥虹社区居家服务各个项目之间仍然存在着一定的差距,各部门之间协调程度不够,各服务项目之间没有统筹协调形成合力。胥虹社区应进一步强化完善公共服务的整体性和均衡性,建立部门间的统筹协调机制,推动各部门间的协同与合作,促进协调运转和综合服务能力的提升,缩小居家服务在服务项目之间的服务质量差距。

(三)培育参与居家服务的社会力量,为民间资本进入居家服务提供政策优惠

当今社会是建立在信息网络基础上的横向社会、流动社会,所以社会服务未来的方向应该是多元化的跨界合作模式。发展居家型的社会服务,一个重要环节在于培育各种社会力量,真正形成小政府、大社会的格局。胥虹社区应该努力引导社会力量参与到居家服务的建设中,在政策、资金、场地和人员等方面给予必要的保障和支持。一是要鼓励民间资本参与到居家服务项目中,为民间资本进入居家服务提供政策优惠;二是要加大对社会组织的扶持力度,不断深化邻里互助和志愿者队伍建设,提高居民积极参与和自我服务的能力。

(四)采用智能技术,提高居家服务的信息化和现代化水平

随着信息技术的快速发展,将智能技术运用到政府管理与服务中成为公共服务发展的趋势。未来在居家服务方面,胥虹社区要以方便快捷为目标,以便民利民为宗旨,进一步采用智能技术,在引进大数据挖掘技术的基础上提高

居家服务的信息化和现代化水平,加快现代服务型政府建设。

（五）建立居家服务的绩效考核与监督体系,推动服务绩效改进

虽然胥虹社区居家服务整体实施效果良好,但是其在推进居家服务项目的过程中并没有建立起相关的绩效考核与监督体系,使得有关部门在居家服务的实施过程中没有尽全力推进,因此部分公众对居家服务的评价较低。胥虹社区应该着手建立起内部评估与外部评估相结合的绩效考核制度,在内部评估中将居家服务等公共服务纳入到干部考核内容中,使得公共服务的实施效果与个人业绩相挂钩;在外部评估中,可以委托现有的有资质的评估机构或者组织依据一定的科学评估指标,对于居家服务等公共服务项目是否符合基本服务要求及服务质量标准进行评估。同时,在绩效考核的基础上,要建立绩效激励与惩罚机制,对服务不到位的机构进行警告处罚,对服务效果良好的机构进行表彰奖励,真正推动居家服务的绩效改进。

【思考题】

1. 胥虹社区在发展社区居家服务上有哪些好的做法？你还有哪些建议？
2. 你认为胥虹社区的"十分钟服务圈"在实际运作中存在哪些问题？如何改进？

案例二 姑苏区葑门街道杨枝社区居家服务试点情况

一、基本情况

葑门街道地处古城区东南部,东至东环路,南至吴中东路,西至外城河东岸线,北至干将路,辖区面积约4.61平方公里,常住人口7.5万。下设10个社区,是市内文化、教育、卫生和旅游事业集中点之一,也是虚拟养老院的发源地。葑门辖区内拥有古城门、觅渡桥、葑门横街等多个历史遗存,其中葑门横街是目前市内唯一保存完好的横街。在"民本葑门"的建设过程中,近年来街道经济社会各项事业有了较快的发展,新联大厦、创智赢家、新天地等项目载体的建成为街道招商引资提供了新的平台。街道以党建工作为龙头,打造了新苏州人服务中心、横街青少年心理咨询站、"小蜜蜂"服务队等创新品牌,积极做好便民服务中心的规划工作,并正在着力推进"智慧社区"的开发建设。街道工作获得了上级领导的充分肯定,先后获得省爱国卫生先进集体、全省工商联基层组织先进集体、苏州市民族团结进步模范集体等荣誉称号。

葑门街道杨枝社区建于2001年,多年来,社区在街道党工委、办事处的关心、指导下,始终围绕推进自治,不断满足群众日益增长的物质和文化需求,以服务居民为宗旨,积极开展各类活动。建立健全科学的警务运行机制,以提高社区安全。各类志愿者队伍应运而生,为社区建设发挥着积极作用。社区注重发挥党员的导向作用、居民骨干的网络辐射作用,带领和引导居民参与社区自治,促进了社区服务和社区文化团队建设发展,为居民营造了一个生活方便、环境整洁、社会安定、文化丰富的良好居住环境。社区注重根据居民的特点和需求,创新服务特色,以尊老敬老为目标创办"居家养老",提升对老年人服务,为社会做贡献。社区连续三年荣获"四星级"社区和"邻里情"幸福社区称号,并获得民本社区"三星级"社区的荣誉称号。

二、发展历程

有数据显示,苏州是全国率先进入人口老龄化的城市,比其他省市早17

年。60岁以上老人人数正以每年4.5万到5万的数字增加,现已超过130万。面对如此庞大的银发浪潮,首当其冲的就是服务于最基层的社区和街道。如何提供更完善的养老服务,让老人安享晚年、让子女安心工作,成为亟待解决的问题。苏州市原沧浪区是全国较早探索居家养老工作的地区之一。早在2003年,沧浪区就开始在葑门街道试点探索居家养老新模式,从最初的送钟点工服务到社区居家养老服务中心(站)的建立,在全国首创了"居家养老"社区服务新理念。

2007年,沧浪区成功打造了一个"围墙是虚拟的、养老是实在的、运作是科学的、服务是优质的",且能够覆盖全区老人需求的新型养老机构——"邻里情虚拟养老院"。

虚拟养老院是根据部分老年人群体的养老服务需求,依托现代科技和电子信息技术,通过专业化、规范化、标准化的闭环运作方式,提供针对性、规模化、全天候的养老服务供给,从而形成的科学、高效、可持续的居家养老服务运营体系。"邻里情"虚拟养老院作为一种新型养老模式,大到生活照料、医疗康复,小到订餐送餐、精神慰藉,老人们只要打个电话,就能享受到优质上门服务。虚拟养老院自创建之日起,依托开发的"居家乐221服务系统",有效整合了各类社会优质资源,为居家老人提供了包括家政便民、医疗保健、物业维修、人文关怀、娱乐学习、应急求助等六大类53项统一规范的标准化、亲情化、全方位、全天候的养老服务,解决了辖区内老人的养老需求,不仅有效降低了社会养老成本,也提高了老人的生活质量。

在选择主办企业的时候,苏州市十佳物业管理公司鼎盛物业成为政府的首选。在姑苏区,鼎盛物业承担着绝大部分单位、居民住宅小区的管理、服务工作,既有经验,又有比较好的群众基础。企业的最根本目的在于盈利,但养老是带有很强公益性的事业,虽然不求盈利,但企业化运作仍是构想中最为核心的部分。企业化的理念在运作、管理的具体实践中得到了贯彻,也被证实是为虚拟养老院带来效益的最根本因素。虚拟养老院的效益不是资金收益,而是社会效益,是老人的满意和社会的认可。要有这样的效益,"邻里情"这个"企业"就要提供市场需要的"产品"。确定"产品目录"的过程,便体现了企业化运作的特点。

在虚拟养老院开门之前,服务中心的工作人员历经十个月,调研走访了葑门街道10个社区、2000多位居民,了解并分析老人最需要的服务,最终确定了包括家政便民、物业维修、医疗保险、人文关怀和娱乐学习、应急求助共六大类53种服务项目。最初，居民不相信会有这样的好事，不收费或收取很低的费用能让专业家政人员为老人提供那么多服务？在服务过程中，更有30%左右的居民拒绝了"邻里情"的服务，还有老人在接到话务员问候电话的时候直斥对方是骗子。然而半年时间，"邻里情"的服务口口相传，原来坚决拒绝的居民找上门来，希望能够"住进"虚拟养老院。良好的口碑来自严格的管理和优质的服务，"邻里情"研发了"221养老服务系统"，将老人的信息如家庭住址、需要的服务、生日、兴趣爱好等录入系统，根据话务员主动询问或老人来电在系统中形成服务需求，自动生成服务工单，保证了老人需求得到合理的安排。与此同时，从工单生成开始，系统就对服务进行全程记录。家政人员开始、结束服务的时间及完成的工作都会通过老人家中的电话和系统的自助平台反馈到服务中心。而站长和话务员会通过入户调查和电话回访的方式，收集服务的反馈意见。

为保证服务质量，服务中心对家政服务人员实行机构化管理，所有家政服务人员必须经过岗前培训、持证上岗；在服务过程中还要进行流动红旗的评比；设立监督、投诉电话等。对食品配送、代购生活用品、物业维修等服务，"邻里情"选择信誉良好的加盟企业，所有服务必须通过服务中心，以控制风险，增加优质服务的保障。对政府而言，与之脱钩的企业化运作，降低了政府的养老成本，却为老年人提供了更专业、更优质的服务。与此同时，对社会而言，企业化运作的养老产业增加了就业岗位，也创造了经济和社会的双重效益。

苏州市民政局有意推广"邻里情"虚拟养老院的模式，在全市先建立"分店"，再进行连锁；姑苏区民政局也有把企业化运作推广到养老以外的更多领域的想法。系统从2007年12月6日正式运行至2008年1月8日，葑门街道就有562户先期加入，其中享受政府养老援助老人家庭356户，普通老人家庭206户，共实现各类养老服务2464次。现在这个数字还在一直在上升。可以说，投入运行以来，服务频次稳步提升，服务项目逐步拓展，服务优势初步显现，服务企业信心同步增长，社会反响很好，取得了良好的社会效益，初步实现了养老服务管理的主动性、养老服务质量的可控性，使居家老人能享受到及时、便捷、优质的规范化机构养老服务和个性化居家养老服务。2008年，沧浪区政府决定将此新探索在全区推行，实行全覆盖。

三、特色做法

在虚拟养老院的初期探索、运营拓展、形成品牌的发展过程中,杨枝社区在发展理念、组织架构、运行机制等方面勇于实践、大胆创新,构建了政府主导下的社会化虚拟养老服务体系。

(一)政府主导与社会参与相结合,推动虚拟养老服务社会化进程

沧浪区一直高度重视虚拟养老院这一保民生、安民心工程,在城区财力有限的情况下,逐年加大资金投入和制度保障力度。同时积极转变政府职能,既强调政府主导,更重视动员社会参与,运用政策、制度构建起具有地域特点又与经济社会发展规律相适应的社会化养老服务体系,坚持走一条政府主导下的居家养老社会化道路。一是加大资金投入。创立阶段给予虚拟养老院开办指导、场地支持、系统开发补贴,运行过程中实施购买服务、运营补贴、以奖代补等,持续的资金投入保证了虚拟养老院的健康稳定发展。二是加强制度保障。相继出台《沧浪区加快发展养老事业意见》、《沧浪区对社会化养老组织资金补贴管理办法》和《沧浪区社会组织发展扶持政策》等文件,为社会力量发展养老服务事业指明方向,为养老社会组织发展提供广阔的发展平台,极大地调动了社会参与养老服务的积极性。三是理顺各方关系。为保证虚拟养老院的社会化、自主化运营,沧浪区于2007年成立养老服务专业化社会组织——居家乐养老服务中心,负责虚拟养老院的实际运行工作。这种模式下,政府重在提供规划引导、政策支持和制度保障,而把具体的养老服务生产与提供职能分离出来交由社会组织承担。居家乐养老服务中心作为独立性、公益性、非营利性的专业养老社会组织,其服务生产者和提供者的功能得到充分激发,并有效整合了各类社会资源参与居家养老服务,形成政府、养老服务机构及居家老人之间的良好互动,推动了居家养老服务的社会化进程。

(二)理念创新与技术创新相结合,提升虚拟养老服务科学化水平

虚拟养老院创立之初,就确立了理念创新为先导、技术创新为支撑的发展思路。一是强调理念创新,建立主动服务机制。科学合理的服务机制,是保证虚拟养老院可持续发展的基础,与传统的等待接受服务诉求、临时安排服务任务的被动服务模式不同,虚拟养老院主动走进老人家门,详细采集老人需求信息,因人而异地为每一位老人制订个案服务计划,按照签订的服务协议,稳定有序地为每一位老人提供上门服务。话务员定期和不定期地主动咨询老人的

服务意见和服务需求,提供生日祝贺、节日问候、安全提醒、健康问候等主动式关怀服务,做到老人尚未想到、中心已经想到,子女未做到、中心已经做到,化被动服务为主动服务。二是强调技术创新,建设信息化养老综合管理系统。虚拟养老院自主研发信息化管理系统,其功能定位是为解决养老服务中的生活照料、精神关怀、服务协调、计划分配、服务跟踪、质量管控、考核统计、决策管理等日常工作的业务应用操作系统,而并非是一个简单的社区居家养老服务求助的公众呼叫平台。信息管理系统建立了标准化作业流程,实现了闭环规范管理,管控流程从工单自动生成、预约分配、实时跟踪、及时协调、质量回访、评价分析、投诉处理、跟踪反馈,严格按照系统操作流程进行。同时引入现代企业管理理念和ISO9001-2008质量控制体系标准,逐步健全专业化社会组织的三大规范体系:制度管理体系、财务运作体系、绩效考核体系。先进的发展理念,科学的管理体系,强力推进了虚拟养老院的服务能力、管理能力、运作能力和自律能力的全面提升。

(三)个性化服务与多样化服务相结合,满足虚拟养老服务多层次需求

七年来,虚拟养老院服务项目立足基础性生活保障服务,积极拓展精神关爱及商务服务。一是基础服务实现个性化。居家老人根据虚拟养老院的服务范围及服务方式,自主菜单式选择服务内容和服务频次,让老人逐步形成了服务的亲情依赖,提高了老人的生活品质,减轻了子女的养老负担,激发了老人更多的服务需求。二是增值服务实现多样化。通过虚拟养老院的一线员工和加盟服务机构组建的服务团队,在稳固生活照料服务基础上,提供形式多样、内容丰富的社会化服务,逐步拓展商务服务,粮油配送和配餐服务,并针对空巢老人的特殊情况,合理做好精神关怀服务,以满足老人多层次的服务需求。

(四)职业化员工队伍与志愿力量相结合,加强虚拟养老服务的综合供给能力

一是打造职业化员工队伍。与传统的居家养老服务机构将自身职能定位于中介服务,服务人员及服务内容主要依靠加盟的家政服务企业提供不同,虚拟养老院通过社会化招聘、职业化培训、人性化关怀、制度化管理,打造了一支专业化规模化职业化的居家养老服务团队。员工队伍实行全员劳动合同制,缴纳各项保险。职业培训形成有效体系:职业化岗前培训、专业化技能培训、持续化提高培训。目前,数百名一线养老服务护理员,90%以上的员工持有

"家政技能专业证"和"养老护理员专业证"双证书,服务团队的职业化和专业化水平名列行业前茅。虚拟养老院充分发挥自身培训阵地和实训基地的优势,逐步形成系统的适合发展的职业培训教材,对员工进行深入的企业文化、养老技能和职业素养的培训,培养综合型、职业型居家养老专业服务队伍。二是吸引社会志愿力量广泛参与。虚拟养老院利用自身的平台及品牌优势,通过舆论宣传及示范带动效应,动员了来自高校、医院、心理咨询机构等各个层面的社会志愿力量,参与到居家养老事业中来,形成了一支专兼结合、结构合理、素质优良的专业服务人才队伍,有力提升了虚拟养老服务的综合供给能力。

四、经验启示

"邻里情"虚拟养老院以理念、手段的超前性和独创性,有效克服了原有居家养老的局限性,深化了居家养老工作的便利性、实效性、针对性服务功能,尤其是当养老院以"虚拟"的形式进行突破,不仅相关机制更为科学、主体功能更为灵活,而且也使养老这样一个"夕阳产业"焕发出生机。透视其产生过程和运行原理,发现无论其理念、机制还是运行手段,都极具创新,是对原有的居家养老服务困局的大突破,尤其在居家养老服务的标准化、信息化、产业化方面鲜明区别于北京西城区、上海静安区、宁波海曙区、辽阳市文圣区等其他兄弟城市的探索。更为重要的是,该创新实践破解的是政府所急、社会所需、城市基层管理和社会建设中普遍遇到的实际问题,同时又因其服务标准明确化、服务管理规范化、服务理念民本化、可操作性强、可控性强而具有普适性,所以极具实践推广价值,具有重要的范式意义。纵观葑门街道"邻里情"虚拟养老院的创新实践,其中有五点做法特别值得肯定和推广。

(一)政府强力助推是基础

政府及其职能部门始终起着主导、引领、扶持和管理监督作用。首先是基础平台建设由政府支持,如场地的提供、系统的开发等。其次是提供优惠扶持政策。政府一方面对试点单位提供开办经费和运营经费的补贴,另一方面对养老援助的对象提供政府团购服务。再者是创造良好环境。沧浪区政府对养老工作相当重视,不仅有规划,而且当作实事工程来推进,以服务型政府姿态积极回应老年人强烈的个性化养老服务的需求,保护了鼎盛物业公司参与的积极性并予以鼓励支持,整合众多社会资源参与了改革创新。

（二）社会组织承接运营是关键

"邻里情"虚拟养老院在葑门街道的试点工作主要由苏州市鼎盛物业管理有限公司承办。它是一个以为老年人提供日常生活照料服务为主的民办非企业单位。居家乐养老服务中心是其管理和操作的平台，设窗口接待中心、服务呼叫中心和职业培训中心，内部管理分设综合管理部、家政服务部、医疗保健部、职业培训部、物业维修部、法律维权部、项目开发部等服务管理职能部门。这家公司在业务运行中对辖区内的服务小企业起到了提携和整合作用。现在，加盟到服务中心的社区服务业共27家，其中家政便民类21家，医疗保健类2家，物业维修4家，产业化形态初步显现。可以说，企业运作机制为居家养老新范式注入了市场活力，也为产业化运作奠定了体制基础。

（三）信息化管理系统是支撑

没有现代科学技术的发展和应用，就没有虚拟养老院的创建和发展。虚拟养老院正是借助现代信息技术和网络平台，充分整合、联动各项功能模块，实现精细化、标准化、主动化和高效率的管理理念。信息化管理系统有效节约了土地、人力和管理成本，服务的及时性、可控性大大增强，实现了以更低的成本、更高的效率提供更丰富的人性化关爱与社会化服务。虚拟养老院发展至今投资不到1000万元，就基本满足了6100多位高龄、空巢老人的常态化居家生活照料需求。

（四）职业化员工队伍是保障

虚拟养老院运行七年来，建立了一支数量稳定、专业技能过硬的员工制队伍，这一做法使葑门街道摆脱了居家养老信息系统的中介平台地位，保证了日常生活照料服务统一由虚拟养老院的一线员工提供，同时通过日趋健全的培训考核管理体系，确保了居家养老服务的安全可靠和质量的有效可控。

（五）规范化运作机制是动力

实践证明，一个科学规范化的运作机制，可以造就一个优秀的民非企业社会组织，可以催生一支优质养老服务员工队伍，可以探索一套规范可控的居家养老服务模式，可以完善一个快捷高效的信息化养老平台。

五、未来发展思路

苏州出现了没有围墙的养老院，这是一种全新的尝试，而且这种虚拟的养老院因其前瞻性、创新性而具有蓬勃的生命力，代表了政府推动下的社会化和市场化结合，政府、社会、市场三位一体的适合中国国情养老模式的前进方向，必将成为今后中国城市居家养老事业发展的主流。

但是在调研中，我们发现仍然存在一些制约虚拟养老院推广发展的因素，主要有三个方面：一是资金问题。居家养老所需经费支出虽然不多，但随着居家养老工作的广泛开展，资金紧张问题必将凸现。二是服务队伍问题。由于盈利甚微，虚拟养老院的家政服务员工资较低，但对家政员工的要求却不低，要持有涉外家政服务资格证书或具有一定从业经验才能上岗，为此虚拟养老院又遭遇缺工瓶颈、服务队伍不稳定等问题。三是覆盖面问题。虚拟养老服务的覆盖面不大，主要服务对象是由政府援助的困难老人，大多数老人真正享受的养老福利服务不多。为使"邻里情"虚拟养老院这一居家养老新生事物走得更远、行得更好，健康、持续、科学发展，建议从以下几个方面加以完善。

（一）进一步统筹各种养老资源

在制定规划、出台政策、投入资金、培育市场、营造环境等方面对莉门街道虚拟养老院居家养老新模式予以全面的政策支持、动员和发挥企事业单位、中介组织、志愿者组织、家庭和老人自身等各方面社会力量广泛参与居家养老工作，形成政府主导、社会化和市场化机制相结合的养老事业发展机制。

（二）进一步建立养老资金投入长效机制

把居家养老服务列入财政的经常性预算项目，建立居家养老服务基金，鼓励企业、社会贤达捐资支助养老事业，形成"政府资金 + 社会资本 + 慈善捐助资金"的养老资金筹措机制，制定扶持优惠政策，根据虚拟养老院的服务容量给予一定的财政补贴，在用地、用电、用水、贷款和税收等方面倾斜，提高政策吸引力，以调动社会力量和民间资本参与养老事业的积极性。

（三）进一步加大居家养老服务人员的扶持和培训力度

利用劳动再就业的相关政策和资源，逐步实现养护队伍专业化。可由民政部门与劳动和社会保障部门牵头组织，依托高校、医疗机构、政府相关部门，按照统一的大纲和教材，开展养老服务人员的职业道德和专业知识培训，持证上岗。稳定居家养老服务队伍对那些没有再就业优惠证但在虚拟养老院从事家政服务的人员给予一定的社保补贴，以减轻虚拟养老院的用工成本。同时可在职业教育中，开设居家养老服务相关课程或专业，加快养老护理专业服务人员的培养。

（四）进一步推进现代服务业发展行动计划的实施

专项细化现代家庭服务业的扶持政策,出台具体的实施办法,促进现代居家养老服务持续发展。居家养老服务市场空间很大,具有广阔的产业发展前景,但社会上的家政企业都小型化、零散化,许多企业都走中介服务赚点小钱的路子,家庭服务业产业化进展缓慢,没有形成规模经济和品牌效应。建议依托虚拟养老院这种居家养老新模式的推广,培植现代家庭服务业的品牌企业,扶持众多的家庭服务业小企业依托龙头大企业走上产业化、集约化发展轨道。

【思考题】

1. "邻里情"虚拟养老院发展到今天,经历了哪些阶段？抓住了哪些机遇？
2. 杨枝社区的居家服务提升的方向是什么？你认为居家服务的发展会给社区带来怎样的挑战？

案例三　吴中区长桥街道龙桥社区居家服务试点情况

一、基本情况

长桥街道位于苏州古城南部，区域面积15.3平方公里，是吴中区的经济、政治、文化和社会活动中心。下辖7个社区，常住人口20万人，其中户籍人口7.5万人。城区历史文化悠久，交通网络发达，产业基础坚实雄厚。近年来，城区以打造"苏州主城南中心"为核心，坚持一手抓发展、一手抓稳定"二手抓"，突出征收拆迁、开发建设和社会管理"三大任务"，加快城市经济集聚区、产城融合示范区、科教创新样板区、美丽幸福宜居区"四区建设"。2013年建设重点项目39个，投资总额达286亿元。运河风光带、县前街、东吴北路和苏蠡路"四大商圈"初具规模，"十大产业园"建设稳步推进。长桥先后被评为苏州市级"先锋镇"、"市级财政收入上台阶先进街道"、"江苏省群众文化和群众体育先进乡镇"、"江苏省教育现代化示范乡镇"、"江苏省卫生镇"、"江苏省百强乡镇"及"全国示范社区卫生服务中心"等荣誉称号。

长桥街道龙桥社区位于吴中区城区中心，与苏州古城区仅一河之隔。区域面积约3.3平方公里，东临苏杭运河，南至澹台湖，西至大龙港（又名西塘河），北至湄长河，是苏州南城经济、文化、商贸的繁华地段，也是吴中区委、区政府所在地。近年来，在推进新农村建设和和谐社区创建过程中，龙桥社区始终坚持"以人为本、服务群众"的理念，始终把"三个代表"重要思想和科学发展观作为社区工作的指导，以各类服务组织为载体，着力提升社区居民的幸福感和满意度，先后获得了"示范村"、"苏州市先进村"、"先锋社区"、"江苏省卫生村"、"十佳农村新型合作经济组织"、"先进基层党组织"等荣誉称号。

二、发展历程

依托居家养老服务信息平台和专业养老服务队伍，为老人提供日常生活照料、家政便民、医疗保健、物业维修、心理慰藉、应急救助、粮油配送以及用餐配送等一系列服务,让老人足不出户便能享受到便捷的养老服务。2013年,吴中区启动了"居家福"养老服务中心试点工程,长桥街道龙桥社区被列为首批试点对象。

"居家福"养老服务中心是为老人和居民家庭生活服务的网络传递系统,以网络通信平台为依托,专业服务团队为支撑,将老年人的生活需求和企业的专业化服务有机结合,让分散居住的老年人通过申请加入这一系统。如果老人需要服务,只需拨打服务专线电话,话务员就会指派服务人员上门服务,使老年人足不出户就能获得快捷方便、周到称心的家政便民、医疗保健、物业维修、娱乐学习、应急救助等服务。

龙桥社区"居家福"养老服务中心成立之初,享受服务的对象分别是政府援助对象、政府补助对象和自助对象,提供无偿、低偿、有偿三类服务。政府援助对象为60周岁以上的生活需要"介护"和"介助"的"三无"、"五保"对象、低保和低保边缘孤寡老人、市级以上劳动模范、重点优抚对象、归国华侨、"二无"(无子女、无劳动能力)困难老人、独生子女家庭的困难老人以及苏州市范围内无子女照顾或子女残疾的困难老人;政府补助对象为80周岁以上吴中区户籍空巢老人;自助对象为60周岁以上的生活自我料理能力逐步下降的老人群体。

下一步,龙桥社区将适度拓展服务对象,丰富服务内容,完善服务站点,让老人享受到更为安全、稳定、可靠的亲情化、个性化、专业化居家养老服务。此外,龙桥社区还将通过加快养老机构建设,丰富居家养老服务内容,积极构建"四轮驱动"的养老服务体系,并通过鼓励社会力量兴办养老产业,规范市场运作模式,提升专业服务质量,推进该街道养老产业健康发展,促使老年人在专业人士的指导下,满足养生需求。

三、特色做法

龙桥社区"居家福"是由吴中区财政和福彩公益金共同出资,依托居家养老服务信息平台和专业养老服务队伍为老人服务的项目。服务对象主要是社区70周岁及以上的计划生育特别扶助对象、80周岁以上的空巢老人及84周岁以上的所有老人。服务中心根据实际养老服务需求,配备了数量不等的专业服务人员,根据老人需求,上门提供生活服务。每位工作人员每天平均为2户老人提供上门服务,每次服务时间在3小时左右。作为出勤考核的依据,在开始和结束服务时,服务人员都需要用手机扫描指定二维码。优质、贴心、及时的服务受到了社会各界的好评，尤其是受到服务对象老年人及其子女的欢迎。

目前"居家福"养老服务中心内设接待中心、呼叫中心、多媒体培训中心，下设三个服务站，中心统一品牌、统一派工、统一规范。三个站各设站长1名，主要负责本站服务人员的服务指导、考评及与老人间的沟通协调等工作。中心目前有话务员2名，负责电话预约及回访等，为老服务员19名。组织管理上，中心每周一次站长例会，每月一次服务人员例会，使机构所有人员可以定期交流信息、经验传递和分享服务心得。

具体运作上，通过前期上门摸排社区中政策范围内老人的基本情况和服务需求，建立老人信息库和服务系统，生成2种数据：基于养老服务需求的历史调查资料、政府购买服务内容等组成的历史数据等静态数据；基于对老人的定期与不定期走访收集到的和老人主动来电寻求帮助的动态服务信息。系统由此产生2张工单：基于静态数据，经老人确认服务内容后系统生成1张固定服务的工单；基于动态数据，老人临时需求进行整合、梳理后形成的临时服务工单。服务中心按工单的要求派出服务人员为老人提供服务。最后生成1份服务清单：服务完毕，按约定收取费用，由此形成一份收费清单。系统会在规定的时间内自动提示服务监督人员进行例行回访，征询老人的意见、建议和评价。

中心服务以专业化生活护理为主，逐步拓展商务服务。目前主要为老人提供居家生活照料服务，包括居室保洁、洗晒衣被、买菜做饭、陪同就医、看护病人、购物配药、洗澡擦身、换季整理、缴领资费、缝补编织、水电维修、人文关怀、娱乐学习、应急求助等，中心还提供一些专项服务：上门扦脚、理发。这些服务属于自费项目。但在某些特定节日也会免费为老人提供此项服务，如在重阳节当天，机构便为老人提供了免费扦脚、理发的服务。这充分体现了机构人性化的一面，既可以充分对服务员的一技之长给予肯定，同时也满足了很多老人的需求，在实施过程中得到了老人的一致好评。中心引入了2家物业公司和1家米业公司，拓展服务内涵，增加放心粮油配送、日常干货配送、物业维修等服务内容。中心和各加盟企业是加盟管理的关系。中心服务人员上岗前接受简单的岗前培训，中心统一为其报名参加技能培训，帮助其通过考试取得技能证书。目前服务人员的年龄主要为40至50岁，考虑到与老人的交流以及老人比较保守的心理因素，服务人员全部为苏州本地人，并且以女性为主。

四、经验启示

居家养老是被实践证明符合国情、家庭伦理观念和老年人意愿的新型养老福利模式;同时,我们也真切感受到加快推进居家养老服务体系建设势在必行,也切实可行。但并不是所有模式都适应任何地区,从龙桥社区的案例中我们发现,一个模式想要成功,必须与该地区的软环境、硬实力和市场需求相匹配。

(一)符合软环境

近年来,地方政府将追求民生福祉上升为民生发展战略,坚持民生事业与经济发展同频共振。吴中区政府将居家养老纳为实事工程进行重点推进,思路清,措施实,服务体系初现端倪。区人大及其常委会也将推进养老服务体系作为监督惠民的重要举措,2013年上下联动,对全区养老服务工作进行重点调研,2014年更是将"加快推进以居家养老为主的养老服务体系建设"作为人代会议案,为加快推进居家养老服务体系营造了良好环境。

(二)符合硬实力

一方面,吴中区综合实力显著提升,地方可用财力切实增强,2013年,全区地区生产总值达到870亿元,地方公共财政预算收入100.50亿元,而且区委、区政府将财政资金向民生领域重点倾斜,保障了居家养老服务体系建设有力有序推进。另一方面,居家养老服务中心(站)、日间照料中心、助餐点等硬件基础也在逐步完善,虚拟养老模式也在逐步推广,具备一定的空间形态和发展业态,便于提速推进。

(三)符合市场需求

居家养老服务作为一种将政府、市场、社区、家庭等各种资源有机结合的新型养老模式,具有成本低、效益高、覆盖面广、服务专业、方式灵活等优势,既符合传统的孝道文化,又迎合老年人意愿和需求。尤其随着转型期的社会发展,"独居""空巢"老人与日俱增,再加上"421"社会家庭结构的普遍存在,家庭养老功能日益弱化,迫切向往"老有颐养、老有乐养",希望政府着力构筑居家养老的"幸福家园"。

五、未来发展思路

龙桥社区的社会化居家养老工作要持续、快速、健康发展,必须走政府、社会、家庭相结合的养老保障道路。鉴于此,在今后的社会化居家养老服务工作方面,我们认为应重点做好以下工作。

(一)广泛宣传,为推进居家养老服务工作营造良好的社会氛围

首先,应当紧密结合贯彻以德治区战略,在整个社区中广泛开展系统、持久、深入的有关居家养老服务工作的宣传教育活动,使社会各界对其重要性和必要性有充分的认识并形成共识,进一步提升为老服务的社会荣誉感和责任感,努力营造一个社会关心支持,个人积极参与的良好氛围。其次,做好向居家老人的宣传教育,逐步改变老年人传统的生活观念和消极的消费理念,增进老年人对社会的认同感和信任感,消除顾虑和偏见,鼓励更多的老年人主动融入社区大家庭,乐于接受服务。再次,社会、学校、家庭三方要加强对青少年的尊老爱老教育,教育他们从身边做起,从家庭做起。学校、共青团组织要鼓励、动员、组织青少年参加一些援助困难老人的活动;要支持并推动社会志愿者义务为老年人服务,帮助老人解决生活困难,进而在社区中逐步形成尊老爱老的良好社会风气。

(二)建设一支热心于居家养老的专业化与志愿者相结合的养老服务工作队伍

要加强对居家养老服务管理工作人员的人才培养,重视对居家养老服务人员的职业培训,适时引入社会工作职业资格和职业技能认证制度,民政、劳动等部门要制订培训计划,充分调动和发挥发挥团区委、区妇联、区老龄办、区残联等部门在养老工作中积极性,通过岗前培训与在岗轮训等方式,分期分批地对管理人员和服务员进行培训。同时,要大力发展居家养老服务志愿者队伍建设,积极动员、组织、引导企事业单位、社会团体、慈善组织和广大居民为有需求的居家老年人提供各种公益性服务,积极倡导低龄健康老年人参与为老志愿服务。要加强对志愿者队伍的组织和管理,在充分尊重志愿者意愿的基础上,对志愿者资源进行合理配置,从而进一步调动和发挥社会志愿者参与居家养老服务的积极性。

(三)鼓励和创建多元投资的养老服务机制,作为居家养老服务的有益补充

居家养老服务属于社会公共服务范畴和社会公益事业,要积极鼓励社会各界参与居家老人的社会化服务,积极培育和完善市场化运作养老机构和完

善居家养老服务运行机制。要积极动员社会力量和吸纳民间资本参与养老机构事业,并给予政策扶持,提高政策吸引力。对社会兴办的养老机构,建议给予一定的财政补贴或在用地、税收和公建配套等方面的政策倾斜,以调动其积极性。要大力拓宽养老工作的融资渠道,引导企业、社会团体、个人和慈善机构资助居家养老服务工作。

（四）有效整合社区资源,为推进居家养老服务工作进一步拓展空间

充分挖掘、有效整合和利用社区现有的可供开展居家养老服务的社区资源,不仅可大大节省政府的支出,而且又可提高社区资源的利用率。应重视社区资源的整合和利用,努力做好可以利用开展居家养老服务的社区资源拥有者和经营者的沟通、说服、教育、协调工作,使其当好牵头人。要协调各方利益,把社区中现有的养老文化娱乐、卫生医疗保健、日常生活照料、法律援助和心理咨询等多种服务资源项目综合起来,为老年人提供卫生、教育、文体、司法、心理干预等社会生活和精神慰藉层面的帮扶和服务,为推进居家养老服务工作提供更多的发展空间,使居家养老工作与地方经济社会发展同步提高。

【思考题】

1. 在社区居家服务发展的过程中,龙桥社区采取的哪些做法形成了自己的特色?

2. 龙桥社区的"居家福"养老服务在发展中还面临哪些问题?有哪些解决的办法?

后 记

　　苏州城乡社区治理模式创新是苏州市经济社会发展的必然要求与理性选择，也是城乡社会和谐发展的必然途径，更是提高城乡文明程度和城乡居民社会归属感、社会满意度、生活幸福感的重要载体。本书结合苏州城乡社区治理探索实践，总结苏州市社区治理过程中积累的经验，揭示社区治理过程中面临的挑战，展望社区治理的未来走向。

　　探索是一个过程，实践总有成功也有失败。苏州市社区治理模式创新实践具有苏州特色，这一模式的形成与成功依赖于这一地区的社会条件、物质条件与文化条件。因此，其推广价值不是无条件性的，而是具有明显的有条件性。各地要根据各自的条件，开展探索，形成具有地方特色、展示地方文化的治理模式。

　　本书是苏州市农村干部学院与苏州大学共同合作的成果，由苏州市农村干部学院张伟任主编，苏州大学郭彩琴任副主编，由于帅、吴常歌、浦香、陈爽、郭子涵、周琳、杨若飞、米杨军等参与编写，由郭彩琴统稿，于帅、吴常歌校对。编写过程中引用了许多资料，包括苏州市统计局、苏州市文明办、苏州市教育局以及相关社区等单位的相关数据与材料，在此一并表示感谢。

　　本书只是一个引子，苏州市社区治理创新还在不断推进，我们将不断关注并不断总结。希冀通过该书，引起全社会的关注，共同为社区治理创新贡献一分力量。

编　者

2015 年 6 月于苏州